古典的书香

GUDIAN DE SHUXIANG

黄跃 著

中国出版集团

世界图书出版公司

广州·上海·西安·北京

图书在版编目（ＣＩＰ）数据

古典的书香 / 黄跃著. --
广州：世界图书出版广东有限公司，2014.9（2025.1重印）
ISBN 978-7-5100-8715-8

Ⅰ．①古… Ⅱ．①黄… Ⅲ．①名著－介绍－世界
Ⅳ．①Z835

中国版本图书馆 CIP 数据核字(2014)第 226956 号

古典的书香

策划编辑	胡一婕
责任编辑	梁少玲
封面设计	高艳秋
投稿邮箱	stxscb@163.com
出版发行	世界图书出版广东有限公司
地　　址	广州市新港西路大江冲25号
电　　话	020-84459702
印　　刷	悦读天下（山东）印务有限公司
规　　格	787mm×1092mm　1/16
印　　张	20.5
字　　数	400 千
版　　次	2014 年 9 月第 1 版　　2025 年 1 月第 4 次印刷
ISBN	978-7-5100-8715-8/I·0326
定　　价	98.00 元

序

　　笔者很早就萌生写部书的念头，把看过的书中觉得非常好的书推荐给读者。到图书馆工作之后，有机会接触到大量读者难以接触到的资料，这种想法就更加强烈了。名著成了笔者首选的对象。但名著又那么多，该选择哪些呢？思来想去，觉得那些在历史上堪称伟大的经典名著是最值得推荐的，因为这些名著大都经过了时间的检验，可以说是沙里淘金，其价值最大，对读者最有益。

　　本书所选名著主要以文学名著为主，也有少量哲学、政治、法律、历史方面的名著，都属于人文学科范畴。对这些名著的介绍与评价中，有些吸收了前人的研究成果，有些则是笔者的研究发现。作为学术研究当然也在探讨之列，这里单独提出，以引起读者诸君的注意。

　　这些名著分为中国和外国两大部分，所涵盖的思想和知识极为丰富。大部分都是一国留存下来的经典之作，是作为传统智慧一代传给一代的宝藏，其著作者都在文化史上留下不朽的英名。如中国的孔子、老子、韩非子、司马迁、曹雪芹、罗贯中、吴承恩、施耐庵、毛泽东、鲁迅、巴金等；外国的如柏拉图、斯宾诺莎、叔本华、尼采、洛克、卢梭、孟德斯鸠、司汤达、巴尔扎克、福楼拜……这些书籍不仅可以陶冶我们的情操，也可以提高我们认识社会认识人生的能力，还可以增长我们的才干，扩大我们的视野，丰富我们的头脑。

　　在这些名著中，要数文学名著最容易亲近，因为它离我们生活最近，容易引起同感，最受读者的喜爱。通过对这些文学名著的阅读，我们可以走向广阔的知识海洋。我们发现我们的想象力提高了，语言表达能力增强了，理解能力也获得了大幅度的提升。

古典的书香

　　和名著结交朋友，就如同和一个智者对话。它可以坚定我们的信念，使我们在生活中少犯错误，提高我们生活的品位，也能给我们带来无穷的欢乐和对审美的愉悦。当然，这些名著中，如哲学名著，由于思想深邃，见地独特，我们一时半会儿无法完全弄懂，但阅读它们绝对是一件有意义的事情，你所花的时间绝不会白费。它们慢慢地在你身上潜移默化，随着阅历的增多你会不断地发现和体会它们的意义的。

　　读书不仅要弄懂书中内涵，也要了解作者创作这部作品的过程以及作者本人，否则不可能对书中所表现的内容有深入的了解。因此本书对作者生平详加介绍，以方便读者深入解读。限于笔者水平有限，有些理解不一定正确，诚恳地希望读者批评指正。

　　本书在写作过程中参考了大量资料，这里不便一一注明，在此向这些资料的作者表示衷心的感谢！

黄　跃
2014 年 8 月 8 日

目录

中国最早诗歌总集的价值

——《诗经》

《诗经》原称"诗"或"诗三百"，是我国最早的一部诗歌总集，也是中国文学的起点，创作于公元前11世纪至6世纪的西周至春秋这500年间。这些诗歌的作者都没有留下自己的姓名，其中有许多作品属集体创作，又经过了乐师的删改整理，主要通过采诗、献诗、应制诗的方式汇集而成。孔子为了弘扬儒家教化的思想，也曾对《诗经》进行了整理，我们今天看到的《诗经》已是经过多人之手的编辑。

从作者身份来看，有中下层劳动人民，有贵族，也有官吏。这些诗都是配有音乐的，可歌可舞。内容上有表现农耕生活的，有表现婚恋生活的，有表现战争劳役的，也有表现对官府的压榨不满的，许多作品反映的是劳动人民的心声，记录了他们的喜怒哀乐，抒发他们的朴素情感。有些诗作直接是供朝廷大典的使用的，如祭祀、宴乐，以宣传教化或祭祀神灵、祖宗。其中宴乐的应制诗，主要表现统治者骄奢享乐的生活。统治者之所以重视诗歌，一是用诗歌来宣传朝廷的威仪；二是通过对民间诗歌的搜集来考察政治得失。以今天的眼光来看，这些诗歌真实地反映了当时的社会生活状况，具有"写诗存史"的重要研究价值，它弥补了史学上的一段空白。许多历史学家都列举《诗经》中的诗来作为研究这段差不多湮没的历史证据。此外，它的语言鲜活，口语应用灵活多样，描写形象生动，具

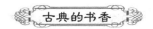

有很高的思想价值与艺术价值，成为儒家用于世人修身养性的教科书。西汉时期被奉为了经典，并拥有了《诗经》的称号。

《诗经》是最早具有现实风格的诗歌总集，这有别于后来具有浪漫风格的《楚辞》。《诗经》与《楚辞》共同谱写了中国诗歌的盛世华音，其中许多诗句流传至今而不衰，具有永恒的艺术魄力。《诗经》的开篇《关雎》就是典型：

> 关关雎鸠，在河之洲。窈窕淑女，君子好逑。
> 参差荇菜，左右流之。窈窕淑女，寤寐求之。
> 求之不得，寤寐思服。优哉游哉，辗转反侧。
> 参差荇菜，左右采之。窈窕淑女，琴瑟友之。
> 参差荇菜，左右芼之。寤寐淑女，钟鼓乐之。

从艺术特色来看，《诗经》大部分采用赋、比、兴的艺术手法，四言形式，隔行用韵，叠字、叠韵、双声随处可见，读起来抑扬顿挫，朗朗上口，余音绕梁，易记易诵易传播，是民歌与歌谣的摇篮。《诗经》的题材和表现手法为后世诗歌所继承，因此，它是中国诗歌发展的源头。

《诗经》共有 305 篇，分为《风》《雅》《颂》，主要产生于黄河流域的中原地带，覆盖了陕西、山西、河南、河北、山东和湖北北部地区。《风》是地方音乐，《国风》表示 15 个不同地区的音乐，有诗 160 篇。《雅》分大雅与小雅，雅具有"正"意思，指周天子统治的都城附近地带。大雅主要指传统的雅乐，小雅是指受到地方影响而产生的较新的雅乐，共有 105 篇。《颂》则主要指朝廷祭祀宗庙、祈祷神明的宗教音乐，共 40 篇，分为《周颂》《鲁颂》《商颂》，合称三颂。《诗经》的乐谱已经失传，仅存歌词流传至今，它主要起到淳化风俗的作用，历来被视为中国文化的重要典籍，其中的句子经常被世人所引用。《诗经》成为每一个文化人的必读之书。

上古至东周最珍贵的史料

——《今古文尚书全译》

"四书五经"是我国流传最广、影响最大、最能代表中国文化与思想的儒家经典。千百年来，它被官方规定为书生应考的必读书，是每一个读书人登堂入室、求取功名、晋升仕途的不二法门。这也是导致中国文化没有断续的重要原因。《尚书》属于五经之中最重要典籍，记录与保存了上古时代许多久远珍贵的历史资料，因而具有重要的学术和研究价值，一直为历朝历代的学者所重视。近现代以来，由于疑古派风气兴盛，《尚书》价值有所下降。在胡适开列的书单《实在的最低限度的书目》和蔡尚思开列的书单《最能代表中国文化的40种书》中，《尚书》和《易经》两部重要的儒家经典被莫名其妙地漏选了。这很难用考虑欠周加以搪塞，显然与他们的思想观点有关。很可能他们认为《尚书》流传与记载史实不符，沿袭了伪书看法，认为不值得相信。《易经》则被仅仅看成算命的封建迷信的渊薮，因此将这两部重要的儒家经典从他们的书单中摒弃了。

《尚书》究竟有多少篇，这一直是一个谜，孔子整理《尚书》后有多少篇，我们也无从知晓。从诸子引用的《尚书》内容，远远不止我们今天看到的这个数，因为其中的内容并不包含在我们今天所见到的《尚书》之中。《尚书》在保存与流传的过程中，也是劫难不断。

公元前的 213 年，为了打击儒生的颂古非今，秦始皇下令焚毁当时的儒家经典。存世的《尚书》大多毁于这场禁书令。直到汉惠帝取消禁书令，有秦博士生伏生从墙壁中搜寻所藏《尚书》，发现损毁了几十篇，保留下来的仅有 29 篇。他用这部《尚书》在齐、鲁等地讲学，由学生用当时通行的隶书抄写，称为今文《尚书》，又称伏生本。

《汉书·艺文志》记载，汉武帝末年，鲁恭王扩建宫室，在孔子故居的墙壁中得到一部《尚书》，有 45 篇，其中 29 篇和伏生本相似，另多出 16 篇。由孔子的后裔孔安国献给了朝廷。这部《尚书》不是用隶书所写，而是不同于隶书的古文字写就，因此，被称为古文《尚书》。得之于孔壁之中，又称为孔壁本或壁中本。

汉代传授今文《尚书》的，称为今文学家；传授古文《尚书》的，称为古文学家。由于他们研究的方法各异，从而形成了两种学派。今文学派注重阐发微言大义，解说繁琐，并且严守家法师法。古文学派则注重文字训诂（解释文句的字词），考订制度、名物。西汉时期，今文经一度占有上峰，被立为学官。自从汉朝目录学家刘歆倡导古文《尚书》，又经杜林、贾逵、马融诸学者努力，东汉时期古文《尚书》取代了今文《尚书》地位。东汉末年，马融、郑玄为古文《尚书》作注，以他们渊博的学识和广泛的影响，实现了今、古文《尚书》的统一。他们的注解流行之后，其余各家注解则湮没无闻。

西晋永嘉之乱（公元 311 年）之后，今、古文《尚书》再度失传。东晋初年，豫章内史梅赜向朝廷献出孔安国的《孔传古文尚书》，分 46 卷，58 篇，其中有 33 篇内容与伏生本相同，多出的 5 篇是从伏生本的 28 篇中分划出来的。另外增多的 25 篇被后人称为"晚书"。《孔传古文尚书》出现不久就被立于学官，从东晋到隋、唐，大多数学者坚信，这就是孔壁本，传是孔安国所作。唐初孔颖达选它做底本，作《尚书正义》，成为官方定本公开颁行。后来，宋人又把它编入《十三经注疏》，一直流传至今。

对于古文《尚书》前 33 篇，因与伏生本相同，得到了伏生本的印证，没有学者提出疑义。从宋代开始，就有学者对"晚书"的 25 篇提出质疑。宋代大学者朱熹对比今、古文词深浅难易，认为"晚书"行文平易。到了明代，有学者认为"晚书"为伪作，清代毫无疑义地认为"晚书"是伪书。后代学者多同意此说，并认为孔安国《传》也是伪作，这就是《尚书》伪书的由来。所以，我们今天能够肯定为《尚书》内容的只有伏生本的 28 篇，或者将 28 篇分成为的 33 篇。其余"晚书"的部分是不是就是古文《尚书》，我们只能存疑。

《尚书》最早称为《书》，汉代才开始称《尚书》。"尚"通"上"，指"上古之书"。自汉代定为儒家经典之后，改称为《书经》。

尽管今天我们看到的《尚书》中包含有伪书，但我们却离不开这部著作，如果没有它，要研究古代文献、文物几乎是不可能的。这段历史对我们来说实在太重要了，越是上古的历史，保留下来的文字就越少，没有这些文字的记载，几乎无法想象我们的先民们是如何生产劳动、如何与自然斗争、如何发展自己的文化与文明的。对待《尚书》我们可以存疑，但我们也可以通过对地下文物的发现来印证《尚书》的真伪，这就是《尚书》存在的意义与价值。

《尚书》从公元前21世纪的尧舜开始记起，一直到东周。分为《虞书》《夏书》《商书》《周书》。《虞书》有5篇，《夏书》有4篇，《商书》有17篇，《周书》有32篇。内容涉及宗教、哲学、政治、法律、军事、地理、历法、文字等领域，具有丰富的史料价值，是研究上古至周代以来重要的历史文献。分为"典、谟、训、诰、誓、命"六种体式，现在一般归纳为四种体式："典"记载古代典制；"训诰"记载训诫诰令；"誓"记载君王和诸侯的誓众词；"命"记载君王任命官员或赏赐诸侯的册命。由于记载的都是中国历史源头，其权威价值也就越大。历史事件发生总是在时间上有先后秩序，朝代的转换也有一定的继承关系，表现出历史发展的连续性上。没有继承，就没有依据，而这个依据只能由历史事实才能提供。追本溯源，就要有源头历史，历史不清，继承无从谈起。《尚书》被奉为五经之首的原因也在于此。帝王统治权利来源，都得靠历史为它提供依据。《尚书》的核心思想是"敬天""明德""慎罚""保民"。帝王将相以《书》安邦定国，工商士民以《书》修身待物。它不仅是记录君王言行与史事的政治史，也是古代散文创作的开端。其叙事记言的章法井然与结构严谨，语言描写的生动形象，都使它不愧为优秀的散文范本。也是研究早期语言学的重要资料。

由于《尚书》是最古老的文献，这决定了它的文辞古朴艰涩，语句拗口难读。韩愈《进学解》中称《尚书》为"周诰殷盘，佶屈聱牙"，很形象地指明了《尚书》语言艰涩的特点。

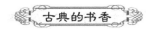

孕育中国文化最深的潜流

——涂子宏的《周易全译》

《周易》是中国最古老、最神秘、最难解的奇书。它是一切书中之书,源中之源。其成书过程经历了漫长的演化过程,并被后人不断研究,对它进行各种解释。这样《周易》就有了"经"与"传"两部分内容。"经"的内容比较简单,"传"则是对"经"进行解释,赋予"经"以哲理内容。后世的学者又对"经"与"传"进行注解、翻译,使这部著作内容更加充实。尽管如此,但很难说已经穷尽了《周易》的内涵,并能准确无误地加以解释。这似乎意味着人们已穷尽了自然的一切奥妙,科学脚步可以停滞不前了。事实上,《周易》的神秘性正在于它的"测不准"方面,即事物既有确实性的一面,同时也有不确定性的一面,而不能确定性的一面则是神秘事物不能解释的地方,如海啸,如动荡不宁的海水,它们每一个波动又有什么规律可言呢? 七上八下,不停地震荡与摆动, 如分子的布朗运动,所以对不能确定的一面我们不必徒劳无益地心生烦恼。如果世界是一架精密的机器有规律可循的话,人类也许会厌烦得要命。保持一点神秘性, 可以引起人类的好奇心、吸引力、探索心,不是很好吗?

那么《周易》是一部什么样的书呢? 读它的意义在哪里呢?《周易》最初是一部算卦的书,求神问卜,决定吉凶祸福,来安排生产与生活,是我们祖先在观察自然的基础上创立的一种方法。因此,它有

宗教性的内容，但今天来看，它不仅如此，它还是一部哲学书籍，包含了古人对自然、社会、人事的根本观点与方法。古人认为事物虽然是千变万化的，但万变不离其宗，事物的变化发展是有规律的，这个规律就是对立统一矛盾规律，人们只有掌握了这个规律，才能造福人类，违背了这个规律，就会给人类带来无尽的灾难。因此，《周易》在中国的政治、经济、文化等所有方面都产生了重大而又深远的影响，是群经之首。我们不求完全理解它的内容，只要能大致理解它，就可

以给我们增添无穷的智慧，并为我们理解其他中国的典籍提供一把入门的钥匙。这就是读这部书的意义。

　　《周易》的"周"，一般指朝代，即"周朝"，"易"从象形来看，类似于蜥蜴，指"变化"，有"占卜"的意义在里面。《周易》也就是算卦，主要内容就是八卦。"卦"按照清代学者张惠言的解释是"书地识爻谓之卦"。古人每占筮时得到一爻，便书于地上，以便记忆。因此，它造字结构是两个"土"和一个"卜"字构成。每卦有卦辞，每爻有爻辞。卦辞与爻辞就构成了经文。八卦为何人所作，不得而知，相传伏羲所作。他将自然现象分为八种现象：天（乾）、地（坤）、雷（震）、风（巽）、水（坎）、火（离）、山（艮）、泽（兑）。按照一定方位排列，两两相对。天与地，雷与风，水与火，山与泽，其中天与地为最基本，其余六种为天与地的产物。其本源是太极"一"产生。这表明古人很早就有"混一"的概念，天地并非为最早，天地也有创生的过程，这个创生的过程就是由"混沌"开始的。一生二，二生三……七生八，八八六十四卦，每卦六爻，这样就演变为了三百八十四（64×6）爻。据传，六十四卦为周文王（姬昌）所制，司马迁的《史记》就是如此记载的。爻辞为周公所制。这样《周易》的经文在西周时期已告完成。经传则成书于春秋战国时期，是对经文的说明与引申，有十篇文字，称为"十翼"，"翼"为辅助，指"经"的羽翼，也就是方便理解的说明性文字。司马迁认为"十翼"为孔子所作，直到宋代才开始有人怀疑这种说法，近现代以

来,学者们基本否定了司马迁的传统说法,认为《易传》并非出自一人之手,大约成书于战国中后期。但有一点是可以肯定的,孔子曾经整理过《易经》,《易经》是儒家的重要经典之一,孔子删定六经的说法,许多历史都有记载,这一点很难动摇,经传应从春秋就开始了,不大可能要拖至战国才开始,"战国说"值得怀疑。

《周易》内容十分丰富,上论天文,下讲地理,中谈人事,从自然到社会,从帝王将相的治国之道,到平头百姓的做事做人,都有详细的记载,真可谓经天纬地,包罗万象,宇宙的玄机,人事的祸福,如同掌握在股掌之中,令人叹服。

《周易》是最早将数与形相结合的著作,并认为数是按照一定的规律变化发展的。它将万事万物概括为阴与阳两个方面,认为这两个方面相生相克,相反相成,互为因果,对立统一。从这一点来看,《周易》有科学的种子,它揭示了数学在理论中的应用。它的辩证思维,正反合命题,不仅完全符合现代逻辑思维,而且没有抽象概念在里面。数与形结合密不可分,既可以做抽象性思维,也可以做形象性思维。它最早反映了中国古人对自然所做的整体性思维。没有断章起义,没有支离破碎,所以,它为中国文化提供了一种总的世界观、人生观与方法论,这种学问就是哲学。虽然中国是一个重视经验的国家,但也重视理性思维,这种理性思维就反映在这部神秘莫测的《周易》之中。

《周易》难能可贵的是它关于事物的变化发展观,事物的这种发展变化是有规律可循的。"穷则变,变则通,通则久。""穷"指事物发展的顶点;"变"指事物由顶点向反面转化;"通"则指由反面向新的方向发展;"久"说明这些变化将长期持续下去。从这里我们可以看到《周易》所表达的人类进步的观点。事物发展呈现出一种螺旋上升的势头,新与旧不断突破,不断否定,由低级向高级的方向发展,揭示了事物整体的运动规律。

《周易》把"道"作为宇宙的本体。《系辞》第五章"一阴一阳谓之道"。第十一章"易有太极,是生两仪",即"道"可以产生出阴阳来。第二章"刚柔相推而生变化",指阴阳作用可以产生天与地,风与雷,水与火,山与泽八种自然现象,从而形成万事万物。指明任何事物都是由简单到复杂,由少到多,解决问题方法也应由易到难,由小到大。只有贪多务得,细大不捐,才能真正掌握事物的本质。

《周易》文义古朴深奥,今人理解会有很多困难。徐子宏的《周易全译》和南怀瑾的《易经杂说》为我们理解打开了一扇门。我们大可不必抱着全部理解的野心来读这部书,只需稍稍亲近,就会感到智慧无比,顿觉眼睛一亮,因为我们多了一份观察事物的灵心与慧性。

最早记事详尽的编年体史书

——《文白对照全译左传》

《左传》是一部上承《尚书》《春秋》下开《国策》《史记》,对中华文明产生重要影响的史学名著。它是打开理解中国古典典籍的钥匙,其影响足有两千多年之久,可以说比任何一部古典典籍都重要,称它为中国历史学之父也无所不可。

《左传》是以《春秋》为大纲,参考了当时存世的大量史籍写成的一部记事详尽,议论精辟的编年体史书。关于此书的作者,司马迁、班固均认为是战国时代的左丘明所撰,他与孔子为同时代人,这一观点遭到后世的唐宋学者的质疑。弄清真正的作者,这并不重要,重要的是我们知道作者应生活在列国争雄的战国时代,是一位历史学家,写了一部为后世传颂久远的历史经典《左传》就够了。

《左传》又名《春秋左氏传》,或《左氏春秋传》,是《春秋》三传之一。《左传》是以《春秋》为经纬,并用当时的史书对《春秋》加以补充,展开议论,成为一部著名的史书。因此,《左传》与《春秋》关系密切,要弄清《左传》内容,必须先从《春秋》说起。

春秋时期,周王室衰弱,诸侯国开始争霸。国君的一言一行都要由史官加以记录。《汉书·艺文志》载:"左史记言,右史记事,事为'春秋',言为'尚书'。"许多国家的"春秋"都已散失,唯有鲁国的《春秋》留存了下来,并保存得最完整。这些史事都是按年记载,所以称为编年体史书。后经孔子及其学生的修订,被列为儒家的经典之一,地位渐渐上升,为它作注的纷纷兴起,有名的有三传,即《公羊传》《谷梁传》和《左传》。前两传是对《春秋》的字词解释,阐发《春秋》的微言大义;《左传》则是用事实解经,对《春秋》历史进行增补。《左传》和《史记》一样,既具有历史价值又具有文学价值。作为历史价值,它广泛地反映了春秋时代各诸侯国的政治、军事、外交、文化等诸方面的历史。与《春秋》比较起来,它记事更详备,观点更鲜明,并表达了作者的爱憎倾向。从这些方面来看,《史记》显然深受《左传》的影响。

《左传》全书共30卷,按鲁国13位国君的顺序分年记史,起自鲁隐公元年(前722),止于鲁悼公十四年(前454),共记载了269年的史实,约18万余字。

《左传》详尽地记录了春秋时期周王室与诸侯国之间社会矛盾与斗争,反映了当时的社会现实。虽然书中不能完全摆脱天命、鬼神对人事的影响,但还是表现了人本思想的抬头,天命、鬼神思想的衰退。表现了朴素的民本思想。由于社会经济发展,新的生产关系的出现,孕育了新的意识形态,提高了士大夫认识现实、批判现实的水平。《左传》对各诸侯国内部与诸侯国之间错综复杂政治、外交矛盾斗争都有出色的反映,尤其是对大大小小的战争描写真可谓精彩绝伦。《东周列国志》中就广泛地采用了《左传》的素材,从而写成了一部言简文茂、形象生动的小说。

《左传》在记事上表现出了很高的艺术成就。它善于运用简洁、生动的口语来写对话,善于描摹人物活动、性格来记录复杂的史实,使人物形象活灵活现,为《史记》提供了范本。

《左传》开了我国历史散文的先河,简洁、生动、准确的语言描写,为后世学者所称道,也遭到了食古不化的学者的反对。他们认为《左传》文胜于质,许多文字流于浮夸。而死守六经文章为正统,一定要佶屈聱牙的《尚书》、简略断烂的《春秋》,才是古朴苍老,才是质胜于文。这种倒退观念不足为训。《左传》的魅力正是来自于它的文采出众之处。

作为战国时期最伟大的历史学与散文著作的《左传》,虽具有以上诸多优点,但对于今天的读者来说,其古朴的文言修辞是一种阅读障碍,如此巨大恢宏的著作,如此不可替代的历史和文学名著,弃而不读,实在可惜,而要读,读者诸君又并非古文专家,读起来确有"蜀道难"之感。正是本着这一愿望,也为了更好地方便读者学习古文,这本文白对照的《左传》可以为读者阅读带来方便,本书的翻译做到了"信、达、雅",读者诸君可以一睹为快。

对精神本体的深刻洞见

——《老子全译》

　　在中华文明的演进的历史中，儒家与道家是两支主流文化，儒家以伦理思想影响着中国政治思想的进程，道家则以哲学思想影响着中国各文化领域的发展。这两支文化具有两条不同的发展路径，但支配中国人的思想达几千年之久，并波及海外。

　　老子作为道家学派的创始人，让今人陷入谜团之中。这是因为历史上有关老子文献记载资料十分有限，使我们对老子这个人物的猜测多于对老子自身的肯定。老子究竟生活于什么时代？历史上真有其人吗？他的著作《道德经》写于何时？是不是老子所写？

　　现在基本上否定了《道德经》成书于战国时代的猜测，有 1970 年代出土的最古版本《道德经》竹简为证。比较可信的猜测是，老子出生于春秋开始走向衰落的时期，《道德经》应写于春秋末期礼崩乐坏的动乱之际。动乱最容易产生哲学思想，因为它最容易激发思想家去思考。老子应该读过很多书，具有丰富的知识，否则他写不出如此博大精深的书来。因此老子应该在朝廷担任过书记官。从这几点来看，司马迁的《史记·老子韩非列传》记载应该是可信的。他上面记载老子姓李名耳字聃，人称老聃，生于楚国苦县（今河南省鹿邑县）厉乡曲仁里。老子曾在周朝管理国家档案文书。春秋末期，周王朝已经处于衰落状态，王朝内部动乱不堪，老子有心归隐，骑青牛远去。路过函谷关，关令尹喜说："子将隐矣，强为我著书。"于是老子写下了这本《道德经》存世，它成了中国哲学史上最重要的文化典籍，并对中国文化产生了广泛而深刻的持久影响。

老子与孔子应为同时代人，不过老子应比孔子年长。老子几乎没有受到其他学派的影响，相反他的学说却为各派虽不道名但实际却吸收了进去。孔子路过周朝，并曾向老子请教过"礼"的问题。老子与孔子都向往周朝的先朝制度，并希望恢复周朝的礼仪制度。应该来说两人在政治思想方面还是有相同之处，只不过两人在方式上有所不同罢了。老子希望用"正心"的方式，而孔子则希望靠"礼"来达到。

《老子》一书共 81 章，分上下两篇。《道经》37 篇，《德经》44 篇，总称《道德经》。约 5000 字。含义深邃，言简意远，并有不断增删的痕迹，到战国时全书已定型。全书主要内容是老子的宇宙观和人生观，可以说是中国哲学思想精髓，对中国各个不同的阶层人士都产生了重要影响。它不是宗教，但实际上却被抬上宗教至高无上的位置，受到来自民间的顶礼膜拜。它不是玄学，但却成为玄学思想的发展之源。它虽然不像儒教受到官方正统尊崇，但起着儒教难以替代的重要辅助作用。汉朝以降，几乎每个朝代在其鼎盛时期无不采用"内用黄老，外示儒术"的治国理念。并被统治者圈定为经典，成为读书人必读的经典。

道家与儒家最大不同就是道家是在自然背景中展开人生观的探讨，主张人应模仿自然，按自然的方式进行生活。因此，在老子的哲学思想中充满了热爱自然、追求自由的浪漫色彩。

对老子的"道"和"德"有许多解释，很不一致，争论较多，因为"道"和"德"是两个形而上学的概念，有不同的含义，不能混为一谈。它们都是一种抽象的存在，在哲学上具有本体论的地位。老子的"道"更接近叔本华的"生命意志"。但在老子的哲学中，人是从属于自然的，因此，老子的"道"用"宇宙意志"表达更恰当一些。它应该是一种实体，是产生与孕育万物的终极原因，也是万物变化发展的根源。"德"一般解释为事物的本性，应该具有"理性"的含义。那么"道德"的含义应是自然。老子的"自然"应解释为万物按照自身本质属性变化发展的规律。

从老子的哲学来看,最有价值的是"朴素辩证法"思想。其一,它揭示了事物是对立统一的运动规律,认为事物是相反相成的,这体现了老子的整体观;其二,他认为没有一成不变的事物,事物都是可以相互转化的,其转化是朝对立面的方向转变;其三,他认为事物发展是有界限的,"物极必反"中的"极"就是指事物发展的"界限",也就是我们常常说的"度"。当事物的界限被突破之后,就会朝对立面的方向转化。从这些思想来看,老子揭示了事物辩证发展的矛盾运动规律。不过这种辩证法是有缺陷的,他看到了事物发展的规律,但并没有揭示出事物变化发展的条件,即他没有指出事物在何时何地在什么情况下发生变化,这种辩证法是不完全的。从另一方面来说,它为玄学发展开启了大门。

老子哲学中的"绝圣弃智"是一种返璞归真,并不利于促进社会发展。政治上的"无为而治"也是这种思想的延伸。虽然他主张"无为无不为"这种比较玄妙的政治运作,也就是让经济自由发展思想,政府不要多加干涉,但没有政府对生产工具和生产知识、天文气象的积极研究和推广,生产的发展必然缓慢而落后。在人生上,老子主张消极无为,与儒家经世致用的积极人生形成了鲜明对照,"清心寡欲""小国寡民"等消极因素对人们的思想产生了影响。

《老子》原书文义古朴深奥,现代人理解会感到困难,而徐子宏的《老子全译》,可以帮助读者更好地理解老子的思想。

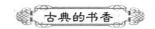

儒家思想的经典阐述

——《论语全译》

自"五四"运动以来，发起对孔子学说的猛烈批判，孔子的地位一落千丈。特别是"文化大革命"的"评法批儒运动"，使孔子名声降到了低谷。这与两千年来在中国政治生活中受到官方尊崇的地位恰好形成了鲜明的对比。有人对孔子包括对他的学说只看到了保守消极的一面，没有看到积极的一面，认为孔子的学说就是落后保守，与社会发展格格不入。这种认识实在太荒谬。请看今日世界发展，凡是受儒家文化影响的国家，都保持了强劲的生产发展势头。这又是为什么？这是因为儒家文化中的团结协作精神和视企业为家国的观念在企业生产中发挥了重要的无法替代的作用。孔子生活在春秋末期的礼崩乐坏的时代，诸侯争霸，传统经济体制瓦解，诸侯国的内部权力争斗与战争都使人民生活困苦。孔子在动乱的时代进行思考，希望找到治理动乱的药方。他对周朝文王统治下的礼制表现出无限的赞美，希望回到周朝的礼制上去。当然这种想法是一种倒退，但从中也可以发现他是希望建立一种秩序的生活。而这种秩序必须依靠个人的内在自觉来实现，从而有了孔子的政治哲学。那么他的哲学为什么在他那个时代不走运呢？因为诸侯争霸需要的是富国强兵，而不是仁义道德。因此，孔子哲学显得不合时宜。所以孔子一生中在政治方面虽然曾经有过一段施展抱负的机会，大部分时间来说，并不得志。但是，当秦

朝建立了一个雄霸四方的统一中央集权制国家，这个看起来很稳固的政权，却迅速的倾覆，从而引起统治阶级的深深思索。他们希望找到一种长治久安的哲学思想，于是孔子哲学被重新发现，并在汉朝得到了确立，被尊奉为官方哲学。从那以后，孔子学说影响中国达两千年之久，并被尊为"孔圣人"，受到万民的顶礼膜拜。他的《论语》成为科举考试的试题来源，甚至有了"半部《论语》治天下"的说法。为什么会是这样呢？孔子哲学在诸子百家中是一个"理性文化"，他的理性是一种实践理性，这就是孔子哲学生命力所在。黑格尔曾说："凡是存在的，都是合理的。凡是合理的都是存在的。"孔子哲学之所以有这种生命力，是由他哲学中所表现出理性所决定的。可惜，对孔子哲学许多研究者只是停留于字面理解，而并没有理解孔子哲学的精髓。

如果我们用一句话来概括孔子的哲学精神，那么"治国、齐家、修身，平天下"就是孔子的哲学目的。他认为治理国家重在治理人，人治国治。因此，他的政治哲学完全建立在对个人的伦理规范上。将伦理学上升为政治哲学成了政治伦理学，这就是孔子哲学。孔子是一位伟大的思想家、政治家，同时也是一位教育家。他是中国开办私人学校的第一人，并首先提出了"有教无类"的思想。大量招收天资聪明的平民子弟到学校学习，使他的思想得到了广泛的传播。并成为当时最有影响的学说。据说他弟子三千，贤人七十二。这种规模在当时已属空前。后世的法家哲学，实际是在儒家哲学的基础上创立的。荀况就是由儒家向法家转折的重要哲学家。到了韩非则建立了他法家的完整学说，法学实际是作为儒学的补充而存在的。儒学的内在自觉与法学的外在强制，构成了中国政治哲学的完整体系。不教而杀，这在中国属于虐政，被看成缺德寡恩的行为，是难以长久统治下去的。只有把教育与法律统一起来，才能使人心服口服。

孔子的理性与西方的纯理性也是有区别的。西方的理性是一种形而上学的逻辑思辨，他的一切学说都是从这种哲学发展起来的，有一定的系统性。孔子的理性哲学是从历史中、从先民的典章制度中概括出来的，并将它引申扩展，成为一套完整的处世哲学。他没有任何深奥的大道理，也不将哲学思想引向自然的神秘的猜想，他的思想非常实际，可以说是一种现实主义。他将日常生活引向理性思考，讲的全是做人的道理。教会你怎样为人，怎样步入仕途，怎样侍奉家人，怎样对待君王（在今天应是领导），怎样做学问，怎样修养人格，怎样结交朋友，怎样做事等。而这一切都被概括在他的中心思想"仁"和"礼"中。这两个概念相互联系，"仁"是内容，"礼"是形式。从"仁"的造字结构上看，"两人"为"人"，这有"群"的概念，显然是指人的社会性，即

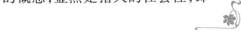

人际关系,用西方的概念解释是一种"亲和力"。而它的字面意思却是"爱"。"克己复礼"为"仁",这个"礼"实际指"仁"的形式,并非指"仁"本身。"礼"在这里解释为"周礼",而实际却是"制度"和"规范",而它的俗称却是"礼仪",也就是统治秩序。在我们今天看来就是权力结构。孔子的"仁"并非墨子的"兼爱",即"泛爱众生",也就是西方宣传的"博爱",而是"有差别的爱",是等级制度下的"爱"。下对上要尊重,上对下要慈祥,只有和谐共处,才能达到社会的稳定、太平。

在孔子的思想中并没有禁欲思想,他的许多思想非常符合人性。他教导人们学习"六艺"(礼、乐、射、御、书、数),做一个身心全面发展的有修养人。到了宋明之后,孔子哲学发展到了极端,成了"存天理,灭人欲"的思想,因此遭到李贽的批判。

作为政治哲学,孔子哲学有不完善的地方,甚至发展到极端,即为了"仁",忽视"利"的追求,安贫乐道,"不患寡,而患不均"的小农经济思想的平均主义。这些思想成为制约中国经济发展的落后保守的一面,守常而不求变。不是生产关系适应生产力的发展变化,而是相反。所以,孔子哲学必须与法家学说相结合才能发挥出它的重大作用。当然,要强调"利"与"义"的一致性,不是以"利"害"义",而是以"义"取"利",否则就会造成混乱无序。

孔子哲学的做人原则是什么呢?就是"己所不欲,勿施于人"。也就是"推己及人"。将心比心,换位思考。人只有把爱己之心,用在爱别人,才能得到别人的同样回报。"己欲立而立人,己欲达而达人",你想别人怎样待你,你就应该怎样待人,这是非常深刻而有见地的。我们常常看到的是把意志强加于人,很少替别人着想。如果能够多进行换位思考,就不会产生那么多怨言。

孔子哲学把人的思想、情感、行为统一起来,成为中国人的心理结构与价值取向,塑造了中国人的人格,成为中国人快乐生活之源。正确对待人生得失和毁誉成败,积极参与政治,进取有为。孔子作为思想家、政治家、教育家,对中国乃至世界都产生了经久不衰的影响,其地位牢不可破,名垂千古。

孔子生于公元前551年鲁国陬邑(今山东曲阜),名丘,字仲尼,儒家学派的创始人。祖先为宋国的贵族,因避宋国内乱出逃到鲁国,并丧失了贵族身份,家境日趋没落。其父叔梁纥晚年娶小户人家之女颜氏,求神得子,有了孔丘。孔子3岁时父亲就因病撒手人寰,留下孤儿寡母相依为命,生活艰难困苦。孔子长到10岁母亲又去世了,开始独自一人自谋生路。他替人放牧,管过仓库,这些微贱的事情他都认真对待。他好学不倦,为人有礼,深得鲁国大夫僖子的赏识。孔子通过自学成了一名博学多识的学者。他很想跻身仕途,但当时的"世卿世禄"制使他无缘于官场。于是他开始办学,广泛地授徒教学,成为我国私学的开端。公元前502年,鲁定公当政,时年51岁的孔子曾任中都宰,后升为司寇,政绩卓著,曾参与鲁国和齐国的夹谷盟会。后因发起"堕三都"的行动,打击鲁国季孙、叔孙、孟孙三大贵族势力,遭到贵族内部的猜忌,使这次行动流产,从而失去了执政官季桓子的信任。孔子不满于季桓子的冷淡,离开了鲁国,开始了长达14年的流亡生活。他带着弟子们周游了卫、宋、陈、蔡、楚诸国,希望能实现他的政治主张,但均告失败。当孔子68岁又回到了鲁国时,聊以自慰的是,他的弟子已满天下。有的成了显赫的官员,生活优裕。于是他把精力集中放在了办学与整理六经上,这就是《诗》《书》《礼》《乐》《易》《春秋》。其中《乐》经已散失,因而流传的只有五经。这些书成为儒家代代相传的经典,成为读书人求取功名的必读之书。公元前479年孔子与世长辞,享年72岁,葬于鲁城北泗水岸边。

《论语》是由孔子的学生记录孔子的生平和言行的对话性语录体散文。共20篇,12700字,大约成书于战国初期。汉朝成为传,宋朝列为经,成为儒家学说的重要经典。南宋时,理学家朱熹把《论语》《孟子》《大学》《礼记》合在一起,称为四书。

《论语》记录了孔子对学生的应答,也有学生之间的相互问答。孔子主要对学生提出的问题进行释疑解惑,是最早开展讨论教学的先例。《论语》语言精练,诙谐幽默,口语化,有些语言既形象又富有启发和哲理性。许多语言成了警句格言,让人玩味不尽。

孔子是最早提出教育思想与教育方法的,他的教育理念为人才的培养发挥了重要作用。许多格言都出自孔子之口,如"学而时习之""温故而知新""学而不思则罔,思而不学则殆""三人行必有我师焉""知之为知之,不知为不知,是知矣"等。这些思想都产生了旷世空前的影响,成为人们求学路上的座右铭。

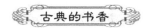

最伟大的军事著作

——《孙子兵法》

只要世界存在竞争,《孙子兵法》就会散发出光芒四射的火焰。小到个人之间的竞争,体育比赛的竞争;大到企业竞争,国家之间的竞争。而在军事斗争中,《孙子兵法》更是克敌制胜的法宝。这部写于约 2500 年前的军事小册子,全书不足 6000 字,却是古代最伟大的兵书,其真理性被无数次战争检验过。这部兵书虽不贵为最古老的兵书,比他成书还要早的有《姜子牙兵书》《司马法兵书》,但他却是第一个系统、全面总结军事思想并上升到哲学理论高度来研究军事规律的第一人。既有战略思想,又有战术方法,这是旷世空前的,得到中外军事家肯定,称赞《孙子兵法》的高妙。毛泽东的军事思想,可以看成是对《孙子兵法》继承与发展的光辉典范。自《孙子兵法》问世以来,所有的兵书都奉《孙子兵法》为祖师,从此再没有人写出一部能够超越它的著作来,许多兵书不过是在为它做注脚。虽然现代化的战争已经超越了冷兵器时代,武器在战争中占有重要地位,但是《孙子兵法》在战略思想上仍然被利用。如美国在攻打伊拉克的代号为"沙漠风暴"的军事行动中,就曾经应用了声东击西的战略方针。因此,仅从这一点看,《孙子兵法》仍未过时,只有深刻领会《孙子兵法》的人才能打胜仗。《孙子兵法》已被译成多国语言文字,是世界最伟大的兵典,并得到世界各国军事家的承认,已成为军校、商校的必读之书,是每个研究战争者的心爱读物。

孙武,字长卿,齐国乐安人(今山东惠民县),大约生于公元前 535 年,人称孙子或孙武子。他出生之际正是我国大国争霸的激烈时代，诸侯间的战争频繁，而孙武又生活在一个有兵学渊源的家庭，这为他成为一个伟大的军事家提供了条件。孙武的先祖是陈国的公子完，字敬仲，因陈国内乱逃至齐国，改名田完。经五辈发展后，到了五代孙武的祖父孙田书已是齐国的大夫，他通晓兵法、擅长谋略，公元前523年奉命攻克莒国(今山东莒县)，因战功被齐景公赐姓孙，并把乐安之地封给了田书。孙武的父亲孙凭(即田凭)，字起宗，官至齐国的卿相。孙武去世后的公元前143年，他的后代子孙孙膑生于齐国的阿(今山东阳谷县东北)、鄄(今山东鄄城县)一带，也是一名优秀的军事家，著有《孙膑兵法》。为了区别，人们将孙武称为吴孙子，将孙膑称为齐孙子。

公元前518年，齐国大司马田穰苴(也是一名军事家)著有《司马法兵法》，因在卿大夫政治斗争中遭谗言被削去官职，不久而亡。田穰苴是孙武族系，孙武为了躲避牵连，逃脱齐国险恶的政治迫害，于是出逃齐国。在国外，他听说伍子胥一家遭遇楚平王迫害的事情，断定伍子胥将逃亡吴国，于是随后也奔至吴国，在吴国见到了伍子胥，两人同病相怜，视为知己，一起隐居在吴国的都城姑苏(今江苏苏州)郊区，待机而动。孙武一面隐居，一面撰写他的兵法十三篇。

公元前516年，在伍子胥的策划下，发动政变，在家宴上指使勇士专诸刺死了吴王僚，扶公子光为新主，即吴王阖闾。阖闾上台后，重用伍子胥为卿相，励精图治，发展生产，使吴国出现了一派新兴气象。

公元前512年，吴王准备对楚国用兵，又担心伍子胥公报私仇。伍子胥力荐孙武，并献上孙武所著兵法十三篇。吴王阖闾看了孙武写的兵法十三篇后，称赞备至，但不知孙武能否真的带兵打仗，于是要孙武将宫中美女训练成一支纪律严整的军队。孙武将宫中美女180人召集起来，令吴王的两个爱姬为领队，将号令传下，击鼓之后，这些美女都嬉笑起来，不按号令行事。孙武大怒，命将两个为首的爱姬斩首示众，吴王呼救不及，爱姬人头落地，其余宫女无不肃然。孙武重新任命了两个头领，再将号令传下，宫女按照要求做得井井有条。孙武请吴王检阅，吴王对孙武斩爱姬怀恨在心，拂袖而去。幸有伍子胥相劝吴王，说爱姬易得一将难求，这样吴王就拜孙武为大将军。

公元前506年冬，阖闾倾全国之兵3万余人，水陆并进，命胞弟夫概为先锋，孙武、伍子胥为将军，联合唐、蔡两国，发动了对楚战争，与楚军囊瓦率领的20万人马相会于汉水之滨。吴军采用示弱、疲敌、扰敌、奇袭、饿敌、发动连续作战的方针,五战五捷,以少胜多,取得了柏举之战的伟大胜利,并一举攻克了楚都郢,从此孙武的英名威震诸侯。

柏举战后,孙武继续辅助阖闾,10 年之后,阖闾在对越国的战争中负伤而死,其子夫差继位,孙武辅助夫差。吴国在公元前 484 年的艾陵之战中战胜齐国。到公元前 482 年黄池之会,吴国取代晋国成就了霸主地位。在这些活动中,孙武都发挥了重要作用。司马迁《史记·孙子吴起列传》中称赞道"北威齐晋,显名诸侯,孙子与有力焉"。

公元前 494 年,越国对吴国用兵,双方战于夫椒,再战于五湖。孙武、伍子胥合谋,以巧计大败越军。吴军追至江边,再以奇谋大败越师。越王的五千甲兵逃至会稽山上,最后屈辱求和。到此为止,史书再没有任何有关孙武的记载,孙武的事迹不知所终。对孙武最合理的猜测是,孙武见他的兵法已经在战争中得到了检验,又帮助吴国成就了霸主,因此,怀有功成身退的思想,害怕功高引来杀身之祸。于是在伍子胥的帮助下,向吴主辞职告退,乘船北返,回到齐国,并改名换姓,隐居了起来。

《孙子兵法》成书于约公元前 517 年。孙武写此书的目的主要是将来献给吴王,以获得吴王的重用与提拔。这十三篇可谓字字珠玑,处处闪烁着辩证法的思想。当然,孙武更重视对客观形势与物质条件的分析,他许多思想直接是对战例的总结,这是他能够指导战争的重要原因。

在书中开头,孙武就提出了慎战的思想。他说:"兵者,国之大事,死生之地,存亡之道,不可不察也。"反对军事冒险,反对死打硬拼,认为胜利是可以预知的而不是强求的。他认为战争取胜来自对敌我双方五个方面的对比与十二诡道法。诡道法又可分为两种,一种是"示形",以机诈取;一种是"权变",随机应变。这些都有赖于对敌情的掌握,只有做到"知己知彼"方能"百战不殆"。计划周密,取胜条件充分,是战争胜利的关键,这就是人们常说的"运筹于帷幄之间,决胜于千里之外"。

在《作战篇》中,孙武提出了速战速决的思想。他说:"兵贵胜,不贵久。"也就是说"兵贵神速",不宜久拖不决,否则战争物资消耗匮乏,从而导致战争的失败。他认为善用兵的人,粮草从敌国征发,补济由敌国供给,奖励士兵从敌人手中缴获的战利品,宽待俘虏,壮大自身力量,从而使他的军队更强大。

在《谋攻篇》中,孙武提出了"攻心为上,攻城为下"的战略思想。他认为"上兵伐谋,其次伐交,其次伐兵,其下攻城",全胜的境界是"不战而屈人之兵"。这就是在强大的军事实力的攻势下,通过外交途径使敌方屈服。孙武按兵力提出了攻防措施,优于敌方的兵力,就进攻他,弱于敌方的兵力就要防守他。有10倍于敌的兵力就包围他,5倍于敌的兵力就进攻他,2倍于敌的兵力就分散他,与敌兵力相等时就要抗击他。兵力少于敌人就要设法摆脱敌人的进攻,实力弱于敌人就要避免与敌决战。弱小的军队一味坚守硬拼,就会为敌所俘。

在《形篇》中,孙武提出了军事实力的分析。通过对敌我双方所占面积大小、资源多寡、兵员多少、从而可以判断双方军事实力强弱,从而可以初步决定胜利归属于哪方。孙武认为胜利的条件是可以创造的,首先获得不败的地位,然后才是创造机会击败敌人。

在《势篇》中,孙武提出了具体的作战原则。这就是在充分掌握了敌我双方的军事实力的基础上,怎样避实击虚,出奇制胜。"兵无常势,水无常形",用兵之道,全在随机应变。

在《虚实篇》中,孙武提出了"出其不意,攻其不备"的思想。要掩蔽进攻敌人的战略意图,使敌人防不胜防,顾此失彼。敌方兵力集中就要设法分散他,造成我方以众击少的态势。要分析判断来了解敌方作战计划的优劣,通过挑动来了解敌方的活动规律,通过佯动示形来掌握制敌于死地的关键,通过侦察来了解敌人兵力的虚实强弱。这样就可以依敌情而动,掌握制胜的方法。

在《军争篇》中,孙武提出了"以迂为直""避其锐气,击其惰归""以逸待劳"的作战原则。

在《变篇》中,孙武针对将帅提出了9种治军的变通之利和5种应克服的弱点,力求做到"有备无患"。

在《行军篇》中,中孙武提出军队扎营的原则,并通过敌方的形迹来判断敌方的情况。打仗并不在兵力愈多愈好,而在于不轻敌冒进,能集中兵力于一处,判明敌情,取得部下的信任和支持,也就足够了。

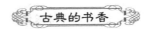

在《地篇》中，孙武根据9种不同地形提出了不同的用兵原则，并提出了将兵力"置之死地而后生"战略方针。剥夺敌方有利条件的战略计划，伺机夺取敌方战略要地，一旦敌方出现可乘之机，部署间隙，要迅速出击。

在《火攻篇》中，孙武提出了五种火攻方法。烧敌军的人马、军需、辎重、仓库、粮道。并论述了火攻条件。必须根据五种火攻引起的敌情变化加以灵活处置。孙武同时指出无利不要出兵，不能取胜不要用兵，不是危迫不要开战，夺得城池不能固守就不要攻打，否则得不偿失。用兵的唯一目的就是符合国家利益。

在《用间篇》中，孙武论述了掌握敌情的重要性，并提出了运用间谍的五种方式。在孙武看来，掌握敌情是取得克敌制胜的法宝。

《孙子兵法》不仅在军事思想上启人以智慧，在当今管理上也给人以智慧。他谋定而后动的思想；充分分析竞争双方的实力，计划周密出奇制胜的策略；掌握信息，不打无把握之仗；严于治军，取信于民等，闪耀着不朽价值的光辉。

战国时期最杰出的思想家

——《荀子全译》

自孔子创立儒家学说，儒学在以后的年间，沿着两条路线发展下去。一条是由主体向客体的发展，产生了法学；一条是由客体向主体的发展，产生了理学和心学。理学成为了形而上学之源，心学成为了养生学之源。法学是最有价值的部分，而荀况是由儒家朝法家思想进行转化的别具一格的思想家。他的思想中已经有许多法家的因素，从某种方面来说，把他看成法学奠基人也许更符合于他本人。他  对儒家的"礼"进行了扩展，并且提出了法制，这些思想都超出了儒家传统思想范畴。

荀况的法学思想是基于他"人性恶"的观点，他的全部政治学说都集中在"隆礼"上，因而发展了儒家"礼"的学说。荀况也提出要建立法制。他的法制思想不是空洞的，是建立在功利基础之上有经济思想做后盾的思想。他第一个提出了"农业为本，工商并举"的发展思想。可惜这种思想一直被压抑着，没有被发展起来，未能与西方文化进行对接。如果说中国有哪种思想能够和西方文化进行融和的话，那么荀子学说可以说是中西文化的交汇点。荀子的"人性恶"的思想和西方基督教的"原罪说"是一致的。正是基于这点，西方的宗教理论由此产生。我们从荀况学说中可以听到霍布斯政治学说的回音。可以毫不夸张地说，《荀子》是一部可以和霍布斯的《利维坦》相媲美的法学杰作，而且它比《利维坦》早了 2000 年。但荀子法学家的身份一直没有被确认，长期以来，他的光芒被孔子巨大的身影所遮，人们只认孔子为正宗儒学的代表，而看不到荀子闪闪发光的地方。因此，他的法学思想一直没有得到公正对待与认真研究，致使他的学说被完全地忽略了，没有成为主流文化。相反他的学生韩非因集法家思想之大成，竟成为最有影响力的学派。其实韩非的许多思想是从荀子而来的。

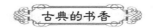

荀子综合了春秋战国以来诸子百家学说精华之处，并加以融会贯通，创立了自成一家的学说。他的思想受管仲与孔子影响最深，成为内圣外王的思想核心。《荀子》一书主要论说的就是"尚贤使能，隆礼重法"。这些思想既有对儒家思想继承的一面，也有不同于儒家的地方。儒家很少谈到兵，很少谈到利，很少谈到经济，但荀子却广泛地加以论述。

礼是《荀子》一书的中心，那么荀子的"礼"是什么含义呢？荀子的"礼"是从原始宗教祭祀的"礼"演变而来，是为统一群体意志的行为规范，成为世俗的礼仪制度，和孔子的"礼"一脉相承，是对人外在行为的一种规范与制约。正如人们常说的"没有规矩，成不了方圆"，在今天就是指组织形式或不成文的成文法。而礼又是靠什么加以维系的呢？法律。只有法律的强制作用才能维系礼不被破坏。从这一点来看，儒家的政治学说在荀子手上才算是真正完成，才算真正落到了实处。

荀子的法制思想是建立在他关于人性恶的观点上的。他在《性恶》篇中，开宗明义地指出："人之性恶，其善者伪也。"他的这一思想和孟子思想针锋相对。孟子主张人之初性本善。荀子认为人的本性是恶的，善不过是人的后天养成，是教化的结果。人都具有趋利避害的本能，圣人制定"礼仪"和"法度"的目的就是为了疏导人们的求利动机。在《礼论》篇中，荀子论述道："人生而有欲，欲而不得，则不能无求，求而无度量分界，则不能不争，争则乱，乱则穷。先王恶其乱也，故制礼义而分之，以养人之欲，给人之求，使欲必不穷乎物，物必不屈于欲，两者相持而长，是礼之所起也。"荀子认为人的欲望是自然的需要，是完全正当的，是人的本性的使然。没有任何禁欲的思想。"养人之欲，给人之求"成为荀子的礼的内容。"贵贱有等，长幼有差，贫富轻重皆有称"成为荀子礼的另一项内容。显然，这是指欲望应该以正当的途径获得满足。荀子代表了生物进化论的思想,对于推动人类社会的进步具有一定历史意义与重要价值。他第一个提出了"制天命而用之"的思想,冲破了"天命观"对人类的束缚。他认为"天"有自身的运动规律,不以人的意志为转移,但人能够知"天",利用、改造、控制"天",这是相当难能可贵的思想,集中体现了"人定胜天"的积极乐观精神,体现了人可以通过自身力量与生产技术的发展来克服"天"给予人类所造成的自然灾害。

为了能够实行"隆礼""重法""制天命而用之",从而称王于天下,荀子还提出了"节用裕民""强本抑末""开源节流"的经济观,"化性起伪"的教育观,"寓教于乐"的文艺观,"行"高于"知"的知行观等。当然以今天的眼光看,这些思想也是很片面的,如"知行观",知应在前,行成在后,没有知就不能行,知高于行。同时知与行应该合一,并且应是辩证发展的过程,每一过程都应高于前一过程。没有理论仅凭经验是行不远的。"隆礼"在今天看来也有繁文缛节的虚伪。

荀子,名况,字卿,人称荀卿,因"荀"与西汉皇帝刘洵的名讳谐音,为了避讳,后改称为孙卿。荀子是赵国人,生活于战国"七国争霸"时代。具体生卒年不详,大约生活在公元前313年至238年的60年间。他和孟子是同时代人。有关荀子的生平不详。今天所能了解荀子的事迹主要是司马迁《史记·孟子荀卿列传第十四》。荀子50岁才游学齐国,曾在齐国的都城临淄所创设的稷下学宫讲学。稷下学宫是齐国为著名学者专设的讲坛,先后有多名享有盛誉的学者来此讲学。荀子因学术深得齐襄王的礼遇,被拜为"卿",备受众人拥戴,三次被推举为"祭酒"(相当于学术领袖),成为学宫中最受尊重、资历最老的教师。后来因遭到齐国人的攻击和诽谤,离开齐国到楚国去,被楚国的春申君任作兰陵令。春申君死后,荀子被罢官,但还是留在兰陵著书立说,编成好几万字的书以后去世,安葬在兰陵。他有两个著名的学生:一个

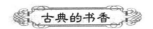

是韩非，一个是李斯。李斯帮助秦始皇统一了中国，并制定了秦国的大政方针。韩非因比李斯才高，被李斯陷害致死，留有《韩非子》传世，被认为是法家的代表人物。

《荀子》一书据说最初有300多篇，后经刘向整理，编定为今天我们看到的32篇，取名为《孙卿新书》。唐代杨倞又将其重新编排，取名为《荀子》，我们今天看到的就是这个版本。

《荀子》一书中的32篇是否全部出自荀子之手，梁启超考证大部分应为荀子著作，个别为汉儒所杂录或出自学生记录。如《大略》《宥坐》《子道》《法行》《哀公》《尧问》6篇，可能不是荀子所著。

《荀子》一书内容极其丰富，包括教育、政治、经济、军事、伦理道德、文艺等诸多方面的论述。卓然成家，不愧为伟大的思想家。

与时俱进,依法治国

——《韩非子》

法家相对儒家、道家而言,形成较晚。法家的产生与当时经济发展有关。土地公有衰落,私有土地形成,使传统经济处于瓦解。这种瓦解局面,直接导致了战国时代的到来。法家与商品经济有关,讲究平等与功利思想,这常常为人们所忽略。只有私有关系的出现,才可能有买卖关系的形成,才可能有需要法产生的土壤。从社会发展角度来看,法家具有促使社会进步的一面,因此,  法家多是现实主义者。但法家创始人中,却多有悲剧性的命运,如商鞅遭遇车裂,韩非子未尽其才而客死异乡。法家的鼻祖一般公认为李悝,而李悝师从子夏,子夏却是儒家人物。从这一点继承关系来看,法家与儒家的关系非常密切。在调节社会关系上,儒家重视以"礼",法家则重视以"刑"。"礼"体现的是等级制度,"法"体现的则是"齐一"思想。所以"礼"与"法"是有相互冲突的一面,但在中国政治领域,儒法是相互为用的。儒家重视伦理,法家重视法制。儒家重视内在自觉与道德,法家重视外在强制措施。此外,要看到法家是在批判儒家、道家基础上形成的一个学派,它较为晚出,也较为能够集大成。它产生于社会失范之时,但它眼光向前,绝不向后看,这是它与儒家、道家最大不同。儒家、道家多保守,而法家则志在富国强兵。在发展商品经济历史环境中只有法家思想才能调整整个社会关系。值得注意的是,法制实行要与教育相结合,因此,儒家仍然有它一定的政治地位。否定儒家,唯法独尊,是很难使人心服口服的。严刑峻法有它太苛刻的一面,缺乏恩德,是不能够保持社会长期稳定的。

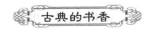

如果说孟子着意强调王道,那么韩非子则更在意霸术。韩非子立意在君权,即君主如何利用威势,手握权柄,主宰天下。从这里我们可以看出韩非对他以前的法家人物思想的继承,这就是慎到、申不害、商鞅。

慎到与孟子为同时代人,他在治国方略中强调"势"的应用。申不害(卒于公元前337年)则强调"术",即政治权术。商鞅(卒于公元前338年)强调"法",即法律和规章制度。站在进化论的立场上,韩非强调与时俱进。他用守株待兔的寓言,嘲笑那些遵循旧制而不思变革的落伍者。在当时历史条件下,提出这样新的思想,是需要极大勇气与智慧的。在孔子时代,多数哲学家都喜欢崇古引典,墨守成规,认为黄金时代在古代,人类拯救不在创新而在回到古代去。这种思想主张显然是在开历史的倒车。

尽管韩非强调树立君威的重要性,但在具体的统治术上,并不要求君主裁断一切,这与某些学者独裁论相去甚远。相反,法家与道家在"无为而治"上具有相通的一面。他认为君王应善于假手于人,不必事必躬亲。他所依靠的是政府运作机制和工具去实行一套行之有效的法律,即用制度管人。这一思想相当先进,今天看来,仍未过时。

在人性论上,法家与道家,包括儒家,迥然有别。法家对人性普遍持性恶论。而道家则认为人生来纯朴,儒家则有主张性善论。法家不求人最好,而要求人不要去作恶。而能制止人类作恶行为的是刑,以刑止刑,这就是法家实行法律的目的。

对于法律,韩非要求"齐一",即在法律面前人人平等,不得徇私枉法,执法必须公正严明,赏罚分明。这些思想使法家在组织管理上被普遍应用。

有关韩非的生平,我们知之甚少,今天主要根据《史记》等零星资料,使我们对韩非生平略知一二。

韩非约生活在战国时代的公元前280—前233年,是我国法家思想的集大成者,也是最有代表性的一位。他是皇室的后裔,生活在韩国

（今河南西南）。天生口吃，擅长著书立说。《史记·老子韩非列传》称他"与李斯俱事荀卿，斯自以为不如非"。指韩非与李斯都是荀子的学生，但李斯自认为才干不如韩非。面对强秦压境，韩非多次上表韩王，改弦易辙，实行法制，但韩王却充耳不闻。悲愤之中，韩非写成《孤愤》《五蠹》等十多万字的长文。秦王政看到这些文章后，非常感慨，于是出兵攻韩，并修书邀请韩非入秦。韩非到秦国后，上书秦王要求保存韩国，遭李斯反对，致使韩非失去了秦王的信任。又因韩非在秦王面前说了姚贾的坏话，于是李斯、姚贾合谋陷害韩非。秦王听信了他们的谗言，于是将韩非交给狱吏惩治。李斯命人送去毒药让他自杀，韩非还没来得及向秦王申诉就冤死狱中。等到秦王悔悟，为时已晚。

《韩非子》一书包含的内容十分丰富，涉及政法、哲学、财经、军事、教育、文艺等各个领域。但总体而言，则是一部政治理论著作。他通过对法、术、势的总结，为君王提出了一整套统治策略，因此，被称为"帝王之学"。

在《难三》篇中，韩非提出了制定法律的重要性。他写道："法者，编著之图籍，设之于官府，而布之于百姓者也。"这就是君王要将法律告知百姓，使法律成为约束百姓的准绳。对守法的予以奖励，对违法的予以惩治。君主这样做了，就能很顺利地统治百姓。

在执法上，韩非强调要严厉，不容许逍遥法外的现象存在。否则，会损害法律的威严，使有人心存侥幸，以身试法。在《有度》篇中指出："国无常强，无常弱。奉公官运亨通法，则国强，反之，则国弱。"突出了执法的重要性。

《韩非子》产生于战国末期，七国争雄，逐鹿中原的动乱年代。书中已经孕育了一种大一统思想，为变法图强的国家提供了理论依据，为秦国制度的建立贡献巨伟，为秦国最终完成中国统一提供了思想基础，成为中国数千年以来政治思想的主流。

《韩非子》不仅思想深刻，语言犀利，而且气势挺拔，析理透彻。滔滔雄辩，机智俏皮。特别擅长应用寓言故事来增强文章的说服力与感染力。因此，具有很高的文学价值。

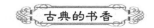

对"道"的深沉挖掘

——《庄子全译》

庄子是先秦思想家中最特立独行的一位,以哲学、文学鸣世。作为哲学家的庄子,其学说继承与发扬了老子学说,历史上将二人合称"老庄",都是以"道"建立自己的宇宙观、社会观、人生观。庄子生活在战国动乱年代,他的哲学思想比老子更消极无为,洁身自守,以求全身于乱世,成为后世士人在政治失意时用以安身立命的思想。庄子的"道"充满神秘色彩,开了玄学思想的一代先河,成为唯心主义在哲学上的主要代表。他认为"道"的时空条件具有无限性,但又抹杀事物之间的质的规定性与区别,从而使他的认识论陷入不可知论。庄子的哲学思想都是通过一个个寓言故事表达出来的,他将抽象的理性用一种形象的方式来表现,确实起到了化腐朽为神奇的作用。行文构思奇巧,想象力丰富,主题开掘较深,气势纵横,汪洋恣肆,比喻、夸张恰到好处,文辞优美,形象鲜明、生动,成为先秦散文中一颗璀璨的明珠,具有很高的文学成就。无怪乎大评论家金圣叹将他列为才子之书,确实独具慧眼。庄子以他卓尔不凡的思想和横溢杰出的文学才华而声名远播,成为道教最有影响的人物,受到弟子及民间人士的崇拜,影响不绝如缕。

庄子生活在战国早期,具体的生卒年不详。名周,字子休,宋国蒙城人(今河南商丘县东北)。但他的思想在当时并不走运,他拒绝出官为仕,漠视功名,甘当隐者,因此,历史上有关他的记载很少。我们今天所了解的,大都是通过司马迁的《史记·老子庄子韩非列传》零星记载才略知一二。他富有才学,熟知前辈与同时代诸子学说。楚威王仰慕其才华,厚礼聘请他为相国,遭到拒绝。他宁愿过逍遥自在的生活,也不愿被公务缠身,衣衫褴褛,身居陋室,靠打草鞋为生,也曾向河监侯借米度日,过着一种超然物外、适己任性的穷困生活。惟一让人记起的是他当过一个漆园（今涡河山岸）小官吏，终其一生为一名隐者。东汉后期，他的学说才开始为士大夫所注意，他的研究性著作和注疏才多起来。唐天宝元年（742年），玄宗皇帝颁诏，赐他为南华真人，称其书为《南华真经》。

《庄子》一书据《汉书·艺文志》记载有53篇，而我们今天所看到的只有33篇，根据晋代郭象注本流传至今，分为内篇、外篇和杂篇。宋以前没有人怀疑过这些著作为庄子所作。宋以后，则有人认为除了内篇7篇为庄子所作外，外篇、杂篇可能不是庄子作品。理由是这两篇表现出的思想与庄子的一贯思想有区别，而且行文上也有前后不连贯的地方。但这些都无法用确凿的证据加以证明，先秦著作不是出自一人之手现象非常普遍，要裁定却并非易事，只好存疑。

庄子的哲学思想集中表现在他的自然观、社会观、人生观上。

自然观：庄子的"道"在老子的"道"基础上有所发展。他的"道"具有绝对性、永恒性、普遍性、不受时空限制的特点，同时又虚无抽象，神秘莫测。是万物的派生，又区别于具体的事物，具有本体论的特征。

社会观：继承了老子的"无为而治"。他对儒家的"仁义"提出了批评，也不同意墨家的"兼爱"观点，斥之虚伪透顶。认为居上位者最好无为，居下位的则应有为。统治者最好顺应民意休生养息，使社会秩序稳定，生产逐步恢复与发展。

人生观：反对矫情与博学。认为这样扰乱了人们恬淡的本性，圣人心态平静，就能洞察天地万物。

庄子哲学一向以深邃的思想，奇特的想象，奔放的文风，机智的辞锋，为后人所称道。

《庄子全译》参考了许多庄子研究成果，注释立求接近原文，译文力求直译，直译有困难时才考虑意译。为帮助阅读，篇首还加了题解和段落大意提示，是阅读《庄子》比较好的版本。

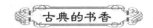
小生产思想的代言人

——《墨子》

　　与儒家的保守贵族化思想、道家的"无为"重"道"的抱朴守虚思想相区别的是代表小生产思想利益的"墨子"思想，战国百家争鸣诸派中影响最大并与儒家相抗衡的重要的思想流派。这一派虽然都是直接从事劳动生产的下层民众，但这批人最具有侠义精神和古道热肠。他们关注目光直接投向了衣食住行与生产相关联的经济生产与生活，因此，是中国文化中最有价值的部分，特别是在近现代中国。因为中国古代科技思想直接源于这一流派，他们创立了系统完整的逻辑理论，懂得机械，并且在他们那个时代研究了光学，这是十分难能可贵的。他们思想中一个重要的特色就是"尚贤使能"，讲求平等，不论出身贵贱，唯才是举。在他们思想中甚至出现了敬鬼神的宗教思想，显然这些思想与西方文化相类似。他们是中国最早孕育中国资产阶级思想的先声，一旦有那么一种条件存在，就会形成与西方相一致的资产阶级革命的学说。

　　墨子最早信奉儒家，称赞尧舜大禹，但最后与儒家思想冲突越来越大，终于分道扬镳，自立门户，广收学徒，成为名重一时的"显学"。作为政治学说，他的"兼爱"思想是核心，这种"兼爱"与儒家的"仁爱"是有区别的。孔子的"仁爱"是建立在等级制度下有差别的"爱"，墨子的"兼爱"则是不分贵贱亲疏无差别的"爱"，与西方的"博爱"则是相通的。法国大革命所喊出的"自由、平等、博爱"思想，与墨子思想最为相通，因为这种思想与资产阶级工商思想相一致。墨子的"兼相爱，交相利"就道出了他与孔子思想的不同而与西方思想的一致性。墨子的"爱"是以"互利"为基础的，"爱"是与商品的等价交换相一致的。正因如此，墨子主张功利思想，与儒家的文过饰非好说空话形成了鲜明的对比。

墨子不仅倡导"兼爱",而且倡导"非攻",这是他与西方不一致的一面。墨子站在民众立场上,反对一切不义战争。因此,墨子终其一生是一位和平主义者。他的军事思想也集中体现在防御性战略上,最著名的例子就是他用他那一套防御方法击败了公输般(鲁班)制造的"云梯"攻城计划,从而使宋国免遭战争浩劫。

墨子还主张"节用"思想,反对铺张浪费,也与资本主义原始积累思想相一致。正是这种克己节用的"消费心理",才使资本主义早期为资本主义发展积累了雄厚的资本。德国著名学者韦伯称之为"资本主义精神"。

与任何自由散漫的行为不一致的是,墨子学派有高度的组织纪律性,团体意识较强,被称为领袖的是"巨子"。墨子就是第一任"巨子",后来有孟胜、田襄子、腹等。这种团体是下层结社性组织的最早先驱。

墨子不仅是一位人文主义思想家,而且是一位自然科学家。这是与传统的重文轻技的儒家思想非常不同的一面,也是值得近现代以来发扬光大的一面。在其《墨子》中保留了6篇,主要是名辩和数学、物理、光学等内容。从这里面,我们惊讶地发现,逻辑学、几何学思想一一具备。尽管这种思想表现很粗糙,但却是科学思想的萌芽,这种思想若能得到适宜的条件,将会使中国科技事业不可同日而语。由于中国不具有西方的地理环境条件,工业革命在中国首先产生不大可能,但考虑到小生产的工商业是孕育大机器生产的条件,因此,墨子学说在新的历史条件下有了新的思想发展基础,这也是墨子学说在今天值得重视的理由。

墨子的生平史书记载得很零星,显然与西汉时"罢黜百家、独尊儒术"政策有关。墨家学派从此走向衰落,这大大影响了中国科技的进程与发展,直到清朝末期在孙诒让、梁启超、胡适等人大力倡导下,墨学才重新被人发现与认识。

墨子,名翟,战国时期墨家学派的创始人。生卒年无法确考,生活年代大约在公元前468至376年间。宋国(今河南商丘)人,一说鲁国(今山东滕州)人。其先祖是宋国的公族,顾颉刚考证他是宋国公子目夷(又名墨夷须,字子鱼)的后代。童书业研究目夷子以墨夷为姓,省略为墨。这样看来,墨子是唯一以姓氏命名的学派。墨子生于邾丘(山西垣曲县东南),出生时,家道已沦落,自称为"北方的鄙人"。少年时做过牧童,学过木工。作为没落的贵族后裔,自然也有些文化教育。他曾游历各地,希望拜名师学习治国之道。儒家是当时有影响的学派,自然吸引了他的目光,但他很快发现,儒家虚文矫情,空洞无能，于是他带着从各地收集来典籍，隐居在黛眉山上，开始了个人的修行，形成了独具特色的学说。面对当时诸侯争霸的纷争乱局，墨子开始在各地聚众讲学，抨击诸侯间的暴政，批评儒家的虚文空言。许多手工业者和下层民众纷纷加入了他的学派，成了他的弟子。他对这些弟子管理非常严格，轻则开除，重则处死。这些人都追随他不惜"赴火蹈刃"。其首领巨子具有至高无上的权威，代代相传，一切听从巨子指挥。墨子的思想及言论，被其门徒编成了《墨子》一书传世，其中也加入了门徒的思想。墨子死后，他的学派也分裂为三：相里氏之墨，相夫子之墨，邓陵氏之墨。

　　墨子学说与西方文化最为相通，表现在哲学上重视形而上学的逻辑思维，伦理上的功利主义，宗教上的敬神主义。这些都是发展工商业必须具备的思想条件。工商业一般聚集于城市，以个体为经营，宗教为精神支柱，功利为商业交换，逻辑为知识生产。民主思想最容易从这批人中产生，因为民主是市民参与政治和议政的政治形式，他们多半反对专制，要求改革保护他们的生产欲求，因此很容易与西方文化同声呼应。下层民众的结社组织也多半由信奉墨家学派人所组成，历史上的黑帮组织也多半源于这个学派。尽管是以一种变种的方式出现。

　　知识论是墨家后学的重要著作，主要有6篇，这就是《经上》《经下》《经说上》《经说下》《大取》、小取》。这6篇通常称为"墨经"。前2篇主要是关于逻辑、伦理、数学和科学思想的定义；中间两篇是对前两篇的定义加以解释；后两篇则是举例。墨家认为知识产生于人的认识能力，人的认识能力在于人的思想器官"心"，而这个"心"必须与对象接触，通过外界形象的输入而产生知识。人以感官把外界的事物的印象传达到心，心则对这些印象进行分析综合，加以解释。墨家将知识分为三类：一是由个人的直接经验得来的；二是从权威而来的（即听来的或从文字上读来的）；三是从推论中得来的。知识又按不同对象分为四类:一是"名"的知识;二是"实"的知识;三是"对应"的知识;四是"行动"的知识。"名"指"概念","实"指"实物"。"对应"是指"名"与"实"相符,"概念"与"实物"一致。即"名副其实"。"行动"的知识就是"实践",知道如何去做一件事情的知识,也可以说是"方法"与"技术"。

在利义观上墨子本人并没有明确的阐明,后期墨家对这个问题进行了说明,认为"义"者"利"也,"利"是"义"的本质,那么"利"的本质是什么?墨家认为是"趋利避害"。从这里可以看出墨家的功利思想与西方的"趋乐避苦"功利思想的一致性。

对墨家后学思想,冯友兰的评价最为中肯,他在《中国哲学简史》中写道:"后期墨家的缜密思想,富于逻辑头脑,还是令人惊叹的;他们建立知识论和逻辑方面的努力,可以说超过了古代中国的任何其他学派。"

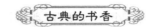

历史的长城

——司马迁的《史记》

"史家之绝唱，无韵之离骚"，这是鲁迅对《史记》的高度评价，表明《史记》是一部具有历史与文学双重价值的杰作。确实，在我国汗牛充栋的史籍中，司马迁的《史记》独占鳌头，最为出类拔萃，最值得读者付出精力与时间细嚼慢咽。当我们付出全力攻克了这座山头的时候，我们收获一定不会少，真有"会当凌绝顶，一览众山小"的感觉。

古往今来的史学家对《史记》评价最高，誉之为"历史的长城"。英国哲学家培根说："读史使人明智。"历史对每个人来说非常重要。《增广贤文》中说："观今宜鉴古，无古不成今。"人类的历史就是一条川流不息的河流，将过去、现在、未来紧密地联系在一起。只有懂得历史，才能掌握人类社会发展的规律，对于我们通晓事理、认识人生、发展事业，都有十分重要的意义。由于《史记》距离我们的时代很遥远，作者又是生活在西汉时代，他用《左传》散文的笔调来记叙历史，对于我们今天的读者来说会有一定的困难，但这一块硬骨头我们一定要想办法啃下来。

怎么啃呢？通晓一切古籍的必由之路，就是读通"四书五经"，这需要花费很多时间；第二条仔细看注解，一句句地读，这也会让人不耐烦，前后来回地看，花费不少气力，对书中的意思仍然领会不全。最省事的办法是看有关记叙史记内容的小说，如冯梦龙的《东周列国志》、蔡东藩的《前汉演义》，辅之以古代散文的阅读，如《古文观止》之类的散文选本。具有一定的古文基本知识之后再去读，会感觉容易得多，读不懂时再去看注解。还有一条更省事的办法,把翻译成的《白话史记》拿来读,这虽然会损失一点,但对于多数读者还是适用的,因为他们急于了解的是《史记》的内容而不是《史记》的文采和简洁、生动的叙事方法。

《史记》是司马迁穷毕生精力呕心沥血完成的一部 50 余万字的巨著。他继承父业,志在完成父亲的遗愿,写成一部类似于《春秋》光耀千古的名著。

司马迁(前 145—约前 90),著名史学家和文学家。字子长,夏阳龙门(今陕西韩城市南)人。其父司马谈,是汉武帝时的太史令,负责掌管皇家藏书、收集史料和研究历法。司马谈毕生的心愿是能够写成一部传颂久远的史书,可惜,只做了一些准备工作就于公元前 110 年病死洛阳,他把著史的希望全寄托在了儿子身上。司马迁从小就聪颖过人,10 岁就能读《左传》《国语》,后来又跟随名师学习《公羊春秋》《古文尚书》。20 岁他满怀了解社会的愿望,到全国各地去游历,欣赏祖国的名山大川,拜访名人的遗迹,足迹遍及大江南北,沿途搜集了不少可以作为后来应用的史料。旅行使他扩大了见闻,增长了才干。司马谈去世后 3 年,他有幸子承父业,并利用担任史官的身份,大量地阅读皇家藏书,经过 3 年的史料准备,于公元前 104 年(太初元年)开始了《史记》的写作工作,此时他已时年 42 岁,人生的阅历都已练达成熟,但他却遭遇了人生最大的不幸与羞辱。汉武帝当政时的天汉二年,他因替战败投降匈奴的李陵将军做了无罪辩护,触怒了汉武帝。汉武帝虽然保留了他一条生命,却将他处以宫刑,使司马迁做男人的尊严荡然无存。他忍辱含垢,悲痛欲绝,唯一支撑他活下去的理由就是写完这部史书。他将全部的感情都投入写作之中。他要说真话,要秉笔直书,"究天人之际,通古今之变,成一家之言",在他约 53 岁时终于完成了这部史书。从此历史上有了一个光芒四射的名字——司马迁。

《史记》在我国历史撰写上具有多方面的开创之功:

一、创设体例

《史记》之前,我国的史书编制有编年体的《春秋》、国别史《国语》《国策》,而《史记》首开了我国纪传体的体例。他依人列类,用人物来贯穿史实,以生动描写人物生平事迹来沟通古今史事,开创了纪传体例史书的先河,从而成为后世撰写史书的体制,这是司马迁编写史书做出的历史性贡献。

二、平民化的视角

一般正统的官方史书,受制于撰写史官的世界观。他们为了维护统治者需要,常常篡改历史,不能做到秉笔直书,而且对现实多有粉饰、虚假、编造

痕迹随处可见。他们一般做不到为造反的农民英雄树碑立传,但司马迁做到了。他将陈胜、吴广这样的农民起义领袖当成正面英雄加以歌颂,替他们立传,这确实是惊人之举,表明了司马迁平民化视角。

三、通史性巨著

一般史书多为断代史,记叙多是一个朝代的历史,如班固的《汉书》,主要记载西汉的历史。而《史记》将撰写历史的视角延伸得很远,他从上古黄帝开始,一直写到汉武帝时代的3000多年的历史。这样大的时间跨度,将丰富繁多的历史史实一笔不乱地写下来,组织得井井有条,并对史料鉴别精审,仅凭一人之力来完成,这非得有天才的智慧才能做到。所以,司马迁是古往今来伟大的人杰。

四、史料丰赡

一般史书很少像司马迁那样搜集有来自各方面的大量史料。所谓"网罗天下旧闻""厥协六经异传""整齐百家杂语",体现出司马迁对史料搜集的良苦用心。力求占有大量史料,对于这些史料不是生吞活剥、堆砌罗列,而是经过分析、判断,再加以选择应用,表现出司马迁严肃的写作态度。对材料取舍的慎重,注意"考信"的求实作风,又强调"好学深思,心知其意"的独立思考。因此,使他的史书具有很高的权威性。

五、进步的历史观

继往的历史,往往对历史做神秘的解释,将各种历史事件归结为不可预言的"天命"。《史记》却突破了这些宗教神学的束缚,突出人物在历史发展过程中所显现的重要作用。对古代的历史的解释,不是受制于自然力量、神权、天命等支配,如《盘庚》《周书》《春秋》《国语》均是。司马迁更加强调个人在历史中的作用,尽管他并不能完全摆脱天命观的影响,但他较前人有了更大的进步,并且他叙述人物不拘限于王侯将相,而是遍及社会各个阶层,且不限于政治,还涉及社会各部分。凡在政治、经济、文化、科学及其他方面做出重要贡献的人,他都为他们立传,这是相当难能可贵。此外,司马迁认为历史是进化的,今胜于昔的,重视人对历史的推动作用,并且意识到经济发展是推动历史前进的巨大动力。发展经济,积累财富,富国富民,这些都表现出司马迁相当卓越的历史眼光,是非常了不起的。

六、评价人物

对一般史学家,能够做到公正、客观实录史实已属不易,而对于评价历史,评价人物,也能做到公正、客观,就更属不易。能够对皇帝也做到如此,特别是当朝皇帝,更是难上加难,但司马迁做到了。他对刘邦广招贤才、终成大业进行如实描写,同时对他心胸狭隘、杀戮功臣、语言粗俗等诸多不良行为也大胆揭露,让我们看到了一个活生生的帝王。不仅如此,他对当朝的汉武帝也做到了"不虚美,不隐恶",秉笔直书,这确实鲜有听闻。《史记》在叙事中,饱含了作者爱憎感情,这是非常少见的。

七、文采斐然

《史记》对人物描写,对环境的渲染,在语言的运用上,都显示了作者丰富的文学素养。用简洁、生动的语言,将人物与事件描写得活灵活现,成为我国讲史文学和小说的源头。正因为史记写得有声有色,文采斐然,才使得《史记》成了既有历史价值又有文学价值的一颗璀璨的明珠。

《史记》全书一百三十篇,由十二"本记",十"表",八"书",三十"世家",七十"列传"组成。"本记"按编年的方式,记载了历代帝王的兴衰和重大的历史事件;"表"以年表的形式,按年月先后顺序,记载了历史大事;"书"记载了各种典章制度的演变,以及天文历法等;"世家"记载了社会各阶层的代表人物事迹,涵盖了政治、经济、军事、文化、少数民族和外国历史等丰富内容。这是一部百科全书似的通史,在我国如林的史籍中,是一座高耸入云的丰碑。

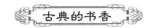

观今宜鉴古，无古不成今

——李天平、侯华容译注的《资治通鉴精华》

中国史籍浩如烟海，最出类拔萃的史才，要数两司马，他们各自以一部史书成为后世史书的光辉典范，这就是司马迁的《史记》和司马光的《资治通鉴》。这两部书都有一定时间跨度，史事也都较为纷繁。前者为纪传体，后者为编年体。《史记》从上古黄帝始一直写到汉武帝止约 3000 年历史，《资治通鉴》则从战国的周威王二十三年（公元 403 年）写至五代后周显德六年（公元 959 年），长达 1362 年的历史。《史记》用人物来贯穿古今史事，《资治通鉴》则以事件为中心，将富有启迪意义的主题详记来龙去脉，删繁就简，作为历史的借鉴。两部史书都对史书的发展做出了自已独特的贡献，并影响着中国史书的编撰。《史记》成为正史的代表，《资治通鉴》则成为编年体史书的楷模。

毛泽东生前最欣赏也最喜爱读《资治通鉴》。他曾对身边的护士孟锦云说他读《资治通鉴》已 17 遍，还想看一遍，可惜没有时间（见莫志斌、陈特水《跟毛泽东学读书》，中央文献出版社）。他称赞此书"叙事有法，历代兴衰治乱本末毕具"。司马光编此书的目的也是想借古知今，善为良法，恶为惩戒。"鉴前世之兴衰，考当今之得失，嘉善矜恶，取是舍非"（《资治通鉴表》），显然是为统治者找到一条治国理政的准绳。因此，可以说《资治通鉴》是一部历史经验的智慧总汇。那么，《资治通鉴》的历史方法是不是完全可以"古为今用"了呢？也不是。因为历史条件发生了变化，其历史方法也应做相应的变通。有些已经过时了，有的还散发着新生命的气息。这是必须引起注意的地方。

《资治通鉴》煌煌 294 卷，加上《目录》《考异》各 30 卷，则有 354 卷。卷帙如此浩繁，又是文言文，对今天的普通读者来说，阅读起来会有许多困难。虽为明珠，也会若暗。食之无味，弃之可惜，成为鸡肋，使这部史学名著尘封埋没。所以通读全书没有必要，耗时费力，得不偿失。选读最为适宜，精选本最好，部头小，将最具现代意义的内容汇集一处，加以白话今译，古今对照，对今天的读者来说，确是一件功德无量的好事。李天平、侯华容译注的《资治通鉴精华》，正是本着这样的精神而编辑成新版本《资治通鉴》。读者诸君费时不多，收获不小，真可谓多快好省。

司马光是北宋年间的政治家、史学家。作为政治家，他是旧党的首领，思想比较保守，故步自封，缺少创新意识，重守成而不思变革，刚愎自用。但他作风稳健，虽无大的建树，也不激进妄为。他一生在政治上最有影响的事就是反对王安石的变法，这常常为新派史学家不以为然。北宋当时的政治确实需要改革，但怎样改革，争议较大。王安石顶着潮流而上，勇气可嘉，但缺乏应有的策略。出台那么多改革措施，希望一下子就能匡正时弊，这些做法势必使王安石的阻力增大，最终使改革流产。另外，王安石主张是否能在现实中推行，尚需仔细研究。并不是理智上行得通就意味着实践中也行得通，任何理论自身并不能检验自己，只有实践才能说明一切。其一，假若王安石变法果真如现在史学家所推崇的，那么王安石变法就不会一败涂地，他变法的思想会在后世被重提，并会改良重来一次，不会消失得毫无踪影；其二，反对王安石变法的声音远远超过了支持的声音，如果真是那么好，不会得不到一点同情与支持，并被很快地废除掉；其三，司马光能够重返政坛，与当朝的高太后支持是一方面，但更多地得到了朝中许多大臣的支持，否则，司马光不会东山再起；其四，民间中也广泛流传对王安石变法的指责，《警世通言》中《拗相公饮恨半山堂》就反映了民间对王安石变法后的责难，这也绝不是捏造事实，无中生有。司马光能够有余力有时间去主持与编撰这样一部鸿篇巨制的史书，或许得益于他对史学的情有独钟和政治上的失意。

司马光一生没有什么值得大书特书的地方，他当过几十年的地方官，大部分时间都是在书斋中度过的。编书耗尽了他19年生命，60多岁才重返政坛，被任命为宰相，但3个月后他就去世了，终年68岁。

他出生的地方与司马迁仅有一水之隔的

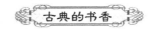

涑水乡,具体位置在陕州夏县(今山西夏县)。司马迁在黄河左岸的韩城,生于宋真宗天禧三年(1019年),字君实,号涑水先生。他的生活环境与司马迁具有相似之处,其父也是一位饱学之士,在朝为官,充当皇家藏书顾问。他对司马光的成长有着至关重要的影响。司马光幼年聪颖好学,破缸救儿童的故事让他闻名遐迩,广为传颂。仁宗宝元元年(1038年),20岁就中进士,在华州(今河南郑县)担任了11年的地方官。经父亲的好友庞籍举荐才进入京城,后又追随庞籍到并州(今山西)为官。庞籍获罪后他也离开了并州,到开封府做官去了。

英宗治平三年(1066年),司马光奉诏编写《历代君臣事迹》,并由他挑选了一批人才组成写作班子进行。这样刘恕、刘攽、范祖禹包括司马光的儿子司马康都加入了进来。宋神宗继位不久,司马光被任命为翰林侍读学士。他将完成的书稿的八卷呈献给神宗,受到神宗的赞赏,并将书稿钦定为《资治通鉴》。意指"鉴于往事,有资于治道",并命司马光续编。

熙宁二年(1067年),在宋神宗的支持下,开始了王安石变法。司马光因与王安石政见不一,推辞了宋神宗对他任命的枢密副使,潜心编书。将书局由汴梁迁至洛阳,他和他的写作班子一起度过了寂寞的15年,于元丰七年(1084年)完成了这部史书。

《资治通鉴》选材广泛,正史实录为主,兼收杂史、小说、文集,征引诸史凡322家。以政治、军事为主要内容,也记载社会、经济、文化制度等,涵盖社会历史诸方面。行文畅达,简明扼要。成书后,影响不绝如缕,是唯一能与《史记》相媲美的巨著,深受史官的推崇,成为管理者的案头之书。对出官为仕,经世致用,人生修养,都有重要的启迪作用。当然,司马光的保守思想,也会在书中有所流露,缺乏历史的进步观,这也是需要在阅读中明鉴的地方。

《资治通鉴精华》将原著按年代分为六类:一、君主与国家;二、人才与用人;三、军队与用兵;四、立法与执法;五、重农与理财;六、作为与得失。选择重点是:大臣进谏奏议,君王诏令制文,历代政策法规,典型所作所为及儒家治国论述,学者历史评论,可以说是原著精华荟萃,既方便阅读,促人思考,又能品味原著文字生动、简洁、流畅的魅力。

不仅如此,本书还对原文的历史背景做了简明介绍,难解词句进行注释,并翻译成了现代文,有利于读者古今文对照,准确理解原文精髓,大大节省了阅读时间,达到事半功倍的效果。

常言道:"以古为镜,可以知兴替,以人为镜,可以明得失。"《资治通鉴精华》就具有这样的双重功效,让我们扩大眼界,增长才干,丰富智慧。

璀灿夺目的诗歌顶峰

——《唐诗三百首全译》

我国是诗歌大国,从 2000 多年前的先民歌唱《诗经》起,产生了浩如烟海的诗歌作品,其数量之多,质量之高,为举世所公认。唐代又可以说是我国历朝诗歌发展的巅峰时期,人们常以"唐诗宋词"来概括这一繁盛的现象。而唐朝又是我国封建社会发展的鼎盛时期,国力雄厚,四方向往,纷纷习学唐代文化。各民族的不断融合与交往,使文化发展处于最辉煌时期,为诗人们的创作提供了多方面的养料,诗人辈出,诗歌作品蔚为大观,璀璨夺目。人们常说"文必秦汉,诗必盛唐",虽有几分保守之嫌,但也表明对唐诗成就的赞美。历朝历代都重视对诗歌的选取,而能流传久远,深入人心又脍炙人口者,却是孙洙这部《唐诗三百首》。"熟读唐诗三百首,不会吟诗也会吟。"《唐诗三百首》反映了唐诗的最高成就,也是我国自有诗歌以来的最高成就,是每个习学唐诗的最佳启蒙读物,也是我国唐诗的全部精华,具有很高的思想与艺术欣赏价值。

唐诗集历朝之盛,是有其原因的。唐初结束了"五胡十六国"的分裂局面,又不断发动边疆地区的战争,取得节节胜利,为唐代奠定了一个安定的局面。农业经济的发展,工商业的发展,使唐代出现了"开元、天宝"盛世局面。"安史之乱"虽使唐朝走向了衰落,但唐仍统治了 289 年。唐朝的皇帝深知"文治武功"的重要，几代皇帝都喜欢附庸风雅，唐太宗、武则天、唐玄宗等都喜爱诗歌。许多士人也通过诗歌晋升仕途。唐代继承了隋代开科取士的做法，而取士科目就是诗才，从而造就了一大批诗人的涌现。上上下下喜爱诗歌蔚然成风，诗人受到特别的礼遇与尊重。作者来自社会的各个阶层，许多诗人出身于中下层知识份子，开拓了诗歌的描写新领域，从而使唐诗内容丰富，题材广泛，风格多样，形成了大唐诗歌的盛世景象。

初唐之诗，虽还保留了几分齐梁的脂粉之气，但很快宫体诗就被新的题材所突破。王勃、杨炯、卢照邻、骆宾王是初唐诗人中的"四杰"，以清新的乐府体小诗、七言歌行和律诗，带来诗歌新的气象。紧随其后的沈佺期、宋之问把律诗推向了成熟阶段。陈子昂一扫六朝的绮丽文风，对诗体进行了革新，用铿锵的诗句，抒发出一股豪迈之气。其诗境高远，意气风发，为诗歌注入一种新的生命。盛唐时代，则是诗歌的高潮，涌现了众多诗人。高适、岑参的边塞诗，将塞外风雪弥漫的风光尽收眼底；王维的山水诗，给人"千山鸟飞绝"的空灵意境美；孟浩然的田园诗，将"绿浪松风"的田园风光带入读者的梦乡。这个时期，最伟大的诗人李白，以他浪漫主义诗风占据着诗坛重要位置，以他多方面的才华和广阔的诗路与灵感，写出大量堪称绝唱的诗歌作品。与李白诗风完全相反的，则是另一个伟大诗人杜甫，用一种对现实的深沉观照，将人民的痛苦、战争带来的惨祸、生离死别的亲情，描写得淋漓尽致，成为与李白双峰并峙的高峰。随着盛唐的韶华已逝，白居易的新乐府叙事诗则以委婉哀怨的故事情节，发出了动人心弦的歌唱，《琵琶行》《长恨歌》成为最优美的叙事诗，散发着永恒的生命力；刘禹锡、韦应物以他们脍炙人口的绝句唱响诗坛，并成一时之秀；晚唐诗人李商隐、杜牧，以他们浓郁的抒情风格写下不朽诗歌绝唱，在艺术上达到了无以伦比的高度。

唐代的诗歌像海里贝壳拾不胜拾，优秀的诗歌像宝石一样发出夺目光彩,众多的诗人像灿烂的星河一样发出耀眼的光芒。《唐诗三百首》从众多的唐诗中精选流传众口的杰作奉献给了大家,当然其中遗珠之憾在所难免。对唐诗有兴趣的读者,可以在熟读《唐诗三百首》的基础上,选取一些自己感兴趣的唐诗来读。《唐诗鉴赏辞典》就是一本很好的读物,可以弥补《唐诗三百首》的缺憾。

《唐诗三百首》编者孙洙,字临西,江苏无锡人,号衡唐退士,乾隆十六年进士,曾做过几年知县,晚年回归故里。著有《衡唐漫稿》。《唐诗三百首》成书于 1763 年,主要是作为蒙学课本。共分 8 卷,收诗 310 首,按五言、七言编辑。它们又分为古体与近体,古体是承袭前代的诗风。近体包括律诗、绝句,对诗的平仄、韵律要求很严。这种编法便于诗歌爱好者学习与模仿。

《唐诗三百首全译》是一个很好的版本,好就好在有题解、有注释、有翻译。题解对诗人、背景、诗的思想性与艺术性都有介绍。对古代地名、字词含义都有简明的解释,扫除了阅读障碍。翻译则将古诗翻译成现代诗,这是不容易做到的事情,但本书做到了。人们说诗因翻译而失落,这确是至理名言。外国诗、古诗都是如此。但为了理解,为了欣赏,也只好如此。差强人意的翻译多少还是有些作用的。 本书的译者是九叶诗人陈敬容的女儿沙灵娜,专攻唐宋文学,译诗经过了陈先生的校订,应该来说是译得相当好的,为本书增色不少,使我们可以欣赏到唐诗的优美风采。

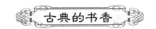
故国常在月明中

——《南唐李后主词诗全集》

谈到词，最不能回避的就是李煜。他对词的贡献最大，受到众词家的一致好评。近代词人王鹏运称他为"词中之帝"。当代词学大师唐圭璋称他的词"秀逸绝伦，既超过西蜀《花间》，又为宋人一代开山"。对他后期词作更是赞不绝口，认为他"自抒真情，直用赋体白描，不用典，不雕琢，血泪凝成，感人至深"。这种评价可说是"箭中靶心"，准确之至。

李煜的一生可说是在压抑中度过的。他在一个乱世中继承下一个残破的江山，时刻面临着强邻压境氛围，战战兢兢地度过一生。他很难有所作为，随时面临着沦为俘虏的可能。除了屈膝求和、偏安一隅外，政治上不大可能有多大的作为。虽贵为天子，却强颜欢笑，笙歌只能冲淡他心中难以抹平的伤口。看似富贵，其实无奈。在宋军的铁蹄下，他开始过上一种可说是生不如死的囚徒生活。但仅两年，这最后一点求生的可怜希望也化为了泡影。在极度伤心绝望中，他写下了一首首泣血的词，哀婉凄绝，缠绵悱恻，表达了对故国的怀念，对昔日好景不再的惆怅心绪。然而他的"故国不堪回首月明中"的思乡之情却触怒了宋太宗赵光义，他命人暗地里用牵机毒杀了李煜。那正是一个七夕之夜，李煜刚满

42 岁就辞别了人世。

李煜（937—978 年），初名从嘉，字重光，号钟隐，又号莲峰居士，南唐李璟的第六子，彭城（今江苏徐州）人。他相貌堂堂，聪颖，才华横溢。诗文、书画无所不精，通音律、善鉴赏，多才多艺。少年时，为避太子弘冀猜忌，表示归隐、无意政事，把精力全放在了读书、练字、绘画、写诗、填词、研究音乐上了，从而具备了广博的知识和在词的创新上独领风骚的杰出才能。其父李璟也是一代词人。父子二人以词在南唐震古铄金，可以说开一代词风。但南唐的半壁江山在李璟手上已陷困境，累战累败，不得不

向后周世宗柴荣上表乞降，取消帝号，称南唐国主。所以李煜继承下来的是一个坍塌变形的龙椅。《新五代史·南唐世家》记云："煜尝怏怏以国蹙为忧，日与群臣酣宴，愁思悲歌不已。"李煜从建隆二年（961 年）在金陵登基，在位 15 年。因宋太祖赵匡胤累召他北往不去，于是命曹彬率大军南下围攻金陵城，经 14 月的激战，金陵城在弹尽粮绝下被攻破。李煜自杀不成，肉袒出降，哭别金陵城，冒雨登舟，入汴（今河南开封）归房，魂归北邙。

"家国不幸诗家幸，话到沧桑语始工。"清·沈雄在《古今词话》中称李煜虽为亡国之君，却成为千古词坛的"南面王"。词学大师王国维认为："词至李后主而眼界始大，感慨遂深，逐变伶工之词而为士大夫之词。"认为李煜以拔俗的词风，意境的开掘，在词坛上独树一帜，对两宋以来的词风影响尤其深远。

用"清水出芙蓉，天然去雕饰"来评价李煜的词是再恰当不过的。他游于《花间》而又高于五代诸词人的地方，正是他用一种脱尽凡俗，洗尽铅华，用一种清新淡雅的笔触，疏荡的情致，白描的手法，秀丽的句子，开拓了词的意境的新的美学天地。那深沉婉转带着伤感的气息，将景致渲染成一幅令人迷恋、催人泪下的画面，使读者心弦荡起层层涟漪，久久不能平静。这就是李煜词赋予我们的艺术的极致，"感时花溅泪，恨别鸟惊心"的美感。

一般词研究家喜把李煜创作分为两个时期，即宫闱时期和囚徒时期，认为这是李煜词风转变的分水岭。前期作品，虽不脱花间词派的艳丽，但他白

描的手法,使他的词清新可爱,展示了李煜对情节描写与场景的渲染才能,可说是明艳动人,真挚细腻。《玉楼春》很能代表:

菩萨蛮

> 晚妆初了明肌雪,
> 春殿嫔娥鱼贯列。
> 凤箫吹断水云闲,
> 重按霓裳歌遍彻。
> 临风谁更飘香屑,
> 醉拍阑干情味切。
> 归时休放烛花红,
> 待踏马蹄清夜月。

描写歌女形象、动作、表情的,《一斛珠》也较有特点:

> 晚妆初过,沉檀轻注些儿个。向人微露丁香颗,一曲清歌,暂引樱桃破。
> 罗袖裛残殷色可,杯深旋被香醪涴。绣床斜凭娇无那,烂嚼红茸,笑向檀郎唾。

后期词作,充满离愁哀怨,用一种痛苦的回忆,叙说一段往事,《破阵子》较有代表性:

> 四十年来家国,三千里地山河。凤阁龙楼连霄汉,玉树琼枝作烟萝。几曾识干戈。
> 一旦归为臣虏,沉腰潘鬓消磨。最是仓皇辞庙日,教坊犹奏离别歌。垂泪对宫娥。

对故国的悲思,感叹身世的凄凉、飘零,离愁别恨,《相见欢》是一首脍炙人口的词:

> 无言独上西楼,月如钩。寂寞梧桐深院锁清秋。
> 剪不断,理还乱,是离愁,别是一般滋味在心头。

伤心悼月,人事物非,空叹息,情归何处,只有无尽的落寞惆怅,留无数别恨在心头。这是李煜最具盛名的《虞美人》所咏唱的:

春花秋月何时了，往事知多少。小楼昨夜又东风，故国不堪回首月明中。

雕栏玉砌应犹在，只是朱颜改。问君能有几多愁？恰似一江春水向东流。

李煜虽然不是一个成功的皇帝，但却是一个不朽诗人。他的诗虽没有词影响大，但也是写得相当好的，全是真情实感，情景交融，感伤低回，充满无尽的韵味。可惜他的词名声太大，全把他的诗压下去了，人们只注意他的词而少注意他的诗。

《南唐李后主词诗全集》是迄今以来搜集李煜诗词最全的。编排也很有特点，按早期词、后期词、阙佚词、存疑词编排。另外还搜集到了李煜的 18 首诗。对李煜词诗有专论，并附录了李煜小传、诗词记事。周振甫先生题写的书名，张国光、俞润生先生作序，操守诚先生书法二幅，陈修寿先生作画四幅，可说是目前研究与欣赏李煜诗词的最好的版本。

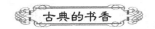

唐宋词的英华显现

——《花庵词选》

花庵词选

说到词，人们自然会联想到宋词。在一般读者眼里，中国文学不过是唐诗宋词元曲明清小说，再也没有别的精彩之处。这种概括虽并不为错，但总让人感觉到太简单化了。宋词虽可以看成词的发展极致，但也是造成词发展衰落的地方。它过于重视形式，过于雅化，生活面描写趋窄，许多词并不具有真情实感，而是给人"为赋新词强说愁"的味道。当然，这并不是指全部。相反，一些具有真情实感的作品往往被斥为俗艳而不屑一顾。这种看法比较适合士大夫的看法，集中体现了他们的审美情趣，因为他们的词多半如此。词为艳科，有"诗庄词媚"的说法。词来自民间，带有民间不事雕琢的气息，因此感情浓烈，直抒胸臆，能够真实地反映下层人民的喜怒哀乐。许多词就是为适应歌楼酒馆需要而创作的，它没有一个好的起源，但诗也并不见得就有一个好的起源。我国的诗歌是从"诗经"开始的。"诗经"内容反映的全是劳动人民真挚朴素的感情，后来才慢慢为宫廷贵族所垄断，成了他们表达感情的需要。但乐府民歌大多数还是表达了百姓心声，为民众所喜爱。

词起源于隋唐时期，是一种从西域传到内地的长短句，又称曲子词，属于歌词类，当然也是诗，但不像诗那样都是五言、七言，句子整齐划一。它有词牌，词牌决定了它调式的不同，字数的不同。从敦煌曲子词可以看到词粗拙的面貌，口语感极强，如《菩萨蛮》"枕前发尽千般愿，要休且待青山烂。水面秤锤浮，直待黄河彻底枯……"到了唐中后期，大量文人加入词创作里来，使词的影响力渐渐扩大，成为一种与诗相抗衡的类型。白居易、刘禹锡都有脍炙人口的词作传世。五代更不用说，文人创作词的热情空前高涨，西蜀、南唐都成了词的中心。他们感时伤春，吟风弄月；叙相思之苦，抒别离之恨。风花雪月，前尘往事，爱情悲欢，都从他们的词作中流淌了出来。这些词作被收集在《花间集》《尊前集》中。温庭筠是花间派的鼻祖，他以擅长描绘妇女的形象和细腻的心理活动而闻名于词坛，由于笔墨浓艳，常被称为"侧艳之词"。但也并不尽然，请看他的《更漏子》：

　　玉炉香，红蜡泪，偏照画堂秋思。眉翠薄，鬓云残，夜长衾枕寒。
　　梧桐树，三更雨，不道离情正苦。一叶叶，一声声，空阶滴到明。

　　这首词毫无矫情与堆砌的感觉，而是用了烘云托月的手法，将离情别恨很艺术地再现了出来，谁读了这首词不击节赞叹！如果不告诉你这是温庭筠所写而说是李煜所作，你难道会不相信吗？

　　温庭筠开花间派的一代词风，他的白描手法的运用，比兴手法的应用，使他的词在艺术上独具匠心，对整个五代词的影响，其地位不能低估。

　　花间派另一位值得重视的词人是韦庄。其词的特点是重视人物内心感情的描写，虽大多写的也是离愁，但自我抒情的力量有股独具魅力的浪漫色彩，这是他不同于温庭筠的地方。他的《应天长》就是如此：

　　别来半岁音书绝，一寸离肠千万结，难相见，易相别，又是玉楼花似雪。
　　暗相思，无处说，惆怅夜来烟月。想得此情切，泪沾红袖腕。

　　南唐李煜的词对整个词坛影响最大，这种影响旷古空前，不绝如缕，被历代称为词帝。西蜀的冯延巳也是开一代词风的大词人，词的特点是善于借景抒情，人在景中，景中有人，情景交融，相互映衬。如《蝶恋花》：

　　六曲阑干偎碧树，杨柳风轻，展尽黄金缕。谁把钿筝移玉柱？
　　穿帘燕子双飞去。
　　满眼游丝兼落絮。红杏开时，一霎清明雨。浓睡觉来莺乱语，
　　惊残好梦无寻处。

　　北宋词人柳永、晏几道、秦观、贺铸、苏轼、周邦彦、李清照等对词的发展

做出了重要贡献。柳永善作长调，将慢词发展到极致，词的特点是善于铺叙，极其工丽。用白描手法写景，用回忆笔调写人。《雨霖铃》是他不朽的名词：

> 寒蝉凄切，对长亭晚，骤雨初歇，都门帐饮无绪，留恋处，兰舟催发。执手相看泪眼，竟无语凝噎。念去去，千里烟波，暮霭沉沉楚天阔。
>
> 多情自古伤离别，更那堪冷落清秋节！今宵酒醒何处？杨柳岸，晓风残月。此去经年，应是良辰好景虚设，便纵有千种风情，更与何人说？

晏几道的小令写得最有特色，他继承南唐李煜的风格，词多哀怨，善于抒情，词句秀雅别致，比起他的父亲晏殊来，词的内容充实些。

> 彩袖殷勤捧玉钟。当年拼却醉颜红。舞低杨柳楼心月，歌尽桃花扇底风。从别后，忆相逢，几回魂梦与君同。今宵剩把银釭照，犹恐相逢是梦中。

秦观一般被视为婉约派的正宗，与苏轼比起来，苏轼较不入流。秦观才气横溢，长短调都有不俗的表现，尤其擅长比兴抒情，秀句天成，如行云流水，夹杂淡淡的伤感，极有烟水迷离之致。

> 山抹微云，天连衰草，画角声断谯门。暂停征棹，聊共引离尊。多少蓬莱旧事，空回首，烟霭纷纷。斜阳外，寒鸦万点，流水绕孤村。
>
> 销魂，当此际，香囊暗解，罗带轻分，谩赢得，青楼薄倖名存。此去何时见也，襟袖上，空惹啼痕。伤情处，高城望断，灯火已黄昏。

贺铸的词工丽，对句子千锤百炼。擅长比兴，有时喜欢用诗句入词，但浑然天成，不露痕迹。所写之词自有一种耐人寻味之处。

> 凌波不胜横塘路。但目送，芳尘去。锦瑟华年谁与度。月桥花院，琐窗朱户，只有春知处。
>
> 飞雪冉冉蘅皋暮。彩笔新题断肠句。若问闲情都几许，一川烟雨，满城风絮，梅子黄时雨。

苏轼的词有时不谐音律，豪放有余，收敛不足，时常为人所诟病。这种风气一开，效法的人不少，滔滔江河，一泻了之，总给人似词非词之感。他虽然扩大了词的题材，但过多地用诗入词，给人词诗不分似马非马的感觉，让人怡然回味的地方不多。当然他也有写得婉约的一面。但对他的词较有争议，赞同有之，反对也有之。《念奴娇》堪为代表：

　　大江东去,浪淘尽,千古风流人物。故垒西边,人道是,三国周郎赤壁。乱石穿空,惊涛拍岸,卷起千堆雪。江山如画,一时多少豪杰。

　　遥想公瑾当年,小乔初嫁了,雄姿英发,羽扇纶巾。谈笑间,樯橹灰飞烟灭。故国神游,多情应笑我,早生华发。人间如梦,一樽还酹江月。

　　王国维认为周邦彦创调较多,创意较少,这种评价相当中肯。作为宫廷词人的周邦彦精通音律,对词极有研究,对调式要求谨严,使后来作词者循规蹈矩,不敢越雷池半步。从另一方面言,开了依声填词的先例,使后来词的作者往往过分追求形式而不注重内容,追求词的疏荡雅化而缺乏直抒胸臆和真情实感。描写题材趋窄,内容空疏,对南宋词人产生了不好影响的一面。总之,他开了词作唯美的风气,使词的内容远离了大多数人的生活。因此,他的词作虽具有一定艺术性,但没有多少实际意义。《兰陵王》堪为代表:

　　柳阴直,烟里丝丝弄碧。隋堤上,曾是几番,拂水飘绵送行色。登临望故国,谁识京华倦客。长亭路,年去岁来,应折柔条过千尺。闲寻旧踪迹,又酒趁哀弦,灯照离席,梨花榆火催寒食。

　　愁一箭风快,半篙波暖,回头迢递便数驿,望人在天北。凄恻,恨堆积,渐别浦萦回,津堠岑寂。斜阳冉冉春无极。念月榭携手,露桥闻笛,沉思前事,似梦里,泪暗滴。

　　李清照是两宋最有成就的女词人。她的词清新、活泼,较有情趣。清词丽句,是她的特点。词可以说是她一生欢乐、痛苦与不幸的写照。她生活于两宋之间,前期明媚、开朗,后期凄婉、哀伤。她的词谐音律,内容充实,受李煜、晏几道的影响,诗情画意尽在词中,伤感、委婉是她的风格。《一剪梅》堪为代表:

　　红藕香残玉簟秋,轻解罗裳,独上兰舟。云中谁寄锦书来,雁字回时,月满西楼。

　　花自飘零水自流,一种相思,两处闲愁。此情无计可消除,才下眉头,却上心头。

　　词到了南宋,辛弃疾继承了苏轼词风,并有所发展。词沉雄、峭拔、悲壮。但有些词以诗和散文内容入词,显得不伦不类。《摸鱼儿》堪为代表:

　　更能消,几番风雨,匆匆春又归去。惜春长恨花开早,何况落红无数。春且住，见说道，天涯芳草迷归路，怨春不语，算只有殷勤，画帘蛛网，尽日惹飞絮。

长门事，准拟佳期又误，蛾眉曾有人妒，千金纵买相如赋，脉脉此情谁诉，君莫舞。君不见，玉环飞燕皆尘土。闲愁最苦。休去倚危栏，斜阳正在，烟柳断肠处。

陆游的词，或婉约，或豪放，内容充实，情真意切，蕴藉深厚，言有尽而意无穷，不愧为一代词人。《钗头凤》堪为代表：

红酥手，黄藤酒，满城春色宫墙柳；东风恶，欢情薄，一怀愁绪，几年离索，错，错，错！

春如旧，人空瘦，泪痕红浥鲛绡透；桃花落，闲池阁，山盟虽在，锦书难托，莫，莫，莫！

南宋词坛主要为清空、雅正词风所主宰，格律风盛行，内容空疏，主要追求形式与技巧，雕词琢句，词力求含蓄，用典成风，咏物寄兴，为词家所推崇。姜夔、吴文英等均是，而姜夔成就最大，影响最广。《暗香》堪为代表：

旧时月色，算几番照我，梅边吹笛，唤起玉人。不管清寒与攀摘。何逊而今渐老，都忘却，春风词笔。但怪得，竹外疏花，香冷入瑶席。

江国，正寂寂。叹寄与路遥，夜雪初积。翠尊易泣，红萼无言耿相忆。长记曾携手处，千树压、西湖寒碧。又片片、吹尽也，几时见得。

唐五代词风兴起，代有人杰，宋将词推向了高峰，技巧已尽，金元明三代词成衰落，清有中兴之势，唯纳兰性德的词有南唐李煜的遗风，阳羡派、浙西派都无以与宋争雄。

《花庵词选》为宋人词选，选唐宋二代223家（包括黄氏本人）词1277首。选唐五代词26家104首，北宋词108家413首，南宋词89家760首。体现了选家详近略远的原则。该词集不仅广收名家名作，而且也对较少人关注的作者的优秀作品也尽悉收罗，显示了选家博观约取、选词存史的特色。《四库全书总目》赞其"精于持择""去取亦特为谨严"。各种流派异彩纷呈，书中夹有考、评文字，可以帮助读者了解词的发展和知识。全书20卷，唐宋诸贤绝妙词选10卷，中兴以来绝妙词选10卷，另附选家个人词38首。许多词选体现了选家别具只眼，既广泛又具代表性，是一本较有特色的词选集。

清代词坛的一枝独秀

——《纳兰词笺注》

　　自两宋以后，词起三代之衰，清康熙年间，词又有了中兴之势。阳羡派的陈维崧，浙西派的朱彝尊，分别以豪放和婉约引领着词坛的发展，但成就均未超出两宋。而能一枝独秀，以哀感顽艳、缠绵悱恻、清新真纯、情感真挚，吹奏出词坛一缕春风的是豪门公子纳兰性德。他的词继承五代词人风格，特别是南唐李煜词的遗风。王国维认为"纳兰容若以自然之眼观物，以自然之舌言情，此由初入中原，未染汉人风气，故能真切如此，北宋以来，一人而已"。对他的词作给予了高度评价。说他"未染汉人风气"，是说他不矫情，表现出一副真性情，这些我们都可以从纳兰词中找到。"北宋以来，一人而已"显然把他的词提到了北宋以后七八百年间独领风骚的词坛巨子位置加以肯定，表明了纳兰词具有相当高的艺术水平，充分肯定他的艺术价值。从反面对周邦彦之后的"依声填词"、内容空疏、雕词琢句、用典咏物的晦涩词风进行了批评。纳兰性德长短调都有，但以小令最好，长调好的不多，所以词家一般对他的小令推崇备至。正如清末朱彊村所言："容若小令，直逼北宋，八百年来无此作者。"

　　纳兰性德虽生于高门广厦，却常有山泽鱼鸟之思。他出生在烈火烹油的富贵之家，少年得志，万事顺遂，按说不应在词中流露出哀怨。但其实不然，他虽贵为皇帝侍从，却一生鞍马劳顿，侍奉皇帝于左右，伴君如伴虎，精神紧张，与家人、妻子聚少离多，公务缠身，万事不由人。这种内心的孤独与凄凉，非常人难以理解。他虽为满人，却深深地热爱汉人文化，精通经史，诗文才华都相当出众，也擅长书画，而且弓马娴熟，可说是文武双全的俊杰。最难得的是他一生重情谊，从不恃才傲物，与汉族知识分子交往盛密，严绳武、顾贞

055

观、朱彝尊、姜宸英等都是他的挚友。他家庭生活也相当的不幸。早年娶官宦之家卢兴祖的女儿为妻，但夫妻恩爱生活仅四年，妻子离世。又续娶了官氏为妻。他为卢氏写了许多缠绵哀婉的词，让人读了为之感动。

纳兰性德（1655—1685年），原名成德，字容若，号楞伽山人。纳兰是其姓氏。父亲明珠，字瑞范，青年时任顺治帝侍卫，后为内务府总管，弘文院学士，刑部尚书，兵部尚书，吏部尚书。康熙十四年（1675年）授武英殿大学士，握宰相之权。康熙二十五年（1686年）加太子太傅，荣宠已极。纳兰性德于顺治十一年十二月十二日（1655年1月19日）生于北京明珠府。居处在今德胜门里、后海北沿（现为宋庆龄故居和卫生部的一部分）。性德极为聪颖，数岁即习骑射，读经史。稍长，即能诗词。17岁补诸生，18岁中顺天乡试举人。19岁应进士考，后因病未能参加廷试，于是致力于经济之学，熟读通鉴及古人文辞。康熙十五年（1676年），性德22岁殿试中二甲七名，赐进士出身，授三等侍卫，寻晋一等。从此步入仕途，深得皇帝的隆遇。然他却抑郁终生，绝少开怀。最后却以31岁的少壮之年，即康熙二十四年五月晦己丑（1685年7月1日）因受"寒疾"离去。

纳兰性德有集存世，名《通志堂集》。是其座师徐乾学等代为编辑的，包括性德赋、诗、词、文等。词集于性德24岁首次刊行，称《侧帽词》。同年，顾贞观在吴中又刊性德词集，名《饮水词》。现今通行的纳兰性德词集，为许增于光绪六年（1880年）汇集诸家刊本而成的《纳兰词》，共5卷。并补遗21阕，共得342首。1984年，冯统编校《饮水词》出版，为搜集最全的版本，共得348首。本书是根据冯统版本，做了一些笺释、评介。编排上有所不同，采用分类编排形式，如爱情篇、塞上篇、江南篇、咏史篇、杂感篇等。有的则按内容编排，如友情篇，举凡诗人为某一友人所填写的词，则不分词牌，均归入某一友人之下。咏物篇也是这样处理，对读者阅读欣赏很是方便。此外，本书有编者撰写的长篇研究文章的"前言"，后有8个

附录，包括纳兰性德的小传、墓志铭、神道碑文、词集各本的序跋汇编、哀词·诔词·祭文·挽诗·挽词、集评、年表、论文索引。是欣赏与研究纳兰性德的词的最全最好的本子。下面让我们来欣赏几首：

《梦江南》

昏鸦尽，小立恨因谁？急雪乍翻香阁絮，轻风吹到胆瓶梅，心字已成灰。

《鬓云松令》

枕函香，花径漏。依约相逢，絮语黄昏后。时节薄寒人病酒，铲地梨花，彻夜东风瘦。

掩银屏，垂翠袖。何处吹箫，脉脉情微逗。肠断月明红豆蔻，月似当时，人似当时否？

《蝶恋花》

今古河山无定据。画角声中，牧马频来去。满目荒凉谁可语，西风吹老丹枫树。

从前幽怨应无数。铁马金戈，青冢黄昏路。一往情深深几许。深山夕照深秋雨。

《踏莎行》

倚柳题笺，当花侧帽，赏心应比驱驰好。错教双鬓受东风，看吹绿影成丝早。

金殿寒鸦，玉阶春草，就中冷暖和谁道。小楼明月镇长闲，人生何事缁尘老。

《渔父》

收却纶竿落照红，秋风宁为剪芙蓉。人淡淡，水蒙蒙，吹入芦花短笛中。

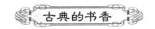
生气勃勃的人物群像

——施耐庵的《水浒传》

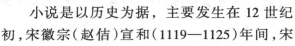
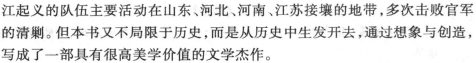

　　《水浒传》是第一部正面描写农民起义的不朽长篇白话文小说。有关它的故事在南宋时期就在民间广为流传，明代又有各种话本出现，最后由施耐庵进行统一构思，分出章节，对人物形象再塑造，写成了一部情节曲折、悬念迭出、故事生动、前后连贯、形象逼真、个性鲜明的伟大小说。

　　小说是以历史为据，主要发生在 12 世纪初，宋徽宗（赵佶）宣和（1119—1125）年间，宋江起义的队伍主要活动在山东、河北、河南、江苏接壤的地带，多次击败官军的清剿。但本书又不局限于历史，而是从历史中生发开去，通过想象与创造，写成了一部具有很高美学价值的文学杰作。

　　《水浒传》开了侠义小说的一代先河，后世的许多侠义小说，也包括今天的新武侠小说，不过是《水浒传》的滥觞，但成就上没有一部小说能与之比肩而立。它描写的英雄人物生龙活虎，性格各异，侠肝义胆，是江湖好汉所作所为。他们来自社会各个阶层，奉行"八方共域，异性一家"的信念，人人兄弟相称，不分贫富贵贱，有福同享，有难同当，生死与共，祸福相依。"义"是他们的凝聚力，为兄弟之情可以两肋插刀。但《水浒传》不是普通的侠义小说，而是一部寄托有作者政治理想的作品。作者盼望有一个好皇帝出现，而并不反对现存的制度。作者认为宋江的起义是除暴安良，他并无野心与朝廷作对，他反对的是一个欺压百姓、不为民做主的贪官污吏。因此宋江上了梁山后，就将聚义厅改为了忠义堂，实际却是要效忠朝廷，幻想将来封妻荫子，青史留名，修成正果。当最后朝廷赐给他毒酒时，他又怕李逵害了他的一世清名，也将毒酒赐给了李逵。他上梁山是迫不得已，是因为功名不能显达，又题反诗，最后判处死刑,在梁山众好汉的营救下,无奈才上了梁山。但他时刻念念不忘的却是招安,效忠朝廷。他用"仁义"聚集了一大批英雄好汉,最后又使起义事业灰飞烟灭,落得一个凄惨的结局,这些都是宋江"招安"思想使然。

《水浒传》具有广泛的民众基础,它以群众喜闻乐见的形式,生动丰富的口语,以穷极尽相的人物描写,将人物塑造得唯妙唯肖,活灵活现,如闻其声,如见其人。几个世纪以来,为人们广泛传颂。虽然描写的农民起义被统治阶级视为异端,大逆不道,屡遭禁止,但屡禁不绝,成为一部脍炙人口、家喻户晓、妇孺皆知、百读不厌的旷世名著。

《水浒传》的作者长期以来说法不一。有说施耐庵作;有说罗贯中作;有说施耐庵作、罗贯中编次。多数人更倾向于施耐庵作。《水浒传》的版本众多,不一而足,今天也辨不出哪一个是祖本。比较而言,一百回本可能是最早的祖本,出现于明朝的嘉靖年间。征田虎、王庆是后人所续。罗贯中也可能是续写者,他与施耐庵虽为同代人,但不太可能合写。罗贯中是史家的笔调,施耐庵则是文学的笔调,两人创作境界也完全不同。有关施耐庵可信史的记载很少,今天获得的有关施耐庵生平多是民间发掘的材料。比较可信的,有明初王道生撰《施耐庵墓志》,是 1920 年代在江苏的兴化、大丰、盐都发现的。从这些资料来看,我们大致了解到施耐庵的生平。

施耐庵(约 1296—1370),名子安(一说名耳),又名肇瑞,字彦端,号耐庵。祖籍苏州,曾随父施元德流浪到兴化,后迁居白驹场(今江苏省大丰市白驹镇)。自幼聪明好学,元延祐元年(1314),时年 19 岁的施耐庵考中秀才,28 岁中举人,36 岁中进士。曾在钱塘(今杭州)为官 3 年,因不满

林教头风雪山神庙

官场的黑暗，辞官回家。元至正十三年（1353），白驹场盐民张士诚等18名壮士率灶丁起义反元，慕施才学，邀他加入，他欣然前往，充做慕僚，为张出谋划策。后张居功自傲，独断专行，施累次谏阻，张不肯善纳忠言。施愤而辞职，作《秋江送别》套曲赠友人。从此，浪迹天涯，行医看病，漫游山东、河南等地。后入江阴祝塘财主徐骐家当私塾。也就在这时，他与另一位伟大的小说家罗贯中相遇了。此时罗贯中27岁，风华正茂，拜比自己年长34岁的施耐庵为师。两人一起研讨《三国演义》和《三遂平妖传》的创作。施同时还搜集整理梁山泊宋江等108名英雄人物故事，为撰写《江湖豪客传》做准备。至正二十七年（1367），朱元璋灭张士诚之后，到处搜查张的旧部。为避祸端，施在征求好友顾逖意见后，在白驹修建了房屋隐居不出，专心于《江湖豪客传》的写作。

吴用智取生辰纲

书成之后，施将书名易为《水浒传》。朱元璋闻施之才学，招施前往。施拒绝朱的邀请。朱从民间获得施所写《水浒传》，联想到对施的多次征召不应，恼羞成怒，将施捉拿，打入天牢。后幸赖刘伯温设计保释，才得出狱。明洪武三年（1370）年，饱受折磨、心力交瘁的施耐庵重病而死。葬于淮安，享年74岁。施去世数十年之后，其孙文昱（述元）家道复兴，将施耐庵的遗骨迁葬至白驹西落湖（今江苏省兴化市新垛镇施家桥村），并请王道生作《施耐庵墓志》。

《水浒传》要表达的主题是"替天行道"。作者认为，北宋末年，由于皇帝的无道，使奸臣当道，酷吏横行乡里，鱼肉人民，老百姓怨声载道。作者把替天行道的使命交给了宋江来完成。由于历史的局限性，作者又把招安的情节安排进去，使波澜壮阔的农民起义不战自溃，最后在镇压别的起义军的自相残杀中悲壮地结束。宋江带着他凯旋的残部，等待他的却是一杯毒酒。他们成了愚忠的牺牲品，梁山泊众英雄好汉风流云散，一个个死的死，逃的逃，好不凄凉！

作者细致地描写了梁山泊一百单八将上梁山聚义的经过。他们中多数是被逼无奈才上梁山造反。描绘了一幅官逼民反的生动画面。作者将一个个生动的场景、动人心弦的故事、环环相扣的人物结合起来，写成了一部跌宕多姿、活色生香、意韵深厚、情节曲折的章回体小说。书中特别是对人物的描写令人印象尤为深刻。许多人物刻画得栩栩如生，呼之欲出。如林冲、鲁智深、杨志、武松、李逵、阮家三兄弟等等。正如大评论家金圣叹所言："所叙一百单八人，人有其性情，人有其气质，人有其形状，人有其声口。"他对人物描绘得炉火纯青的艺术手法，使众多文学作品黯然失色，为后来众多文学作品所借鉴，成为文学史上一座壮丽的里程碑。金圣叹把它与《离骚》《庄子》《史记》《杜诗》《西厢》合称为六才子书。后人尊它为第一才子书，这是当之无愧的。

梁山泊好汉劫法场

《水浒传》版本众多。影响较大的有七十回本、一百回本和一百二十回本。一百回本是目前所知的《水浒传》最早的本子，出现于明朝嘉靖年间。嘉靖时人高儒在《百川书志》中说：《忠义水浒传》一百卷，钱塘施耐庵的本，罗贯中编次。又有朗瑛《七修类稿》记宋江一书，也称"钱塘施耐庵的本"。朗瑛年代略同于高儒，两书是《水浒》最早的版本记载。一百回本和一百二十回本都标明了施耐庵集撰，罗贯中纂修的字样，表明施耐庵是《水浒》最早作者。一百回本可能是施写成后经过了罗贯中的修改。一百二十回本可能为后人所续，也可能是罗贯中增写的，但目前证据尚不充分。一百回本著名的有容与堂本；万历年间的一百二十回本有余象斗本，称为《水浒全传》；七十回本是明崇祯十四年（1641），由苏州的金圣叹刻印的《贯华堂水浒传》。金圣叹自称是施耐庵的"原本"。他将容与堂后三十回的内容删去，以"梁山英雄惊噩梦作结"，全书七十一回。这个本子一出，却使明代所出的一切本子销声匿迹，成为后来流传最广的本子。本文介绍的是齐鲁书社出版的《水浒传》。前七十回采用了金圣叹批《第五才子书施耐庵水浒传》，后五十回采用袁无涯刻的一百二十回本《忠义水浒全传》。这是个比较好的版本，不失为既反映了《水浒传》全貌，又拥有了金圣叹修改的流传最广的本子，可以说集众版本的精华于一身。

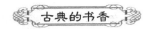

龙争虎斗的英雄史诗

——罗贯中的《三国演义》

治乱更迭,一张一合,是中国历朝兴衰成败的运动规律。真所谓"分久必合,久合必分",是天数还是因果循环?翻开《二十四史》,又有哪一部记录的不是帝王将相演绎的存亡兴衰的历史呢?只要选取一部《三国志》来读读,所有历朝兴衰变化都在手掌之中。但具有永久之魅力,令人喜读、爱读、百读不厌的作品唯有《三国演义》。它没有正史之枯燥,却有正史所传达之精神;它虽不足以信史,却是历史与虚构结合得最好的艺术品。人们常言《三国演义》有七分真实三分虚构,这也就足矣。一部文学作品如果没有虚构的成分在里面,就不能算是真正成功的作品,因为没有作者的丰富想象,也就丧失了艺术性。正是这点,使《三国演义》成了一部流传最广、影响最深、叙事最精彩、刻画人物最传神的伟大作品。现代人欣赏这部作品,往往喜用现代人的眼光去挑剔这部作品,因此也是雾里看花,终究隔了一层。

《三国演义》是历史小说,但又不全是历史。它是以元朝出现的《三国》平话为底本并以当时流行的戏剧为参考,以晋朝陈寿的《三国志》和南朝的裴松之的注为历史线索,由罗贯中通过艺术的想象加工写成的一部旷世名著。罗贯中首开了演义小说的形式,《三国演义》成为我国有史以来最重要的一部长篇小说,金圣叹把它称为第一才子书。罗贯中以"文不甚深,言不甚俗"的思想,使《三国演义》成为 300 年流传不衰雅俗共赏的杰作,并远播海外,在东亚许多国家引起震动。每位读者从不同的视角去看,都可以从中受益。政治家可以看到政治外交的纵横捭阖;军事家可以看到兵法战例的巧妙运用;商人可以看到经营管理的灵思妙想;文学家可以看到写作艺术的精心布局;普通人可以看到为人处世的方式方法。一部《三国演义》却具有这么多用途,无疑是读者大众喜爱这部著作的重要原因。

　　《三国演义》是一部伟大的战争小说。作者用一种军事家的眼光，描写了大大小小的战争，这些战争写得真实可信，战争场面极其壮观。三大战役"官渡之战""赤壁之战""彝陵之战"写得极其生动感人，传神细腻，几乎可以让每位读者屏住呼吸、全神贯注，为精彩之处击节喝彩。这三大战役，都是真实的，虽然书中有夸张的成分，但都有史可查。三大战役可以说是最终奠定了魏、蜀、吴的三分天下，而这三大战役都具有明显相同与不同的地方：相同之处，都是以少胜多，以弱胜强，采用形式都是火攻。一是烧粮库；二是烧战船；三是烧营寨，但具体的战法却又各不相同。小说写得丝丝入扣，精彩绝伦。读了《三国演义》，也就相当于我们读了《孙子兵法》。《孙子兵法》的所有理论，在《三国演义》中都有战例的运用。据传，明朝李自成、张献忠，清朝的洪秀全，都从《三国演义》中学得战争规律。所以，《三国演义》也是一部伟大的兵书。

　　《三国演义》的作者罗贯中，记载最权威的史料是罗贯中同时代人贾仲明的《录鬼簿续编》。贾仲明写道："罗贯中，太原人，号湖海散人，与人寡合。乐府隐语，极为清新。与余为忘年交，遭时多故，各天一方，至正甲辰复会，别来又六十余年，竟不知所终。"由此推断，罗贯中生于1315年，卒于1385年。据传，他青年时期曾有志图霸，在张士诚手下充做幕僚。张士诚兵败后，结束了他的政治生涯，从此专心致志于通俗小说和戏剧的创作。从《罗氏家谱》来看，罗贯中，名本，字贯中，祖籍山西太原，长期生活于杭州。《西湖游览志余》称其编著小说数十种。相传《十七国史演义》也为他的作品。今有罗氏作品除《三国演义》外，还有《隋唐两朝志传》《残唐五代演义》《粉妆楼》《三遂平妖传》等长篇小说。他还曾致力于戏剧创作，今仅存《赵太祖龙虎风云会》，其余《忠正孝子连环谏》《三平章死哭蜚虎子》两种已佚，但使罗贯中名闻遐迩的却是《三国演义》。

　　罗贯中小说创作是有他政治用意的。他竭力反对分裂，致力于民族团结，对忠臣义士倾心予以歌

颂，对权奸佞臣进行有力鞭笞。因此他在《三国演义》中把刘备当成一代明君加以描写，而把曹操当成窃国大盗加以贬斥。清代毛伦、毛宗冈父子在修改《三国演义》的过程中，更是加重了这种正统思想。使人看了之后，闻刘备胜则喜，闻曹操败则称快。这种思想和民间的平话、戏剧的塑造是一致的，较好地体现了民众的心愿，也就是尊刘贬曹的思想。从《三国演义》来看，作者把刘与曹进行对比描写，刘备为人"仁厚"，深受百姓的拥戴；而曹操则为人"奸诈"，对人虚情假意。从两个人的能力来看，曹操比刘备能力要强。刘备是文不能安邦，武不能定国，但

宴桃园豪杰三结义

他和刘邦、宋江一样，善于笼络人心，使天下豪杰为我所用。他极能礼贤下士，只闻诸葛亮大名，尽愿屈尊，三顾茅庐，拜诸葛亮为师。刘备得一个诸葛亮，如同刘邦得萧何和韩信两人，使其三分天下有其一，所以陈寿认为刘备有"高祖之风"是评得很恰当的。曹操虽为盖世英雄，腹有韬略，善晓兵机，但曹氏天下最终为比他子孙更强大的司马氏所夺，从而有了"三家归晋"。功败垂成指掌之间，历史就是如此。

《三国演义》主要描写东汉灵帝（公元 184 年）中平元年到晋武帝太康元年（公元 280 年）计 97 年的历史。作者描绘出一幅东汉末年残破的社会图景：王室衰微，宦官专权，朝廷乌烟瘴气。民间瘟疫流行，民生凋敝，终于公元 184 年爆发了以张角为首的三兄弟的黄巾大起义。朝廷急命各路将军全力征讨，在镇压黄巾起义的血泊中，各路将军势力发展壮大，他们不再听从朝廷的命令，成为称霸一方的军阀。这些军阀相互进行兼并战争，最后发展为势力最强大的三支力量，这就是曹操、刘备、孙权三大政治集团，并最终形成了魏、蜀、吴三国鼎立局面。曹丕于公元 220 年称帝，建立魏国；刘备于公元 221 年称帝，建立蜀国；孙权于公元 222 年称帝，建立吴国。曹丕占据了北方，刘备占据西南，孙权占据了江南。三国又经过了约 70 多年的混战，最后由司马炎篡魏统一，建立晋国。

《三国演义》比陈寿《三国志》有魅力的地方，就在于他虽忠实于历史，以

历史为框架，用史实做骨干，但又不局限于史实，而是通过调动文学的想象，将历史事件用生动的场景加以表现，塑造了许多生动的人物形象。据统计，《三国演义》描写的人物有名有姓的就达400人之多，而重点描写的就有20多人。其中曹操、关羽、诸葛亮、刘备、孙权、张飞、周瑜、司马懿、吕布、鲁肃、赵云、陆逊、姜维等，都是让人过目不忘、栩栩如生，深受人们喜爱的艺术形象。当然，受话本与戏剧的影响，小说在人物刻画上虽有些类型化，没有《水浒传》人物的细腻生动，但还是给人以深刻的印象。作者能将如此纷繁的历史事件安排得井井有条，曲折生动，充分显示了作者的匠心独具。特别善于运用对比手法，夸张手法，使故事生动有趣，富于传奇。作者很善于描写战争，敌我双方的斗智斗勇，写得惊心动魄，令人魂牵梦萦。战略谋划，运筹于帷幄之间，决胜于千里之外，让人无不为之称奇感叹。描写最成功也最有争议的是这样三个人物：曹操、关羽、诸葛亮。

曹操是书中最复杂的人物。作者描写了他奸诈、残忍、狠毒，诡计多端，同时也写了他很有才干，具有卓越政治家头脑，善于用兵。毛宗岗在《读三国志法》一文中说曹操有忠（自比周公）、义（义释关公）、宽（不杀陈琳爱其才）、顺（向袁术称臣），确实活化了一个曹操形象。他不是铁板一块缺少变通，而是深谋远虑，权衡得失，决断理智，这正是一个政治家所应具备的远见卓识。虽然他一生生性多疑，许多无辜之人都成了他的刀下之鬼，最典型的例子是杀吕伯奢一家，但他处事稳健，总能化险为夷，如履平地。他爱才、惜才、用才，不论出身，唯才是举。奖罚分明，

刘皇叔跃马过檀溪

赏信有度，身边常能聚集一批人才辅佐他。这都是他高明之处，也是他能得天下的原因。"破黄巾，擒吕布，灭袁术，收袁招，深入塞北，直抵辽东，纵横天下"表现出曹操一世之雄。他在完成北方统一上立下了汗马功劳，并且还是一名卓越诗人，是建安文学的领袖。当然，书中把曹操写成"托名汉相，实为汉贼"，挟天子以令诸侯，这都起因于曹操是篡逆而不是正统的观念。

关羽在民间的形象是非常高大的，不仅武艺高强，而且忠心耿耿，形象伟岸。书中这样描写道："玄德看其人（指关羽）身长九尺，髯长三尺，面如重

枣,唇若涂脂,丹凤眼,卧蚕眉,相貌堂堂,威风凛凛。"毛宗冈评价关羽的品行是"做事如青天白日,待人如霁月光风"。他的形象、忠勇、品行成为民间的偶像,被誉为"关帝",立于庙堂,受到人们的顶礼膜拜。写他武艺高强,他温酒斩华雄,相战不及三合诛袁绍两名名将颜良、文丑于马下。写他忠,他守下邳,因势孤,不得已投降曹操。曹操喜爱关公的武艺,三日一大宴,五日一小宴,送赤兔马、金钱美女于他,他却始终不忘刘备"桃园三结义"的恩情。当得知刘备在袁招处,他"挂印封金",过五关斩六将,"千里走单骑"去寻找失散的刘备。所以毛宗冈评价"报主之

夏长江曹操赋诗

志坚"。曹操赤壁兵败,狼狈不堪,在华容道上与关羽相遇,想起曹操待他的情谊,竟将军令状置于脑后,将曹操放了。毛宗冈评价"酬恩之谊重"。尽管关羽身上有这么多优点,但他为人骄傲自大,刚愎自用,最终丢失荆州,败走麦城,留下"大意失荆州"的千古遗憾。这说明他是将才而不是帅才,不像姜维那样文武双全,故有荆州之败。

　　诸葛亮是作为智多星的化身被作者加以刻画的。杜甫在《蜀相》中这样赞美诸葛亮:"出师未捷身先死,长使英雄泪满襟。"表现了诸葛亮为完成先帝的遗愿,五出祁山、志在恢复中原的壮志。虽然这五出祁山,劳师远行,对国力消耗太大,但体现了诸葛亮"鞠躬尽瘁,死而后已"的高风亮节,知不可为而为之。要想在力量悬殊的情况下战胜强大的魏国,非得出奇制胜。但诸葛亮一生做事谨慎,他不愿冒太大的风险而使自己前功尽弃,这也是他最终不能完成统一的原因。频繁的出兵,既不利发展经济,也不利训练士卒,休整再战,这些都是大忌。但诸葛亮的才智却是一流的,可谓旷世奇人,诸葛亮堪称知识分子的杰出代表。他上知天文,下察地理,胸藏百万之兵,运筹于帷幄之间。潇洒从容,羽扇纶巾,"谈笑间,樯橹灰飞烟灭"。"隆中对"三分天下早已胸有成竹。博望坡初用兵,几千人马杀退曹军十万大军。他自比管仲,乐毅,毛宗冈认为他比管仲、乐毅过之,这绝非虚言,古往今来,有谁能比他更

足智多谋，神机妙算？鲁迅认为罗贯中为描写诸葛亮多智，用笔太过，因而有"状诸葛多智而近妖"的评语。现代人抓住这点，认为诸葛亮是人不是神，认为罗贯中将诸葛亮神化了，主要争论之点是赤壁大战中的"借东风"，认为七星坛上诸葛亮借风之行为是装神弄鬼，根本不可能。当然，诸葛亮借箭，就很少有人提出疑义，实际诸葛亮借箭与借风是一回事。他之所以能够预卜先知，是他深通天文，知道某个时辰会发生某种变化，七星坛祭风是做给周瑜看的，通过"借风"行径逃脱周瑜严密的监视从而脱身才是他的真正目的。小说终究是小说，虚言夸张也是有的，何必那么认真。如果都是具实写来，还有什么趣味呢？"隆中对"可以说是诸葛亮一生行动的纲领。联吴抗曹，占据荆州，进取西川，南抚蛮夷，北伐中原。"隆中对"充分表现了诸葛亮的英明决策。如果不发生意外，即关羽大意失荆州，历史将会向着诸葛亮设定的方面发展，统一中国的也许是刘备。即使发生了关羽事件，若刘备不意气用事，不破坏东吴联盟，事态也许会按照原来的方向发展。此时蜀国军力强大，乘胜北上，那么刘备也可能实现统一大业。显然这些都是后话，历史终究是历史，不可更改，不能重写。诸葛亮一生所犯错误较少，唯一不能原谅的错误是让马谡守街亭，从此蜀国失去了战略要地，导致蜀国形势急转直下。纵观诸葛亮一生是征战的一生，忠心报答刘备托孤的一生，忠心耿耿，尽心尽力，直至劳累过度，病死于五丈原。自古贤相，又有谁能与之相比？他的功绩光照日月，千古不朽。

《三国演义》是部描写精彩绝伦的历史画卷、战争史诗。这里有金戈铁马的相互争战，有群英论辩风云际会，有宫廷争斗的刀光剑影。三国时代，虽是一个动乱的时代，破坏的时代，同时也是孕育新生力量的时代，英雄辈出的时代，更是英雄豪杰尽显风流的时代。时势造英雄，英雄造时势，创造了一个个感天动地的英雄壮举。因此，它也是一部英雄的史诗。《三国演义》具有一种永恒的魅力，总有让人说不尽道不完的话题。

《三国演义》最早版本应为明弘治甲寅（1494）刊本为最古，全书二十四卷，分二百四十回，题为"晋平阳侯陈寿史传，后学罗贯中编次"，书名为《三国志通俗演义》，前有蒋大器（庸愚子）的序。序中说此书写成之后，人们"争相誊录，以便观览"。因此，该版本可能最接近罗贯中的原著。此后翻刻本增多，五花八门，争奇斗艳。到了清康熙年间，毛纶、毛宗冈父子对原书进行文字润色加工，增删，修改回目，加以批注，卷首有《读三国志法》，成为影响力最大的版本，以定本的姿态压倒群芳，风靡世间 300 年。

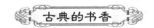

充满想象力的神魔故事

——吴承恩的《西游记》

《西游记》常常因荒诞不经遭人贬斥，书中幻想的成分，神奇的色彩，谈玄说怪，令人目不暇接。它具有一种超现实的浪漫和丰富的想象力，这是它有别于现实主义小说的地方，同时也表现了作者非凡的创造力。从这一点来看，《西游记》最具有现代价值，因为现代是最需要想象力与创造力的时代。

《西游记》为我们展现了一幅光怪陆离、绚丽多姿的神话世界图景。作者用极富夸张、幽默的笔调写来，使书中的人物极具艺术情趣。鲁迅说《西游记》"每杂解颐之言"，近世也有学者认为是"游戏之笔"，显然指作者在看似轻松、滑稽的笑料背后，有作者对现实的辛辣讽刺和对社会黑暗的针砭。从这一点看，它与英国斯威夫物的《格列佛游记》具有同等价值。如果作为一般寓言故事去读，它与《天方夜谭》一样具有无穷的乐趣。在《西游记》中鬼怪精灵都被写成各具人性，各具人情，在他们中间演绎着正义与邪恶的斗争，这些都代表了人类的基本价值观。那种魔法的比武，斗智斗勇，既令儿童看了心折，也让成人看了叫绝，这也许是《西游记》最让人为之心醉神迷的地方。英国《大不列颠百科辞典》对《西游记》这样评价道："是中国一部最珍贵的神奇小说。"

唐僧取经的故事确有其事。公元 629 年（唐太宗贞观三年），僧人玄奘（602—664）去天竺（印度）取经，跋涉数万里，历时 17 年，终于取回佛经 600 余部。这是富有历史意义的宗教事迹，也是一次卓有成效的探险活动，大大促进了我国与西域各国的交往，同时也促进了佛教在我国的传播。中国文化中融合有佛教思想，这是尽人皆知的事实。玄奘回国后，口授见闻，由弟子辨机写成《大唐西域记》，后又由其弟子慧立、彦琮写成《大唐大慈恩寺三藏法师传》。

唐僧取经的故事本身就具有很浓厚的传奇性，玄奘不畏艰险，历经磨难，终于取回真经的故事自宋代以来也成了评话的题材和元代杂剧的对象。至今保存完好的话本《大唐三藏取经诗话》便是南宋说书人所使用的话本。话本中已有了猴行者，化身为白衣秀才，为唐僧西行取经保驾护航，沿途降妖伏魔，书中主角已开始由玄奘转向了猴行者。元至明初，已有了成熟的《西游记》的话本，但目前均已佚失。在一部朝鲜古代汉语教科书《朴事通谚》中还依稀可以看到其雏形，书中多处引用了《唐三藏西游记》评话中大闹天宫、车迟国斗圣以及黄风怪、蜘蛛精、红孩儿、火焰山、女儿国等许多故事。取经故事

还被搬上舞台，金院本中有《唐三藏》，元杂剧中有吴昌龄的《唐三藏西天取经》，但均已失传。目前仅存元末明初人杨景贤的《西游记》杂剧，剧中已有唐僧出世的故事。由此可见，《西游记》最初由民间艺人进行集体创作并不断进行演化创造，后由文人根据这些传说、平话、杂剧进行统一构思，将故事重新编排，将描写细腻深化，对文词进行修改、润色，并插入了许多诗词，最后写成百回本的《西游记》。它丰富的思想内容，极富艺术魅力的人物，语言的幽

车迟国猴王显法

默、夸张、生动，使它成为一部老少咸宜的经久不衰的文学名著，并被视为最优秀的神魔小说译成多种文字在海外广泛传播，受到来自世界范围内广泛的好评。

《西游记》的作者吴承恩，字汝忠，号射阳山人，生于明代中叶（约公元1500—1582年）山阳（今江苏淮安）。其祖辈原为学官，后沦落为小商人。吴承恩幼年聪明，较早表现出绘画天赋，6岁就能读书写字，背诵古诗，在乡里颇有文名，喜欢收集志怪小说。但在科举考试中累试不中，郁郁不得志，直至中年才补为贡生。一度做过短期的长兴县丞，晚年放浪诗酒，主要从事《西游记》写作，一

生在清贫中度过。他那善谐谑的性格,能诗会文善画的不俗才华,是最终写出《西游记》这部旷世名著留传后世的唯一资本。

龙王还归大道真

《西游记》全书80万字,分3条线索进行叙事。全书唐僧取经应为主线索,但又插入了孙悟空出生到大闹天宫被镇压在五行山的情节。另一线索主写唐僧的身世以及奉命西行取经的过程,使全书形成"丫"字形结构,从这里也可以看出小说由唐僧为主角演变为了以孙悟空为主角的过程。孙悟空前半生造反为非作歹,后半生为赎罪忠心保护唐僧取经,最终修成正果,成为"斗战胜佛",体现了佛教的"苦海无边,回头是岸"的思想。整部著作反映的则是"三教合一"的思想,即儒、道、佛的统一。孙悟空成了作者笔下的英雄人物,作者赋予了孙悟空许多优秀的品质:勇敢无畏,忠贞不二,聪明机灵,足智多谋,武艺高强,善于斗争。显然这是一个完全被理想化的人格,体现了人们对这个超世英雄人物所寄托的美好愿望。猪八戒倒是一个比较世俗化的人物,贪吃好色,遇到困难就畏缩动摇,时常耍小聪明,爱贪小便宜,喜欢打个人小算盘,妒忌心强又爱搬弄是非。《西游记》用孙悟空与猪八戒对比的手法相互映衬,使他们的个性更加鲜明。形象,一个是"猴精"一个是"猪笨";身材,一个"瘦长"一个"肥胖";性格,一个具有超凡脱俗"理想人格"一个具有事事满足的"世俗人格"。两人放在一起,既滑稽又幽默,既庄重又诙谐,让人看了无不为之捧腹而笑。唐僧是作者塑造的一个执着于宗教圣事的和尚,菩萨心肠,胆小如鼠,是非不分,遇事手足无措,束手待毙,但对取经事业却是非常执着,并且能够经受各种诱惑。沙和尚的性格比较平面化,和事佬一个,在孙悟空与猪八戒中间起平衡作用。为人吃苦耐劳,保护唐僧也算尽心尽力。唐僧取经路上一共遭遇了八十一难,多亏这三个徒弟的鼎力相助才度过难关,化险为夷。师徒四人一路上降妖伏魔,历尽千辛万苦,跋山涉水,风餐露宿,终于到达目的地印度,并取回真经,修成正果。从某种意义上说,表明人类要取得事业上的成功,必须不畏艰险,坚定信念,克服困难,才能到达胜利的顶峰。

吴承恩的《西游记》为金陵世德堂本,是足本《西游记》,一般被当作权威性《西游记》版本。李贽评点可能为叶昼假托,此评点本与金圣叹评《水浒传》同时。

第一部描写市井生活的长篇小说

——兰陵笑笑生的《金瓶梅词话》

在明万历年间，出现了一部离经叛道、惊世骇俗的小说，它就是《金瓶梅》。400 年来，人们对这部小说评价不一，毁誉参半。争论的焦点，集中在这部小说存在大量不堪入目的性描写。对于这种性描写究竟应该如何看待？

明朝末年，在我国东南沿海地区，出现了资本主义萌芽，商品经济繁荣已渗透到社会生活各个角落。以李贽为代表的进步思想家，对"程朱理学"扼杀人性的"存天理，灭人欲"思想进行了有力的抨击，从而形成了一股"好货好色"的社会思潮。传统的礼教思想对人性的禁锢开始松弛，肯定人的欲望成为社会潮流。表现在文学方面，就是诗词曲中夹杂有大量的性描写。在一定程度上，是人性的觉醒与复苏。但随之而来的是人欲横流、纵情声色带来的负面影响。《金瓶梅》的作者怀着矛盾的心理，对当时的社会现实作了入木

三分的刻画。他既反对性压抑的禁欲思想，因此对笔下的性描写流露出一种欣赏，又反对纵欲过度对社会秩序的冲击，因此又给书中人物安排了一个不得好死的结局，并在佛教中寻找出路，在因果报应中寻求问题的解决。面对书中大胆、赤裸的性描写，我们很难将它归入色情小说之列。因为《金瓶梅》以它大胆、泼辣的现实主义技巧，细腻、传神的人物形象，生动、鲜明、口语化语言，形象地再现了明朝末年一幅充满市井风土人情的众生相。对明朝的上至达官贵人下至帮闲无赖作了惟妙惟肖的刻画。

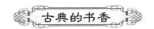

　　《金瓶梅》是第一部由文人独立完成的平民化小说,主要通过对富商西门庆家庭生活、商业仕途、发迹得势、横行乡里、巴结权贵、妻妾成群、无恶不作等穷形尽相的描绘,为我们提供了一份研究明朝政治、经济、文化和社会风俗的资料。这种大气的写实小说,只有巴尔扎克的《人间喜剧》才能与之相媲美。因此,郑振铎称《金瓶梅》为一部伟大的小说,是名实相符的。它远远超出了传统小说中的英雄传奇《水浒传》、历史故事《三国演义》、神魔鬼怪《西游记》。塑造了许多栩栩如生、性格复杂、充满人情味的人物形象,通过对日常生活、市井人生、官商两道的描绘,为我们展现了一幅平常百姓风俗史的长篇画卷。其鲜活性、丰富性、逼肖性,有如张择端笔下的《清明上河图》,是我国长篇小说中具有里程碑意义的作品。其人物塑造的艺术手法,对我国后世小说创作产生了极为深刻的影响,《红楼梦》《儒林外史》等优秀作品都深受其影响。脂砚斋在评论《红楼梦》时说《红楼梦》深得《金瓶梅》的壶奥。这是相当有见地的,可以说没有《金瓶梅》就没有《红楼梦》。《金瓶梅》毫无疑问在文学史上占有一席重要位置,它开启了一个小说描写的新时代,这就是从现实中取材,通过选择,艺术地反映现实生活的一条通向现实主义文学的时代。是一部具有近代意义的伟大小说,也是反映城市商品经济发展的开端。它虽然存在让世人诟病的露骨的性描写,但也是作者为了真实反映生活的需要,是刻画人物的重要组成部分。但由于用笔过度,许多描写游离情节之外,缺乏美感,容易被人目为色情作品。

　　围绕《金瓶梅》的作者,400年来成为争论不休的谜。自《金瓶梅》问世,对作者的猜测、推究就没有中断过。提出的作者达60人之多,创中国文学史与世界文学史的纪录。自我国1932年在山西介休发现明万历丁巳刻本《新刻金瓶梅词话》后,《金瓶梅》作者开始浮出水面。因为这个刻本是最早的《金瓶梅》刻本,通常称为"祖本"。出版于万历四十五年(1617)。书中包含了真正作者许多隐含的信息,使整个研究获得了突破性的进展。现在可以说,《金瓶梅》作者是屠隆的可能性最大。署名为兰陵笑笑生就是屠隆的笔名。欣欣子序,东吴弄珠客,廿公书,都是笔名,同时也包含了许多有关作者的信息。"东吴"表明作者为南方人,东吴一带,排除了作者可能是北方人的信息。那么兰陵,应是南兰陵,江苏武进县,今天的常州,而不是北兰陵,山东的峄县。屠隆的祖先是兰陵人,妻子也是兰陵人,因此屠隆用"兰陵"标明作者地方是可以理解的。对"弄珠客"进行分析,"弄"与"隆"谐音,"珠"与"诛"谐音,而"诛"为"屠"意,故"弄珠"两字位置互换,应为"屠隆"。若对《金瓶梅》文本进行分析,那么该书并不像有些学者所言是山东方言,而是与山东临近的方言,主要为北京话,而整个文气都为吴语,书中大量出现的也是吴语,如"达达"就是吴语,"爹爹"的意思。传为"绍兴老儒"所作,也指作者为浙江人。廿公书,指明了作者创作小说年代,应在万历二十年,用干支年推算,应在壬辰年。作者将《金瓶梅》的故事放在宋朝政和二年,其干支年也是壬辰年,为的是便于整个小说故事的开展以及对人物年龄计算。作者借《忠义水浒传》"武松故事"将故事敷衍成为百万字的小说。据考证,作者使用

的《忠义水浒传》为万历十七年本子,所以《金瓶梅》创作年代应为万历二十年。黄霖考证了《金瓶梅词话》本的第五十六回"应伯爵举荐水秀才"中的"哀头巾诗"和"祭头巾文"分别出自《开卷一笑》(后称《山中一夕话》)。上面卷一有"卓吾先生编次,笑笑先生增订,哈哈道士校阅",卷三题作"卓吾先生编次,一衲道人屠隆参阅"。这么说笑笑先生,屠隆就是一个人,一衲道人为屠隆的号。由此可以得知,笑笑先生就是笑笑生,屠隆就是《金瓶梅词话》的真正作者。黄霖先后写有两篇对《金瓶梅》作者屠隆考,详见1984年版,复旦大学出版社《金瓶梅研究》一书。现在对屠隆研究已经深入,许多悬念已破解。详细考察屠隆身世后,再没有第二人具有屠隆写作《金瓶梅》的资格了,毫无疑问,屠隆就是《金瓶梅》的真正作者。

屠隆(1542—1605),明代戏曲家、小说家。生活在嘉靖至万历年间。字纬真,又字长卿,号赤水,别号由拳山人、一衲道人、蓬莱仙客。晚年又号鸿苞居士。浙江鄞县人(今属宁波)。祖上居兰陵(今属常州)。商人家庭。少有才名。明万历五年(1577)进士,官颖上(今属河南)知县,后转青浦令。后擢升为礼部主事、郎中。这是屠隆能够写出《金瓶梅》中那些为蔡太师做寿大场面的条件。他为官清正,关心民众疾苦,曾作《荒政考》。万历十二年(1584),蒙受诬陷,削职罢官,发回原籍。此时屠隆才45岁。受此打击,深感世态炎凉,生活顿时陷入困境,后来主要靠卖文维生。所写剧本很有名气。不仅诗、词、文俱

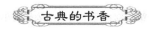

佳，还精于书画，善于演戏。罢官时的苦闷的心情，在《金瓶梅》中与故事无关的回前诗中有所反映。屠隆为人风流成性，才华横溢。《明史》说他："诗，文，率不经意，一挥数纸"。与胡应麟并称"明末五子"。他在当时比汤显祖出道早，名气大。为人豪放，喜结名士，交游甚广。王世贞、刘承禧都与他相熟。在文人中，他的生活相当出格，纵情诗酒、美人。晚年，游于吴越之间，寻山访道，谈空说玄，怅悴而卒。

屠隆对文学作品表现淫欲问题有他个人的独特看法，在《鸿苞·诗选》中他这样写道："夫诗者宣郁导滞，畅性发灵，流响天和，鼓吹人代，先王贵之。仲尼删诗，善恶并采，淫雅杂成，所以示劝惩，备观省。"这与《金瓶梅跋》表现的思想完全一致，从而验证了《跋》为屠隆所写，也表明了为什么作者在《金瓶梅》中有那么多淫词秽语的原因。

此外，屠隆知识面广，博学多才，见识广泛，著书丰富，涉及社会各方面知识，如《考盘余事》四卷，对文房清玩、书版碑帖、器用服饰都记载详尽，这是他能够创作《金瓶梅》这样一部"奇书"的基础。

屠隆作品非常多，所著《昙花记》《修文记》《彩毫记》等传奇和戏剧，都曾"大行其道，叫座京城，名噪一时"。他写戏主张"针线连络，血脉贯通"和"不用隐僻学问，艰深字眼"。家里蓄有戏班子，花钱聘名角，还时不时粉墨登场，客串红毡，积累有丰富的舞台经验。

《金瓶梅》的版本有三种。第一个版本是万历四十五年刊刻的《新刻金瓶梅词话》本，常称"万历本"；第二个版本是崇祯年出版有200幅插图的《新刻绣像金瓶梅》本，称"崇祯本"；第三个版本，张竹坡在"崇祯本"的基础上润饰文辞，增加评点，以《皋鹤堂批评第一奇书金瓶梅》的书名刊刻印行，也称"第一奇书"本或称"张评本"。"崇祯本"是从"万历本"改出的本子，与原作有差别，第一回差别最大，回目也不同，有许多增删痕迹。"万历本"是原汤原汁的原作，文气贯通，描写细腻，交代清楚，前后照应连贯。所以最好的版本应为万历本。尽管"崇祯本"传播面大，甚至西方的译本都是"崇祯本"，而且有绣像，但都不及"万历本"。由于《金瓶梅》存在大量性描写，不宜在读者中传播，因此又存"洁本"与"足本"之分。"洁本"是经过删节的本子，"足本"是未经过删节的本子。"足本"印数相当少，一般读者不得见，这种情况在国外的翻译本中也存在。

明代短篇白话小说的奇葩

——《今古奇观》

话本小说起源于唐中期的"说话",也就是今天的"说书"。起初说书艺人是没有"底本"的,为了授徒的需要,将"说话"写成书本,称为底本,这个底本就被通称为"话本",约出现在唐晚期,话本小说由此形成。由于出现在民间,是民间艺人的创作,通常不被传统的士大夫所注意,对话本小说也比较鄙视,认为不是正统文学。然而到了宋元时期,说书深受民众的欢迎,因此,话本小说也兴旺起来。到了明代,文人广泛涉足其间,《三国》《水浒》《西游》都被文人写成了定本,还出现了由文人独创的"拟话本"《金瓶梅》。

话本小说最初是以单篇出现的,到了明代中期,出现了将若干个单篇汇编在一起的汇编本,最早的是《京本通俗小说》。明代嘉靖年间,刊印话本小

说非常风行,清平山堂主人洪楩刊印了多种话本小说,取名为《六十家小说》,即今传的《清平山堂话本》。到了明代晚期,具有很高才华的冯梦龙对宋元以来的话本小说进行广泛的搜集、整理、润色、修改,并自创了一些"拟话本",编成了洋洋大观的"三言",即《喻世明言》(又称《古今小说》)、《警世通言》《醒世恒言》,深受市民喜爱。凌蒙初在冯梦龙的影响下,编辑、自创了"拟话本""二拍",即《初刻拍案惊奇》《二刻拍案惊奇》。《二刻》多为作者的"拟话本",不同程度地反映了当时明朝晚期的中下层人民的现实生活。冯梦龙、凌蒙初的

话本小说被后人称为"三言二拍"。每一"言"每一"拍"收话本 40 篇,合起来共 200 篇。抱瓮老人有感于"三言二拍""卷帙浩繁,观览难周",而且芜菁杂陈,于是从"三言"中选取了 29 篇,"二拍"中选取了 11 篇,合起来 40 篇,编辑成了这本《今古奇观》。这个选本影响很广,几乎使"三言二拍"湮没数百年,在海内外广泛传播,并有多个版本。

这 40 篇话本小说,可以说代表了我国古代白话短篇小说的最高成就,而且标志着由集体创作向个人独创性转变。小说开始真正成为一门综合性艺术,其地位不亚于正统文学的诗歌、散文。

从内容来看,《今古奇观》较全面地反映了晚明的商品经济的繁荣,民主思想初步形成,具有广泛的人民性。反映了新兴市民阶级的精神风貌和生活情趣,表达了他们的悲欢离合、人情世态,揭露了统治阶级的腐朽。在书中,从商致富,勤劳致富,都受到了肯定。由于经过文人的加工,小说的故事生动、曲折,人物形象、心理、性格刻画细腻,故事通俗易懂,受到不同阶层广大读者的喜爱,400 年来流传不衰,为人们津津乐道。当然,由于时代局限性,书中夹杂着许多宗教迷信、因果报应和封建性的说教,有些篇目内,还有色情描写,这也是应当引起注意的地方。但总的说来,小说反映了广大民众心理愿望,表达了他们对美满生活的追求,对自由爱情的向往,歌颂了友谊、勤劳善良的美德,许多内容体现了反封建礼教的束缚,具有初步的民主思想。小说描写上也具有一定的艺术价值,反映了我国短篇小说的发展成就,值得肯定。

冯梦龙(1574—1646),字犹龙,长洲(今江苏苏州)人。少有文名,但却久困科场,57 岁才补为贡生。崇祯时,官至寿宁县知县。清兵渡江,曾参加反清斗争,死于故乡。博闻强识,多才多艺,诗文、小说、戏曲都擅长。改编了《平妖传》《新列国志》(后来的《东周列国志》)等长篇小说。刊行过《挂枝儿》《山歌》等民歌。还编辑了《智囊》《情史》《笑府》《古今谈概》。

凌蒙初(1580—1644),字玄房,号初成,别号空观主人。浙江乌程(今吴兴)人。曾为上海县丞及徐州通判。著戏曲和其他类型著作多部。

抱瓮老人为笔名,作者真实姓名不可考。《今古奇观》有姑苏笑花主人的"原序",疑为作者本人。"姑苏"是苏州,作者可能是苏州人,生于明代晚期,现有刊刻于崇祯五年(1632)《今古奇观》,藏于法国巴黎国家图书馆。

封建末世的一曲挽歌

——曹雪芹的《红楼梦》

　　18世纪的"康乾盛世"是清朝鼎盛时期,同时也是我国封建制度的晚期,资本主义萌芽已经出现,封建主义政治危机四伏,经济入不敷出,民主思想正在形成。在这"山雨欲来风满楼"的现实中,一部描写封建主义衰亡史的伟大著作《红楼梦》诞生了。它把中国古典小说推向了巅峰,是小说中通过家族兴衰来揭示政治兴衰的一部力作。在这部看似儿女情长的小说中,却处处显示了封建社会大厦将倾的内部尖锐矛盾。它的作者曹雪芹就生活在这样一个时代,并敏锐地抓住了这个社会所存在的矛盾,为封建主义制度"无可奈何花落去"的现实唱出了一曲无尽的挽歌。

　　曹雪芹,名霑,字梦阮,号雪芹、芹圃、芹溪,是中国文学史上最伟大的现实主义作家。祖籍河北省丰润县。生于康熙五十四年(公元1715年)江宁的一个富豪之家,但整个一生却横跨了康熙、雍正至乾隆三个朝代,先祖因入了满族正白旗籍,跟随多尔衮东征西讨,立有军功,被多尔衮视为心腹。后随清军入关,推翻明朝,建立清朝。曹家也一跃由家奴变成了"从龙勋旧"。多尔衮失势后,曹家并未受到丝毫影响,其曾祖母却有缘当了顺治皇帝儿子玄烨的乳母,祖父曹寅做了玄烨侍读。曹家与皇室这种特殊关系,为曹家日后走向兴盛奠定了基础。玄烨(康熙)继位后,对曹家特别器重,曹家仰仗皇恩浩荡,祖孙三代主持江宁织造业达60年之久,过着极其富庶奢华的生活。曹寅的两个女儿还被入选王妃,康熙五次南巡四次就住在曹家,可见曹家地位显赫,非同寻常。其祖父曹寅有很高的文化修养,能诗善文,有丰富的藏书,著名的《全唐诗》就是由曹寅主持刊印的。受其影响,曹雪芹从小博览群书,打下了良好的文学基础,为他后来创作《红楼梦》准备了条件。不仅如此,曹雪芹能诗擅画，多才多艺。其诗有中唐诗人李贺风骨。朋友称赞他的诗为"知君诗胆昔如铁，堪与刀颖交寒光"；评价他的画为"傲骨如君世已奇，嶙峋更见此支离。醉余奋扫如椽笔，写出胸中块垒时"。然而不幸雍正五年（公元1727年），曹雪芹父亲曹𫖯因事获罪，受到株连，革职抄家，从此家道中落，曹雪芹结束了他少年时代的"锦衣纨绔""饫甘餍肥"的富贵生活。全家由南京迁往北京居住，从此曹家一蹶不振，日渐衰落。曹雪芹在经历了从"锦衣玉食"到"举家食粥"巨变之后，对封建社会罪恶与黑暗逐步有了深刻认识。曹雪芹晚景十分凄凉，生活困顿，"蓬牖茅椽，绳床瓦灶"。主要靠亲友接济和出售字画，还时常受到歧视与凌辱。但仍以坚强的意志创作了旷世名著《红楼梦》。他"披阅十载，增删五次"，"字字看来皆是血，十年辛苦不寻常"。尚未完成这部惊世之作，就在爱子夭折后感伤成疾，于1763年除夕病逝。

在《红楼梦》中，曹雪芹以他的满腔悲愤，将个人的家世化成了他笔下的艺术形象，构思出了贾家由盛而衰的历史画面，对封建社会政治关系做了淋漓尽致的描写与刻画，展示了这个家族的豪华生活，但随着家财被抄以后，贾家的盛世已成明日黄花。当然，书中也表现了曹雪芹某些看破红尘的思想，"功名与富贵如浮云"就集中体现了作者这种悲观情绪。贾宝玉实乃曹雪芹的自画像，而贾家也正是以曹家为原型进行改编创作。曹雪芹让贾宝玉最后遁于空门，表现了看破红尘，一种悲观气息挥之不去。贾宝玉和林黛玉、薛宝钗的爱情关系，集中体现了理想与世俗的冲突，最终以理想的破灭为终结。面对家族无可奈何花落去的命运，曹雪芹很想振兴家业，但又报国无门，因此"自恨无才补苍天，枉入红尘许多年"。他对经书没有多少尊重，对繁文缛节也极为不满，但又无力反抗，因此看似儿女情长，实则消极避世，表现出深刻的思想矛盾性。

《红楼梦》以描写家族的兴衰，揭示一个时代特征，取得了无与伦比的成就，可以说是封建社会的一部百科全书。封建的政治关系在这部小说中得到了很好的再现，贾史王薛四大家

族的姻亲关系被表现得水乳交融。整部小说出场人物众多,上至王公贵族,下至平民百姓,无不被安排得紧紧有条,层次分明。然而作者着墨最多的却是金陵十二钗。与一般男性比较起来,贾宝玉对女性表现出更多的惜香怜玉之情,即使是下层女性也不例外。他同情她们的遭际,为她们的不公平待遇愤愤不平。在人物形象塑造上,作者表现出很高的艺术素养,许多人物呼之欲出,栩栩如生,心理描绘细腻生动,具有很高的文学价值。像贾母、贾政、贾琏、王熙凤、贾宝玉、林黛玉、薛宝钗、史湘云、贾元春、晴雯、平儿、秦可卿、贾雨村、薛蟠、刘姥姥等都是性格非常鲜明的突出人物。在环境以及人物吃穿住用等方面刻画也极为细致,场景富于变换,如同一幅油画样的逼真。整部小说既有现实的描绘,又不乏浪漫的诗情,是中国古典小说中不可逾越的高峰。

曹雪芹只完成了《红楼梦》的前八十回就溘然而逝,有些残稿下落不明,有关曹雪芹是否完成了《红楼梦》这部巨著也是人们经常争论的话题。后四十回由后人高鹗依据曹雪芹的原意续写完成,使《红楼梦》能以完整的面目与世人见面。尽管高鹗的续写存在这样或那样的不足,如将贾府的结局写成"兰桂齐芳""沐皇恩""延世泽"等是有违曹雪芹原意的,但高鹗却完成了贾宝玉和林黛玉悲剧性爱情,这比起一些续书将宝黛爱情来一个大团圆的结尾不知好上多少倍。

"满纸荒唐言,一把辛酸泪,都云作者痴,谁解其中味。"

《红楼梦》正是作者倾毕生心血历时 10 年写成的一部旷世杰作。此书一经写成,就以手抄本的形式在市面上流传。当时京成王公贵族和文人学士中就曾流传这样两句名言:"开谈不说《红楼梦》,读尽诗书也枉然。"在世界文学史上,《红楼梦》可以与莎士比亚的戏剧、巴尔扎克的《人间喜剧》、紫式部的《源氏物语》相媲美而毫不逊色。

《红楼梦》又名《石头记》,有很多版本传世,最流行的是程伟元的版本,人民文学出版社 1957 版就是以此为底本,将各种版本进行对照参校的本子,"文化大革命"以后不断再版。但最弥足珍贵的要数脂砚斋评本(庚辰本),这是没有改动过的本子,是曹雪芹逝世前三年开始传世的,比较完整地保存了曹雪芹前八十回的手稿,可谓原汤原汁,对研究《红楼梦》有很大的参考价值。今有齐鲁书社再版的胭脂版精装本《红楼梦》,装帧考究、豪华,内有插图,简体字横排,极富收藏价值。另有三家评本的《红楼梦》,上海古籍出版社,精装本,内有插图,繁体竖排本,也是很好的参考本。对有古典文学修养的,读此可以把您带入古文化氛围,尽情抒发思古之幽情。

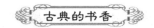

反映春秋战国历史的章回体小说

——《东周列国志》

如果论及对中国文化影响最深的书,当属四书五经。四书五经之所以影响巨大,是因为它是关于祖宗之法最古老、保存最完好的著作,所以被儒家尊奉为经典。从内容来看,主要涉及历史、宗教、哲学、伦理、政治、文学等。历史主要包含在《尚书》和《春秋》两书中。前者记言,后者记事。《春秋》经文简短,于是有了解释《春秋》的三《传》。而最有影响的《传》是《左氏春秋》,相传是左秋明所著,因此简称《左传》。《左传》文义简短,古朴深奥,一般读者望而却步。《左传》记录了从鲁隐公元年(公元前 722 年)到鲁悼公四年(公元前464 年)268 年间的一些重大事件,是研究这段历史的重要史料。

《东周列国志》是以《左传》为底本,对《国语》《战国策》《吴越春秋》《史记》加以补充,成为一部故事连贯的小说。它没有正史佶屈聱牙的叙事,而多了一份正史没有的通俗与趣味。虽然就文学价值而言逊色于《三国演义》,主要是过于拘泥于史实,缺乏足够的想象力,人物形象塑造上缺乏细腻的刻画与丰满性,故事缺乏文采的渲染,情节缺乏跌宕多姿的悬念,但从另一个角度来看,它叙事均有历史根据,对事件来龙去脉有完整地描写与交代,因此可以看成是一部生气勃勃的历史故事。进一步讲,它为阅读经史做了铺垫;退一步说,它是一部不错的历史著作,大部分事件真实,绝无空穴来风。较之

《三国演义》，其信史地方更多一些，所以它是一部介于历史与文学之间的小说。其影响绝不亚于任何正史，因为它具有广泛的群众基础。

《东周列国志》较之《三国演义》难写一些，尽管有许多史书的记载，流传的故事也不少，但史书记载并不周详。头绪多，事迹繁，人物众。流传的话本也是东鳞西爪的，所以创作起来相当困难。它能成书并流传开来，应归功于余邵鱼、冯梦龙、蔡元放三位作者。

余邵鱼，明中叶福建人，他以《国语》《左传》《史记》为蓝本，广采民间传说及话本、戏曲中有关周代的故事，写成了一部 20 万字的《列国志传》。冯梦龙在《列国志传》的基础上，删去了一些与史实不符的内容，对全书进行加工润色，削去了有关"西周的内容"，使全部故事以东周开始，成为一部关于春秋战国时期的历史小说，全书扩充为 80 万言，书名更为《新列国志》。清代乾隆年间，蔡元放对冯梦龙的《新列国志》做了一些修改和完善，将全书又润色了一番。由于全书主要是写周宣王以后的故事，于是将书名又更正为现今的《东周列国志》，并增加了序、读法、简要的注解和大量详细的评语，全书共二十三卷，一百零八回，成为一部 200 年来流传不衰的名著。这部奇书冯梦龙所花费的心血最多，应是最主要的作者。

《东周列国志》主要描写春秋战国时期约 500 年历史。它从西周末年宣王三十九年（公元前 789 年）写起，直至秦王政二十六年（公元前 221 年）秦始皇统一全国结束。这 500 年间，周王朝已气息奄奄，但名义上却是衰而不亡，仍做了 200 年天子，真是奇绝。此时的诸侯国已不再听从周天子的号令，诸侯国内外也是矛盾重重，形成争霸天下的混战局面。先后有春秋五霸与战国七雄主宰天下。政治大变局引来历史大奇观。旧的体制土崩瓦解，新的体制正在形成，一切都在演变之中。最后秦国从七国中脱颖而出，扫平六国，归于一统。由此看来，《东周列国志》可以说是另一部与《三国演义》相类似的荡气回肠的英雄史诗。群雄逐鹿，龙争虎斗；纵横捭阖，精彩绝伦。观国之存亡兴废，察史之教训成败；看布兵演阵，战争风云；瞧斗智斗勇，舌战外交；阴谋权变，咫尺之间；忠奸贤愚，泾渭分明。读这样的书，确实可以扩大我们的眼界，增长我们的才干，学到许多致用实学，是值得细加品味的书。

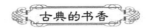
前汉历史风云俱揽其间

——蔡东藩的《前汉演义》

　　毛泽东于 1937 年 7 月 1 日曾电令李克农："请购整个中国历史演义两部（包括各朝史的演义）。"毛泽东所要购的各朝史的演义，就是指的蔡东藩所撰的《中国历代通俗演义》。这套书的价值在哪里呢？作者广泛地采用了广大人民群众喜闻乐见的讲史文学的形式，用小说的文笔，"文不甚深，言不甚俗"，根据正史，又广采野史，将史事前后连缀，写成了一部洋洋大观、通俗易懂的历史演义性的小说。读起来趣味横生，许多故事让你印象深刻，很容易记住。作者担心读者误虚为实，形成不正确的历史观，还在书中做了夹注，明确交代，其用心良苦，实在是处处替读者所着想。

　　之前一部煌煌的二十四史，共有 3259 卷，加上《清史稿》536 卷，总数达 3795 卷。一个史学工作者要读完这么多的史书，即使穷年累月，集毕生精力以赴之也难以读完。况且这些高文典册多出自朝廷史官和士大夫之手，头绪纷繁，史料芜杂，一般读者不易读通、读懂。而蔡东藩这套历代演义小说总共才 11 部，什么事都不做，一年的光景就可以读完。另外，如果不是专业研究者，正史除了前四史值得一读外，其余史书均无多大的阅读价值。前四史中，《史记》价值最大，值得精读，因为它不是一般的史书。司马迁在记叙历史的同时，对历史事件进行了重要的评价，文笔相当好，具有西汉散文的优美风格。它不是断代史，而是一部通史。所以，值得有文化的人精读，可以提高文化修养。但必须有基本的通俗演义做铺垫，有基本的古文知识，才能读得懂，否则是乱读。读不懂就没有多少收获，也败坏了阅读兴致。

蔡东藩(1877—1945),名郕,字椿寿,号东藩,浙江萧山临浦镇人。光绪十七年(1891)中秀才。宣统元年(1909)中省优贡生。1910年朝考以优入选,翌年春赴福建以知县候补。因不满官场恶习,月余托病回乡。辛亥革命后,应好友之邀,到上海会文堂新记书局任编辑,修撰《高等小学论说文范》《中等新论说文范》《清史概论》等书。从1916年至1926年的10年间,蔡东藩写成历朝通俗通义,有前汉、后汉、两晋、南北史、唐史、五代史、宋史、元史、明史、清史、民国(部分)。全书共11部,600余万字,记述了从公元前221年到公元1920年间发生的重大历史事件和重要历史人物,共写了2166年的历史。该书在史料上遵循"以正史为经,务求确凿,以轶闻为纬,不尚虚诬"的原则;在体裁上突出"义以载事,即以道情"的特点,并且自写正文、批注、评述。蔡东藩在编撰《民国通俗演义》时,对清廷之腐败予以抨击,其间曾收到恐吓信及子弹,迫其修改,蔡不变初衷。

蔡东藩兴趣广泛,学识渊博。除历史演义外,尚著有《留青别集》《留青新集》《客中消遣录》《楹联大全》及诗集《风月吟稿》《写忧草》等。在居乡期间,曾随岳父习医,写成《内科临症歌诀》4卷,并任临浦小学国语教师,后又设私塾授学。对语文教学提倡"学以致用",力主革新。晚年生活艰辛,以行医、卖文为生。1945年3月病逝于所前镇,享年68岁。

蔡东藩生活于清末民初,国是日危,救亡图存思想高涨的时代。许多爱国志士从各个方面寻求救国良方。严复、夏曾佑都曾在报上撰文,提倡用通俗的历史向国民宣传历史知识,以激发国民的爱国热情。梁启超在《译印政治小说序》中说:"六经不能救,当以小说救之;正史不能入,当以小说入之。"一时间"小说救国""演义救国"的呼声日益高涨。正是在这样的背景下,蔡东藩倾10年心血,完成了这样一个功莫大焉的历代通俗演义。很快这样一套小说风行全国,深受广大读者的欢迎。

蔡东藩的《前汉演义》借鉴了

《东周列国志》的创作经验,在内容上与之相衔接。他从战国时代秦朝的崛起写起,中经群雄逐鹿,刘邦建汉,一直写到王莽篡权止,这段历史史称"前汉",共计 210 年。其间历史相当复杂,有女宠,有外戚,有方镇,有夷狄,有劈幸,有阉宦,有权奸,古今以来乱国之祸端,俱汇集其中。或者说前汉一代与女宠外戚相始终,亦无不可。《前汉演义》旁采博收,将所有前汉治乱之大事,记载无遗。一部在手,前汉历史风云尽知,真是获益匪浅。秦汉时期,是我国封建体制建立时期,成为历朝的榜样。许多朝代在秦汉体制上有沿有革,但沿的多革的少,创的也少,所以秦汉历史是最重要的历史时期,故前四史重要的原因也在此。可以说,《东周列国志》《前汉演义》《三国演义》构成了前四史的重要内容。通过阅读这样三部有趣味的历史小说,就能了解中国历史的风云变幻。若再具备一定的古文修养,阅读正史将如履平地,真是可以做到进退自如,好处实在太多。

出类拔萃的古代散文选集

——《古文观止全译》

我国古代散文源远流长，留存至今的散文真可谓汗牛充栋，盈尺累万。曹丕在《典论》中盛赞文章的重要性，他说道："盖文章，经国之大业，不朽之盛事。年寿有时而尽，荣乐止乎其身，二者必至之常期，未若文章之无穷。"我国的科举制，读书人凭借妙手文章，登科及第，晋升仕途，厕身瀚林，平步青云，获取功名富贵，全靠文章。由此造就了我国散文的发达，各类锦绣文章不断涌现。

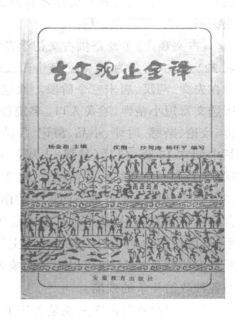

为了培养人才，造就国家的栋梁，各种类型的"文选"应运而生。南朝皇太子萧统（501—531），才华盖世，博览群书。由他选辑的古今优秀文学作品《文选》30 卷，影响广泛及于后人，有"文选烂，秀才半"的说法。但《文选》着重诗赋文章，经书、史传、诸子的文章不收，偏重于文采，说理文不足，主要是梁前代的文章，因而影响了它垂之久远。后世有影响的散文选本，如《古文辞类纂》《经史百家杂钞》，虽各有特点，但要么选得泛、杂，要么文体不够兼备，影响都不及《古文观止》。

《古文观止》是清康熙三十四年（1695）由吴楚才、吴调侯叔侄二人将彼此的授课讲义编辑而成。书刊印后，这两位平素名不见经传的人物，也随着这本书而被人们广泛熟知。但我们今天对他们的生平仍然知之甚少。他们俩人为清初山阴（今浙江绍兴）人，平生喜爱读经、史文章。相互切磋学问，收获不小，终至编成了这部传之久远、影响巨大的《古文观止》，使后学者有了文

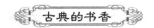

章的楷模。

吴楚才(1655—?),名乘权,字子舆,号楚才。他自幼受到良好的教育,勤奋好学。16岁因足疾在家休养,便利用这段时间,认真读书,学问有了很大的长进。病好后,他在家乡设馆授徒,也曾应考,但均不成功。24岁投奔伯父吴兴祚门下,做公案文书。吴兴祚时任福建巡抚,后升至两江总督。他跟随至广州,同时教授伯父的儿子吴调侯学习古文。

吴调侯,名大职,字调侯,是吴楚才的侄子。他幼承家学,身材高大,生性洒脱。成年后,他与叔叔吴楚才共研经史,讨论交流,不断进步,后来协助叔叔编书。

《古文观止》主要是供古文初学者学习的教科书。共选我国古代61位作家222篇文章,分为12卷。其中西汉以前100篇,西汉以后122篇。选文集中在先秦、两汉、唐宋三个阶段。而这三个阶段,都是我国散文最繁盛时期。所选文章短小精悍,脍炙人口。名篇佳作异彩纷呈,各种文体一应俱全,有史传、政论、杂感、时评、小品、游记、尺牍等。主要以散文为主,兼收韵文、骈文。其中韵文13篇,包括《楚辞·卜居》、陶渊明的《归去来辞》、杜牧的《阿房宫赋》等。这些作品往往韵散结合,富于变化,极有气势。骈文则包括《滕王阁序》。该书还收录了各种不同风格的作品。有些作者也并非名家,但对开阔读者的视野非常有用,从中也可以一睹我国散文发展变化。一部《古文观止》在手,可以很快地把我们领进古代散文的百花园中,让我们闻到来自各类文章所散发的扑鼻芳香,也可以让我们嗅到历史散文中古战场上厮杀的血腥,领略各种政治斗争的残酷。

今天的读者对古文来说是久违了,我们使用更多的是方便易懂的现代文,这对于我们文化交流快捷是有用的,但要继承古代文化遗产,吸收古人的智慧,了解古代的历史,提高文学修养,掌握写作技巧,还是要学习古文,《古文观止》就是一本最好的教材。选择一本注释详尽、有背景介绍、还有全文翻译的版本,是最好的,《古文观止全译》正好提供了这样的学习教材。

《左传》上曾记载吴公子季札看完鲁国的乐舞《九韶》后,赞叹道:"观止矣!若有他乐,吾不敢请已。"在他看来,欣赏了最高水平的乐舞,其余的也就没有必要再看了。我们读完了这本古代散文精华后,是否会生出同样的感受呢?!

珠圆玉润的新诗

——《志摩的诗》

新诗为胡适首倡，他与几个朋友于
1915 年开始酝酿，到 1920 年胡适发表了他
的第一部新诗集《尝试集》，新诗开始起步。
随着"五四"新文化运动蓬勃发展，写新诗
的人渐渐多起来。郭沫若于 1921 年发表了
他影响力最大的新诗集《女神》。而能把新
诗带入一个新的美学境界的是闻一多和徐
志摩。徐志摩可以说是使新诗渐入佳境，由
成熟并发展为巅峰时期。以后新诗虽几经
沉浮，但均未超过徐志摩。

徐志摩写新诗的经历仅 10 年，但为诗
坛带来的诗作却硕果累累。他的诗情、诗意、音韵与节奏都让人难以忘怀，读
后让人觉得如春风拂面，如一缕茶香，如浪涛扑面，如花蕾芬芳。

徐志摩说："在二十四岁以前，诗，不论新旧，于我是完全不相干。"的确，
徐志摩除 1914 年写过《挽李翰人（超）联》外（如果这也算诗话），直到 1920
年，没有任何诗词留传下来。他写诗是从 1921 年才开始的，这时徐志摩正作
为英国剑桥大学旁听生，并开始将专业兴趣转到文学上来。他只在英国待了
两年，1922 年 8 月就启程回国了。两年后，他在报刊上零零星星地开始发表
了不少诗作，于 1924 年结集出版了他的第一部诗集《志摩的诗》。

令我们惊异的是，收录于《志摩的诗》都是技巧成熟的新诗。许多诗音韵
和谐，节奏铿锵，诗句轻灵、秀雅、飘逸，一扫新诗坛的沉闷，也没有郭沫若许
多新诗中流露出的大喊大叫。为新诗带来一片生机，一派欣欣向荣的景象。
诗人曾潜伏的灵感像火山一样喷发出来，那耀眼的光芒令人为之惊叹，不得
不佩服一个天才诗人的出现。

翻开《志摩的诗》，许多珠圆玉润的诗会跳入你的眼帘，它像一串串优美的音符拨动你的心弦，奏出明丽的乐章。在《雪花的快乐》中他这样吟唱：

假若我是一朵雪花/翩翩的在半空里潇洒/我一定认清我的方向/飞飏，飞飏，飞飏/这地上有我的方向

诗人在这里将"雪花"比作人生理想，表达了诗人追求一种高远的生活，但又是脚踏实地的。整个诗句清新脱俗，没有一句是陈词滥调，构思极其精巧。

再看一首赠日本女郎的《沙扬娜拉》：

最是那一低头的温柔/像一朵水莲不胜凉风的娇羞/道一声珍重，道一声珍重/那一声珍重里有蜜甜的忧愁/沙扬娜拉

诗人只用了淡淡的几笔，就将一个含愁带羞、情深意长的日本少女形象勾画了出来，离情别绪跃然纸上。全诗音调优美。

我们再看他的《月下雷峰影片》：

我送你一个雷峰塔影/满天稠密的黑云与白云/我送你一个雷峰塔影/明月泻影在眠熟的波心

深深的黑夜，依依的塔影/团团的月彩，纤纤的波鳞/假如你我荡一支无遮的小艇/假若你我创一个完全的梦境

这首诗看起来是在写景，而实际却是在言情。浪漫别致，表达了诗人希望与女友创造一个美好生活的愿望。诗写得含蓄，言有尽而意无穷，像小夜曲一样优美动听。

是不是徐志摩的好诗全集中在《志摩的诗》里呢？答案是否定的。徐志摩生前出版过三部诗集，除了《志摩的诗》外，还有 1927 年出版的《翡冷翠的一夜》和 1931 年出版的《猛虎集》。他去世后，由陆小曼将他未发表的遗作结集为《云游》出版。因此，新中国成立前徐志摩共有四部诗集留传。徐志摩生前共创

作了 215 首诗,其中并不包括他翻译的外国诗 75 首。浙江文艺出版社曾于 1983 年出版了《徐志摩诗集》(全篇),并多次再版。这是迄今为止收集徐志摩诗最全的版本。我这里介绍的是 1981 年出版的《徐志摩诗集》,共收诗 122 首,当然其中漏选也是存在的。但大体来说基本上将徐志摩的优秀诗篇全部选了出来。这两个版本都不错,可以互为参考。后一个版本为研究者提供了重要的价值,一般读者选择前一个版本较为适宜。闻一多曾说徐志摩的《翡冷翠的一夜》较《志摩的诗》前进了一大步,他的评论应该是可信的。我们挑选几首来欣赏一下:

徐志摩在《偶然》中这样吟唱:

> 我是天空里的一片云/偶尔投影在你的波心/你不必讶异/更无须欢喜/在转瞬间消失了踪影
>
> 你我相逢在黑夜的海上/你有你的,我有我的,方向/你记得也好/最好你忘掉/在这交会时互放的光亮

这是首失恋诗,但全诗找不到丝毫的埋怨,而是将心中极度的痛苦和遗憾化成美妙的诗行。音韵婉转、悠扬,流露着失望与伤感,淡淡的忧愁,但却哀而不伤。公认为是徐诗形式最优美的一首。

我们再来看这一首《海韵》:

> “女郎,单身的女郎/你为什么留恋/这黄昏的海边/女郎,回家吧,女郎!”/“啊不;回家我不回,/我爱这晚风吹”/在沙滩上,在暮霭里,/有一个散发的女郎/徘徊,徘徊

全诗共有五节,上面选的是第一节。限于篇幅,我们不能全录。但通过第一节我们也能领略徐诗的优美之处。本诗曾被改编并谱成曲子,由邓丽君演唱,成为邓丽君优秀演唱歌曲。本诗主题是歌颂自由,但全诗写得诗意盎然,人与海构成了一幅幅完整的优美的画面。诗人仿佛在向读者叙说一段最为动人的故事,一个令人痛彻心扉的悲剧性故事。

在《猛虎集》有徐志摩最负盛名的《再别康桥》:

> 轻轻的我走了/正如我轻轻的来/我轻轻的挥手/作别西天的云彩/那河畔的金柳/是夕阳中的新娘/波光里的艳影/在我的心头荡漾

本诗被选入了中学课本,读过此诗的读者一种亲切感会油然而生。这首

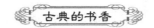

诗被公认为徐诗的代表作。诗是徐志摩 1928 年再次造访英国，为剑桥的美丽风光所陶醉。诗人将那依依不舍的心情演绎得荡气回肠。这首诗情景交融，具有梦幻般的美丽色彩，意境甜美，诗情画意，朗朗上口，不愧为徐诗中艺术性最完美的诗。

我们再选择《云游》中的一首诗欣赏一下，《鲤跳》中的两节：

我愿意做一尾鱼，一枝草/在风光里长，在风光里睡/收拾起烦恼，再不用流泪/现在看！我这锦鲤似的跳。

一闪光艳，你已经过了水/脚点地时那轻，一身的笑/像柳丝，腰哪在俏丽的摇/水波里满是鲤鳞的霞绮！

运用比喻描写，诗句轻灵，活泼，有一种童话诗的情趣。口语感强，动作与情感恰到好处。

徐志摩的诗内容极其丰富，表现题材多样。他虽极其重视诗的表现形式，但又不受形式的拘束。他说他的诗是脱缰的野马，这倒是有几分真。他激情澎湃时，如滔滔江河奔腾直泻，如《我等候你》，将诗人的情痴宣泄得淋漓尽致。

当然，我们希望徐志摩每首诗都精彩绝伦，没有暇疵，这是不切实际的，再伟大的诗人也难做到。我们只能说徐志摩写过许多优秀的好诗，这些好诗令人百读不厌、发人深思、耐人寻味。他所表达的诗意美、人情美，令我们浮想联翩、心向往之，许多神仙似的句子仿佛天籁之音，这就足够了。他的诗丰富了我们的人性美，丰富了我们的精神生活，为我们带来了温暖、阳光与美感，跳动着一串串活的音符，敲打着我们的心弦，令我们为之动容，那么我们也就初步领略了诗人艺术魅力迷人之处。

徐志摩的诗是真诚的，可以说每首诗都是他灵魂的告白。不管我们认为他诗中所表现出的思想是那么的消极、苦闷、彷徨与无奈，这些不能不打上时代的印记，因为他所处时代就是如此。诗人是敏感的，他是一只痴鸟，像子规一样啼血歌唱，我们不能责备诗人不应该那样想而应该这样想。那些自以为找到真理的人，实际上拾到的只不过是一些幻影。

徐志摩，原名徐章垿，笔名南湖，云中鹤。1896 年 1 月生于浙江海宁的富商家庭。1907 年，他 12 岁，进了硖石开智学堂。这是废除科举制开办的第一所新式学堂。1910 年他进了杭州一中，这是浙江最有名望的中学，和郁达夫是同班。喜爱读梁启超的文章，深受梁文的影响。1915 年先后就读北京大学、上海沪江大学、天津北洋大学。1918 年赴美留学，获经济学硕士学位。1919

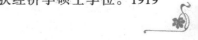

年欧战结束,中国爆发了"五四"运动,对徐志摩的思想产生了很大震动。同时罗素的思想也引起了他的注意,并悉心加以研究。1920 年 9 月,他放下唾手可得的哥伦比亚大学博士学位,到英国伦敦去拜罗素为师。而此时罗素并不在国内,徐志摩大失所望,只好进了伦敦政治经济学院攻读博士学位。在此他遇到了学者狄更生,狄更生介绍他到剑桥大学当了一名特别生,可以随意听课。徐志摩深受英国浪漫派诗人的影响,主要受拜伦、雪莱、济慈的影响,其中雪莱的影响最深。但他在剑桥呆了仅两年就启程回国了。先后应邀到清华文学社演讲和南开大学暑期学校讲课两周,主讲英国文学和未来派的诗。1923 年与胡适等成立新月诗社,聚集了许多诗友,徐志摩自然是诗社的灵魂人物。1924 年印度大诗人泰戈尔访华,徐志摩全程陪同,任翻译,并随同其访问日本东京。1924 年秋任北京大学教授,讲授英美文学和外文。1925 年辞去北京大学教授之职赴欧洲旅游,游历了苏联、德国、法国、意大利、英国。在英国拜会了英国著名作家哈代。8 月回国。10 月主编《晨报副刊》。1926 年 3 月与闻一多等人创办《晨报副刊·诗镌》。1927 年与胡适等创办新月书店,任光华大学教授,兼任东吴大学法学院教授。1928 年徐志摩主编的《新月》月刊创刊,并再次出游日本、美国、英国、印度。1929 年,任南京中央大学教授,往返于南京与上海之间。1931 年 1 月由徐志摩等编辑的《诗刊》创刊。任北京大学英文系教授,兼北京女子大学教授。兼上海中华书局、大东书局编辑。11 月 19 日因乘飞机在济南触雾遇难身亡,终年 35 岁。

徐志摩浪漫多情、风流倜傥。胡适认为他的一生是追求单纯信仰的一生,这就是爱、美、自由。因此徐志摩终其一生是一位理想主义者,他为自己的理想而赴汤蹈火。他的爱情生活和风流韵事常常为人们津津乐道,这往往掩盖了徐志摩作为诗人的重要性。如果徐志摩没有经历那么多的情感痛苦,他也很难成为一名杰出的诗人,从这一点来看徐志摩,他本人的不幸又是大幸。

以往对徐志摩的评价,受左倾思潮的影响,缺乏公正性。"文革"中徐志摩的诗被当成了毒草,成为批判的靶子。好在春回大地,文艺好似解冻的春潮,徐志摩的诗在读者中重新获得了新的生命,新的评价。他的诗在书店里非常畅销,充分说明好诗是不会被埋没的,一旦遇到适当的时机,她就像芽一样会破土而出,开出灿烂的花朵。今天我们有理由说,徐志摩是新文学史上最杰出的诗人,他为新诗的发展做出的卓越贡献是任何人都无法抹杀的。

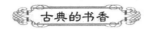

家庭关系折射出社会矛盾的剧作

——曹禺的《雷雨》

曹禺

《雷雨》是曹禺的成名作。当年巴金读完这部剧作后，已是眼含泪水，因为这曲戏和他写的《家》一样，是反映 20 年代中国社会矛盾的一部悲剧。剧作经巴金的拍板，很快在郑振铎主编的《文学季刊》上发表。经中国留日学生的公演，在日本引起巨大轰动，从此成为一部久演不衰的名剧。初步奠定了曹禺成为中国现代戏剧史上戏剧大师的地位，《雷雨》也被视为具有里程碑意义的作品。曹禺成功地将中西戏剧形式融合成了一部用来描写中国现代生活的戏剧作品，这种意义无论从哪个角度去看都是重要的，曹禺作为中国现代话剧的先驱在文学史上享有崇高的威望，这是不言而喻的。

在《雷雨》这部戏曲中，曹禺成功地将社会矛盾构思成为一部家庭矛盾，使社会矛盾更集中更突出更有利于人物性格的塑造，这是曹禺匠心独具的地方。曹禺这部戏剧广泛地借鉴了西方戏剧，特别是希腊古典命运悲剧的表现形式，人物性格冲突中又有对莎士比亚悲剧的借鉴，在反映社会矛盾上还有易卜生戏剧中社会问题剧的色彩。《雷雨》虽然充满西方戏剧的情调和元素，但却能够打动中国观众的心，原因在于它真实地反映了中国近代社会矛盾与家庭生活是密不可分的。《雷雨》以它自身营造出的紧张的戏剧情节，错综的人物关系，充满传奇色彩的命运交响，构成了一个又一个惊心动魄的戏剧冲突，成为最吸引人注意和发人深思的一部作品。《雷雨》以象征性的自然惩罚来完成对人间罪恶的冲击，表现了作者替天行道含有中国传统宿命论的宗教意义。人道、天道和神道，成为这部戏剧复杂情节剧的题中之意。

曹禺，原名万家宝，字小石。1910 年 9 月生于天津一个没落的封建官僚家庭。其父万德尊,曾是黎元洪的秘书。母亲薛氏生下他三天就患病去世,主要靠继母(母亲的妹妹)将他抚养长大。继母喜爱看戏,时常带他一起观看,这样曹禺较早地接触到了戏剧,并对戏剧产生了兴趣。1924 年他升入天津南开中学,开始表现出演剧的才华,并参加了南开新剧团的演出。平时广泛涉猎新文学作品,开始写小说和新诗,曹禺就是他 1926 年写小说时所用的笔名。1928 年考入南开大学政治系,开始钻研世界名剧。1930 年转入清华大学西洋文学系,1933 年创作了经过长期构思的处女作四幕话剧《雷雨》,此时他年仅 23 岁。《雷雨》描写了一个具有封建性的新兴资产阶级家庭的腐朽与罪恶,以高度的现实主义艺术力量震撼了当时的戏剧界,成为新剧种的一面旗帜。同年曹禺大学毕业,升入清华研究院当研究生,专门研究戏剧文学。1934 年,他到天津女子师范大学任教。第二年写成了剧本《日出》,深刻地描绘了大都市纸醉金迷的生活,批判了那个"损不足而奉有余"的社会,深刻地反映了半封建半殖民地社会矛盾与冲突,为我们描绘了一幅旧制度行将崩溃的画面,获得《大公报》文艺奖。这两部戏剧标志着中国话剧走向成熟,为曹禺赢得了广泛的赞誉。1936 年,曹禺到上海复旦大学任教,后随校迁至四川江安,编辑戏剧刊物,任文协和剧协理事。1942 年他在重庆复旦大学任教,其间创作了大量剧本。1946 年赴美讲学,次年回国,任上海实业戏剧学校教授,文华影业公司编导。新中国成立后,曹禺历任人民艺术剧院院长,中国作协书记处书记,中央戏剧学院名誉院长,中国文联主席,中国戏剧家协会副主席等职。1956 年加入中国共产党,1996 年与世长辞,享年 86 岁。

曹禺创作的戏剧作品很多,有名的《原野》,展示了农村阶级斗争的现实。《北京人》也是他的一部重要剧本。他还将巴金的《家》改编成同名话剧。一些剧本被译成日、俄、英等国文字出版。曹禺将毕生精力献给了他钟情的戏剧事业,推动了中国现代戏剧事业的发展。正如巴金所说的:"他永远活在观众和读者的心中。"

《雷雨》反映的是 19 世纪末至 20 世纪初的故事。故事围绕周朴园一家的矛盾而展开,周朴园是贯穿全剧的主要中心人物与线索。

周朴园原是封建家庭的遗少,后来留学德国,受到西方思想的影响,成为社会"名流"与"贤达"。随着社会的巨变,他也摇身变成了新兴资产阶级,但却保留了浓厚的封建意识。30 年前,为了娶一位有钱有地位的小姐,无情地抛弃了为他生下两个孩子的丫头侍萍。大儿子周萍被他母亲留下,成了周家的大少爷;二儿子尚在襁褓之中,在一个大年三十风雪交加的夜晚,鲁侍萍抱着生病的他无路可走,投河自尽,幸被鲁贵救起,于是两人成家,生下了女儿四凤。

周朴园为了在人前维持一副善良的面孔,多年以来,在家中还保留着前妻的照片与遗物。但当鲁侍萍真的出现在他面前时,他惊恐万分,希望尽快用钱了断他们之间的恩怨。

作者不仅为我们塑造了一个伪善的周朴园,还刻画了他的冷酷与专断。虽然已是炎热的夏天,他却让家里窗户紧闭,窗帘拉上,不让家里透进一丝阳光。他强迫妻子喝药,不让她走出家里半步。

作为周朴园妻子的繁漪,是作者塑造的另一个既复杂又矛盾的形象。她生活在旧式家庭,却受了新式教育。美丽、多情而有点任性。自从嫁入周家后,就如同关闭在一个金丝笼里,生活单调、乏味,精神饱受折磨,但心中仍然充溢着对自由与爱情的渴望。周萍的出现,为她死水一样的生活吹起一阵波澜,然而很快又像气泡一样破灭了。周萍爱上了青春焕发的鲁四凤,这种爱从一开始就注定了毁坏的种子,因为鲁四凤是鲁侍萍的女儿,周萍与四凤是同父异母的兄妹关系,他们的结合意味着乱伦。这也是四凤得知自己身世之后,不顾雷电交加自尽的原因。伴随四凤而去的还有繁漪的儿子周冲,因为和同父异母的哥哥一样,也喜欢上四凤,可他的爱情是一种单恋。当得知兄长与四凤的恋情之后,也触电身亡了。这个充满青春幻想的青年,还没来得及很好享受他的人生,就在爱情破灭中,和四凤一起,走到了悲剧的终点。

《雷雨》给人整体感觉像一部梦幻剧。不断地升起希望,又不断地破灭。人物复杂的矛盾的关系,注定了他们的悲剧性命运。曹禺很善于设置戏剧冲突,使戏剧充满了悬念,又不断地把观众情绪引向高潮。全部剧情发生在一天,从上午至午夜两点,地点主要在周家客厅和鲁家住房。整个故事与自然环境紧密配合,由闷热苦夏的白天转入午夜的浓浓雷电。剧情波澜起伏,在最后一刻揭晓,让观众屏住呼吸后,才眼睛一亮,豁然开朗,情不自禁地感叹作者艺术魅力的非凡。《雷雨》揭开了中国现代话剧崭新的一页。

中国新文学的第一声呐喊

——《鲁迅经典作品集》

鲁迅是中国新文化运动的旗手，是中国由传统走向现代思想启蒙运动的领导者之一。在社会急剧变革时期，他推动了中国近代化，发出了一串串振聋发聩的声音，唤醒国民久已麻木的灵魂。从这个意义上去认识鲁迅，去理解鲁迅对传统思想中的消极因素所做的批判，才能正确认识鲁迅这个人，才能理解鲁迅思想的伟大影响。

鲁迅的文笔是犀利的，他大量的政论性杂文像匕首，像投枪，具有无比的战斗性，有丰富的思想在里面，同时也饱含了作者的深情。嬉笑怒骂，冷嘲热讽，尖锐辛辣，三言两语，时常能够切中要害。他为数不多的短篇小说，用简约精炼的线条，幽默讽刺的语言，对比强烈的色彩，对落后的农民软弱、卑怯、欺世的性格进行了入木三分的刻画。对旧时近乎迂腐的知识分子行为进行了讽刺。他有些散文写得非常优美，具有散文诗一样的韵味，品味之后，如一缕茶香。有些散文明显带有自传性质，充满了对故乡的怀念，抒发了真挚的情怀，读来亲切感人。

鲁迅（1881—1936），原名周树人，字豫才。一生有多个笔名。1881年9月出生于浙江绍兴一个没落的官僚地主家庭。13岁那年，家里发生了一场大的变故，使他未及成年生活就蒙上了一层阴影。祖父因故系狱，父亲病倒在床，不久去世，家道渐渐没落。上有弱母，下有弟妹，作为长子他开始承担起全家的重任，对世态炎凉有了较深的认识。为了避难，他住到了乡下外祖母家，使他有机会接触到下层人民，了解到他们的生活疾苦，为日后的文学创作积累了丰富的素材。1898年，年仅18岁的鲁迅怀揣慈母筹措的8块银元，到南京求学，进入南京水师学堂，后转到南京路矿学堂，这是洋务派开办的一所新式学堂。鲁迅在这里学习了自然科学知识，特别是严复翻译的《天演论》，对他的思想产生了重大影响，达尔文的"进化论"思想播进了他的心田。1902年赴日本仙台学医，希望学成之后能够救治像父亲一样被误诊的病人，战时充当军医，同时又能促进人们对维新的信仰。然而一次微生物课却改变了鲁迅的志向，课间放了一段电影，内容是日俄战争时期抓到一名充当俄国人侦探的中国人，准备处死，周围看客却是早已麻木了的中国人群。于是他决心放弃学医改学文学，用笔去改变国人的精神状态。1905—1907年，他在东京参加革命党人的活动，发表了《摩罗诗力说》和《文化偏至论》等。其间曾奉母命回国与朱安完婚。1909年与其弟周作人合译介绍外国文学《域外小说集》。同年回国，先后在杭州、绍兴任教。辛亥革命后，应蔡元培之邀，任南京临时政府和北京政府教育部部员、佥事等职，兼在北京大学、女子师范大学授课。1918年在《新青年》上首次发表了以"鲁迅"为笔名的白话文小说《狂人日记》而轰动一时。从此笔耕不辍，从1918—1927年先后发表了小说集《呐喊》《彷徨》、论文集《坟》、散文诗集《野草》、散文集《朝花夕拾》、杂文集《热风》《华盖集》《华盖集续篇》等专集。1928年8月因支持北京学生的爱国运动，被北洋政府所通缉，南下到厦门大学任中文系主任。1927年1月，到达当时革命的中心城市广州，任中山大学的教务长。同年10月转到上海，开始与他的学生许广平同居，生下儿子周海婴。1930年，鲁迅先后参加了中国自由运动大同盟、中国左翼作家联盟、中国民权保障同盟，反抗国民党政府的独裁统治和政治迫害。领导、支持"未名社""朝花社"文学团体，主编《莽原》《语丝》《奔流》等文学刊物，积极扶持青年作家，翻译介绍外国进步文学和绘画、木刻等艺术作品。1936年10月19日因肺结核病与世长辞，享年55岁。上海上万名民众自发举行公祭、送葬，下葬于虹口公园。毛泽东为重建的鲁迅墓题字。1938年出版了《鲁迅全集》20卷。

　　《鲁迅经典作品集》是从鲁迅作品中精选出来的作品，按"小说卷""散文卷""杂文卷""诗歌卷"分类编

辑,囊括了将鲁迅的全部代表作。小说卷收录了鲁迅全部小说集《呐喊》《彷徨》《故事新编》。散文卷包括《野草》《朝花夕拾》。杂文卷精选了鲁迅的杂文18篇。诗歌卷收录了有代表性的诗19首。凡选入大、中学教材的作品、著名作品全部都反映了出来。可以说一卷在手,鲁迅的精华作品全在此中,比通读《鲁迅全集》更节约时间,又提高阅读效率,丰富了自己的头脑,还学到了许多写作技巧,真是好处不少。许多作品都是应当精读的,值得一生珍藏。

鲁迅的小说,一扫传统小说的消遣娱乐性,以一种对社会的切入方式,描写病态社会人们的生活方式,将传统文化中因袭的毒素对人们思想与行为的束缚予以猛烈抨击。正如他自己所说的,目的是"揭出病苦,引起疗救"的注意。他将我们心中都有而笔下全无的"民族劣根性"进行了辛辣的讽刺与嘲笑,像一声"呐喊"在我们灵魂中发出惊世的雷声。令人幡然猛醒,直视我们灵魂中的怯懦。这就是鲁迅的深刻性,他的笔像手术刀一样锋利,对我们的灵魂进行了解剖。他的文字有股力量,震撼人心。他的风格有些阴冷,但读起来却有一种快意。鲁迅的作品在新文学园地中引起的"地震"是毫不奇怪的。他受到了当时许多著名作家的一致好评,并为每个文学青年所熟知。许多典型性人物成了不朽的艺术形象为人们所津津乐道,表明鲁迅的崇高文学地位牢不可破。

收集在《呐喊》与《彷徨》中的小说,反映的是辛亥革命前后中国的现实状况。这是封建主义残余势力与资产阶级革命势力相互较量时期,也是中国历史上最黑暗最动乱时期。

在鲁迅的短篇小说集中,对小说形式进行了前所未有的大胆尝试与创新。他的每个短篇,几乎有毫不雷同的新形式。这些形式有别于以往的旧小说,许多形式是通过消化外国短篇小说形式之后进行移植与创新的成果。《狂人日记》是鲁迅第一篇震动社会的作品,小说通过一个精神"迫害狂"的自述,描写了他的心理活动,对两千年的封建社会进行了全面揭露,抨击"礼教"吃人的罪恶。鲜明、精练的语言与形象,构成了小说重要的艺术特色。

《阿Q正传》以辛亥革命前后的未庄农村为背景,以阿Q命运为线索,反映阿Q在辛亥革命到来之际由最初的不理解到投身其间,最后被杀的悲壮命运。揭示了辛亥革命的不彻底性,以及它所依靠的力量仍是统治阶级,而与广大劳动阶级无缘终至失败的必然结果。总结了在要求革命的阿Q身上,仍然存在着与传统社会与文化有千丝万缕联系的"劣根性","精神胜利法"成了阿Q自欺欺人的代名词,并散发着永恒的艺术魅力。

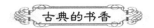
向新文学吹进一股浪漫之风

——《郁达夫小说》

新文学史上，要数郁达夫的小说，风格最为清新，独树一帜，在荒芜的文坛上，吹进了一股浪漫主义和煦的春风，直沁入读者心底。当时，中国文坛最缺乏浪漫主义精神，而最易认同现实主义创作风格，几乎整个文坛为现实主义文学所霸占，其余流派都为一种声音所压倒，发不出自己本身嘹亮的歌喉。我们看到除了题材有所不同外，都是同一张面孔呈现在读者面前，文学几乎没有多少发展。个中原因，可能与"为人生派艺术"取得决定性优势不无关系。在他们看来，个人情感微不足道，文学应成为载道工具，成为某

种政治宣传品。因此，在一些小说创作中，充斥着更多概念化的苍白的人物形象。作家隐没在幕后，用一种全知全能的广角镜对事物进行描绘，冷漠地叙事，导演整个故事的进展。浪漫主义文学则不是这样的，浪漫主义更注重个人自我的情感张扬，注重人与自然的关系，注重人的心理活动的每一次心跳，注重生命在生活中的呈现。这是与现实主义文学完全不同的创作风格。浪漫主义文学关心的是艺术，现实主义文学关心的是历史；浪漫主义文学总能在读者心中引起强烈的共鸣，现实主义文学则总是把读者带入重大事件的思考；浪漫主义文学关心的是个人在社会中的位置，现实主义文学关心的是社会中的人是怎样的。这就是二者之间重大分歧所在。

　　把郁达夫小说与鲁迅两人的小说做比较是耐人寻味的。郁达夫更像一位艺术家，而鲁迅更像一位战士。郁达夫用他充满感伤气息的叙事诗一样优美风格描写个人的生活苦痛与欢欣；鲁迅则从不忘记手中的笔是为某一个政治意图服务的目的，人物形象中总给人一种皮包着骨头的感觉，似曾相识非相识，人物形象太缺乏血肉的丰满性，给人的印象是一种历史的悲剧感、沧桑感。郁达夫给人的则是个人内在生活与外在行动的真实感，一种生命的柔情注入你的灵魂如夜莺般地浅吟低唱。面对鲁迅你肃然起敬，感到太多的庄严；面对郁达夫你轻松自在，感到生命的如歌如泣。鲁迅与郁达夫同为新文学史上一流作家，而他们的竖琴奏出的却是完全不同的音色与音调。郁达夫应在新文学史上占据一个崇高的位置，无论从文艺理论，还是小说、散文、诗歌的创作，他都有出色的表现。若单以艺术论优劣，郁达夫当为新文学的翘首，他语言描写艺术极其卓越，可以与俄国的屠格涅夫相媲美。

　　郁达夫在文学史上名震一时，不仅仅是因为他的风格独具，引领风骚。更重要的他是创造社的发起人之一。创造社从成立之初，在日本东京酝酿，就是由郁达夫、郭沫若、成仿吾、张资平等留日学生所发起。他们以浪漫主义创作风格与其余的社团平分秋色，成为一个具有相当影响力的社团。郁达夫是创造社的主编兼主将，其文学活动成了新文学史上一个重要流派。当然，创造社与其他文学团体也发生过不小的龃龉，打了不少笔墨官司，但却活跃了新文学的空气，对新文学的发展留下诸多开拓的脚印。郁达夫对创造社贡献是不可磨灭的。

　　对郁达夫的小说，郭沫若的评价最为深刻，他认为："他（指郁达夫）的清新笔调，在中国的枯槁的社会里面好像吹来了一股春风，立刻吹醒了当时无数青年的心。他那大胆的自我暴露，对于深藏在千百年的背甲里的士大夫的虚伪，完全是一种暴风雨式的闪击，把假道学、假才子们震惊得至于狂怒了。"

　　的确，在一些假道学、假才子眼里，郁达夫是不道德的，他描写的内容是病态的。但是这种病态却产生于病态的社会。一个平民知识分子孤寂的生活缺乏异性的慰藉，在无法克服性冲动时，他干了为正人君子所不齿的勾当——嫖妓，以宣泄在心中燃烧的炽热的火焰。因此，他们对郁达夫总有一种不屑，总有一点说不出的轻蔑。他们觉得郁达夫的小说不够道德，害怕让纯洁的学子看了心中会起邪恶的念头，这完全是多余。在那些受不到正当的性教育的青少年中，他们更容易引起不正当的性反应。

　　在郁达夫小说里，我们常常可以看到对下层人民生活的同情与热爱，这是非常难得的。他重视爱情,重视友谊,这从他的字里行间都可以读到。他曾说文学是个人的自传,因此我们总能找到郁达夫的影子活跃在书中,成为书中的主人公。他的思想,他的感情,他的兴趣爱好,他的为人,总会像电影一样出现在你面前。他从不害怕暴露自己的隐私,这需要多么大的勇气才做得到啊!所以他常常遭到不理解,对他的评价也是讳莫如深。对他的名气、才气既不好说什么,也不愿对他的作品献出更多的诚心的赞美。

郁达夫另一个对新文学史的重要意义,是他第一个在中国新文坛上描写了"零余人"的形象,也可以称为"多余人"。即指那些才华横溢而在现实中找不到出路的知识分子形象,如普希金笔下的奥涅金和莱蒙托夫笔下的毕巧林。由于郁达夫作品中表现了更多性压抑所带来的性苦闷,常常被人贴上颓废的标签,他叙事风格的精美,又被称为"唯美"的风格,这样郁达夫就有了颓废唯美的艺术风格的称谓。但郁达夫作品色彩的浓烈,风格的纤巧,却让你印象深刻,像一块磁石一样吸引着你,令你着迷。他对风景的描绘,对人物性格和内心活动的细腻描绘,都能引起你强烈的艺术共鸣,这些都是传统小说所没有的。郁达夫的小说在1920年代新文坛的出现,其影响力与开创性,为新文学竖起一块丰碑。从这个角度认识与评价郁达夫小说创作,才是较为中肯的。

郁达夫(1896—1945),原名郁文,生于浙江富阳的一个知识分子家庭。富阳坐落在富春江畔,是一个风光秀美的小镇。其父为私塾先生兼郎中。但他3岁就丧父,由母亲靠几亩薄田和炒小货维生,含辛茹苦地将他兄弟三人抚养成人。童年的郁达夫是孤独的,体弱多病,两个兄长又不在身边,而且年龄也与他相差10岁左右。忙碌的母亲根本无暇照料他的生活。他7岁入私塾,天资聪慧,9岁赋诗令四座皆惊。从小学到中学,他都是一位勤奋用功的好孩子。小学毕业时,学校奖给他的奖品是一本《吴梅村诗集》。值得一提的是,1910年他考入杭州府中学时,曾与徐志摩是同学,但很短暂,双方虽然都互相欣赏对方的才华,但并没有想到日后会在文学上交会,一个在诗坛上大放异彩,一个在小说领域震惊文坛。从1914年起随兄长赴日本留学,开始大量阅读西方文学名著和日本的文学作品,并开始进行文学创作。1921年他的短篇小说集《沉沦》以惊世骇俗的题材和充满弱国子民的悲愤在国内引起强烈轰动,初步奠定了他富有感伤色彩和表达细腻情感的浪漫主义的文学风格。回国后,他像一颗冉冉升起的新星受到众多文学青年的拥戴,成为浪漫文学刊物《创造》主编兼主笔,后辗转到几所大学中任教,思想开始趋于激进。1928 年和鲁迅一起合编《奔流》月刊，1930 年加入左联。三年后，他思想趋向消极，举家由上海迁至杭州，过着退隐的生活。1937 年抗日战争爆发，他积极投身抗日宣传，1938 年末因国内政治气候的严峻和家庭的变故，他客居南洋，在新加坡一家《星岛日报》任编辑，同时任《华侨周报》的主编，在海外坚持抗日宣传。1941 年的太平洋战争爆发，他化名赵廉以办酒厂做掩护隐居了下来。1945 年日本投降后，他却被日本宪兵杀害。

从郁达夫的文学活动来看，虽然他也写得一手好旧体诗，也进行过一些文艺理论方面的研究与探讨，但他的文学主要成就还是在小说与散文领域，他与郭沫若都是浪漫主义文学主将，但郭沫若最引人注意的是诗歌《女神》，而小说的影响力并没有郁达夫大，作为散文成就卓著的作家不少，而在小说方面开一代风气之先的唯有郁达夫，因此，郁达夫的小说，主要指他的中短篇小说，是能够让他在新文学史上占有一席地位而经久不衰，值得重视和研究。他比较有名的小说有《沉沦》《春风沉醉的晚上》《她是一个弱女子》《迟桂花》等。

《沉沦》是郁达夫最大胆、最惊世骇俗的中篇小说，带有自传性质。小说写于作者留日期间，郁达夫当时还是经济系的学生。出版于 1921 年 10 月 5 日"创造社丛书"之三。这种冲破性禁忌的描写，使作者遭受了许多讥评，其冲击力可以用"石破天惊"来加以形容。随后，许多青年对这个被称为"时代病"的青年在异国他乡所遭受到的屈辱、歧视产生了强烈的共鸣。《沉沦》成为一部主题深刻、影响巨大的文学名著。周作人在许多人不理解《沉沦》价值时，就曾力排众议肯定了"《沉沦》是一件艺术品"。"所谓猥亵部分，未必损伤文学的价值"。即使郁达夫与茅盾有过争论，茅盾也毫无偏见地给予《沉沦》公正的评价，指出"《沉沦》的主人翁是可爱的，应得受人同情的"。陈西滢则准确地指出了《沉沦》的社会意义，"小说里的主人翁可以说是现代青年的一个代表，同时又是一个自有他生命的个性极强的青年，我们谁都认识他"。因此，《沉沦》的苦闷，已不是个人的苦闷，而是整个时代的苦闷，社会的苦闷。他表达了一个弱国子民呼唤自己祖国能够强大起来，使他的儿女能够有尊严地活着，不再受到外来的歧视。《沉沦》使郁达夫一跃成为最知名作家，他的抒情风格一扫文坛的枯索。它的震撼力和新的表现手法，对新文学发展是一个杰出的贡献。

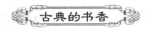

再现大都市的刀光剑影

——茅盾的《子夜》

新文学从稚嫩走向茁壮,是与一大批文化主将的加入分不开的,与一批优秀的文学作品出现分不开的,与文学理论的繁荣与文学刊物兴盛分不开的。鲁迅以他不俗的一系列短篇小说,为新文学打开了一片新的天地,茅盾则以他的长篇小说谱写了新文学的华彩乐章,为新文学史添上了最壮丽的一笔。他的《子夜》被视为自"五四"以来所产生的最伟大的长篇小说,这部小说所取得的成就至今尚无人突破。它的出版所造成的轰动是空前的,被瞿秋白认定为"子夜年"。3个月印刷了 4 次,一天售出百余本,先后译成了十多国文字。据不完全统计,新中国成立后共印行了 20 多版,足见小说所具有的震撼力与持久的影响力,其他长篇小说难以望其项背。鲁迅、朱自清、瞿秋白都曾纷纷撰文,给予《子夜》很高的评价。

茅盾,原名沈德鸿,字雁冰,1896 年 7 月 4 日生于浙江桐乡的乌镇。乌镇背靠太湖,毗邻上海,是一座风景秀丽的小镇。祖上世代书香,父亲沈永锡是一名医生,在茅盾十岁那年逝去。下面有一个胞弟沈泽民。母亲陈爱珠挑起了全家的担子,靠为数不多的家产过活,供养两个孩子接受教育。母亲是他文学上的第一个引路人,时常给他讲《西游记》的故事,启发了他对文学的喜爱。在宽松的家庭环境中,他如饥似渴地阅读了家中所藏"闲书",即大量的旧小说。朦朦胧胧中文学所描写的世界成了他生活的世界,爱好文学的幼芽在他身上生了根并成长起来。中学时代,正逢辛亥革命爆发,茅盾做起了义务宣传员,和同学们一道抨击不得人心的学监,被校方开除,后转入杭州安定中学,并在那里毕业。整个中学生活,对茅盾来说是灰色调的,接受的是一些毫无生气的旧学教育,但还是给茅盾打下了很好的古典文学修养。"书不读秦汉以下,骈文是文章的正宗,诗要学建安七子……气度要清华疏旷"成为茅盾的文学取向。他把全部课余时间都用在了读小说上。1914 年考入北京大学预科,两年后毕业,终因家庭困难无力深造而辍学。1916 年进入上海商务印书馆,开始初步从事文学创作和翻译工作。积极投身"五四"运动,与郑振铎、叶圣陶等人发起成立了"文学研究会",提倡"为人生艺术",反对复古、唯美、颓废的文学流派。主持编辑《小说月报》,刊登反映社会现实进步的文学作品。

茅盾的文学创作活动一直与中国革命最为波澜壮阔的历史事件紧密相联,可分为前 10 年、后 10 年两个时间段。前 10 年从 1927—1937 年,《蚀》《虹》《子夜》《林家铺子》等重要作品创作于这个时期;后 10 年从 1939—1949年,散文《风景谈》《白杨礼赞》、长篇小说《腐蚀》《霜叶红于二月花》《锻炼》都创作于这个时期。他的小说以擅长刻画具有小资产阶级情调人物而蜚声文坛,这与茅盾比较熟悉他们的生活有一定关系。

《子夜》全书 30 万字,19 章,历时两年多的时间。作者对这部小说做了精心布局,并拟定了提纲。为了写好小说,曾深入交易所仔细观察,并广泛接触上海各方面的上层人物,特别是各色资本家。由于作者长期生活在上海大都市,对上海的情况非常熟悉,所以写起来得心应手。作者原计划以城市与农村两个视角进行对比描写,深刻反映中国社会性质,但最终因为缺乏对农村生活的体验,二手资料也缺乏,不得不舍弃这样庞大的写作计划,将主要精力放在对城市生活的描写,对农村则采取虚写的方式,从而使小说成为一部虚实结合,反映城市与农村矛盾、折射中国社会性质的一部具有史诗性巨著。

《子夜》以蒋、阎、冯的"中原大战"为背景,以民族工业资本家吴荪甫与买办金融资本家赵伯韬的矛盾与斗争为主线,全景式地描写了 1930 年代春夏之际上海十里洋场中社会各阶级人物在战乱频仍又远离战场的一隅繁华的大都市生活。深刻地表现了民族资本家在半殖民地半封建社会中经济发展的舞台有限,经济危机,民生凋敝,工潮不断,陷入全面危机中的苦苦挣扎。以及为力挽狂澜,投机公债,组建新的融资公司,平息工潮,联络政府保安队镇压农民暴动所做的种种努力,一切手段用尽之后仍无法挽回失败的命运,从而宣告民族资本主义的全面破产。从一个侧面反映了民族资本家在中国的悲剧性命运,为我们展示了一幅史诗性的全景图。

小说把故事放在 1930 年春夏之际的五六月,全部故事的事件仅仅是在两个月内所发生的,这对整个故事来说显得太短暂了,许多事件纷至沓来,又没有很好地进行展开，除主要线索吴荪甫的事业经营方面写得有声有色外，副线索即吴荪甫的家庭生活线索写得潦草，与主线比较起来显得虎头蛇尾。工农群众形象也刻画得潦草，这与作者对他们的生活不熟悉有很大关系。

小说中所虚写的"中原大战"，一定程度上成为左右整个金融市场的晴雨表。因为"公债"是与战争紧密联系在一起的，它无时无刻不牵动着投资方的神经，对这一点，吴荪甫与赵伯韬都心知肚明。他们的暗中较量，操纵市场的筹码，也是在"公债"这块大肥肉上。

在公债市场上，吴荪甫做"空头"，赵伯韬做"多头"。吴荪甫既办厂又做"公债"，资金自然吃紧得很，必须两线作战，显得力不从心。许多市场的小股东都在观望着吴赵竞争，希望在有利时机下注，从中渔利。当吴荪甫满怀希望妹夫杜竹斋会站在他一边做"空头"时，却不料六亲不认的杜竹斋反戈一击做起"多头"，完全站在了赵伯韬的一边，使吴荪甫在"公债"投机事业中全线崩溃，整个企业连同公馆一夜之间全变成了赵伯韬的财产，从而结束了他苦心经营的企业，实业救国的理想也在一夜之间化为灰烬。

《子夜》最让人津津乐道的，应是它成功地塑造了民族资本家典型代表吴荪甫的形象。吴荪甫早年曾经游历欧美，懂得欧美先进的企业管理。他雄心勃勃，希望在国内，在民族工业领域里大展宏图。他有胆识、有魄力，有资金，曾在他的故乡双桥镇发展实业，建立自己的"双桥王国"，以抵抗国外工业品在国内市场的倾销。他精明强干，对权力、名誉，对民族工业发展倾尽心力。他在上海组织起信托公司，制定了他的发展蓝图，又在金融巨子赵伯韬的引诱下，做起公债买卖。他踌躇满志地拼杀在公债、实业、农村三条战线上。但是，由于决策错误，再加上时运不济，在外资入侵，军阀混战，农村暴动，国际市场前景暗淡的环境下，他的产品出现了严重滞销。他的事业节节受挫，最后内外交困，走投无路，想开枪自杀，结束自己的生命。吴荪甫虽然没死成，但他还是丢下了他的企业,去了庐山。曾经轰轰烈烈的事业,已成昨日的记忆。

当我们回过头来读《子夜》,也深刻地发现吴荪甫在经营上的漏洞,不全是赵伯韬所导致的必然结果。面对经济危机,银根紧缩,资金缺口增大的萧条时期,吴荪甫大量低价买进小企业,这都不是明智之举。吴荪甫在与赵伯韬的竞争中,以孤注一掷的赌徒心理,将全部资金押宝似地投放到公债市场,既暴露了吴荪甫求胜心切的贪婪狼毒心理,誓致赵伯韬于死地的决心,又暴露了他少有失败的心理准备,随时有全军覆没的危险在等待着他。所以,纵观吴荪甫事业失败,很大程度上与他的决策失误有紧密关系,不完全是赵伯韬造就的。

《子夜》描写的场面宏大,人物众多,场景富于变幻。有奢华的吴公馆,有夜总会的灯红酒绿,有交易所的人头攒动,有裕华纱厂的罢工浪潮,有双桥镇农民的呐喊与拳头……有太太小姐的忧伤叹息,有教授们的高谈阔论,有诗人的无病呻吟,有交际花的万种风情,有交易所声嘶力竭的喊叫,有趋炎附势的各种人物的嘴脸……《子夜》以它宏大的艺术构思,精心的人物布局,复杂的人际关系,错落有致而又长短不一既雄健又委婉既粗放又细腻的语言,为我们展现了一幅色彩斑斓的都市风景画。既有交响曲的雄壮,又有小夜曲的妩媚,演奏出一曲动人心弦的乐章,让读者目不暇接,拍案叫绝。

对半殖民地半封建社会时期中国的经济、政治、文化方面的矛盾做全方位的思考、整体性的描绘,茅盾是第一人。《子夜》将中国社会的矛盾放在了商品经济发展最活跃的上海,各种思想在此不断交锋与碰撞,使我们领略了商场中在杯酒交错看似谈笑风生的场景背后却是明争暗斗、尔虞我诈在秘密地进行着。使我们能够充分地认识到商业竞争的残酷性,商场的风云变幻,资本家对利润的贪婪追求。

诚然,茅盾的《子夜》可以看成社会剖析性的理性小说,但茅盾对社会的剖析并不是用抽象的概念和大段说教来进行的,而是用一系列生动可感的艺术形象来加以展现。通过对人物的阶级关系、性格发展、心理变化和行动,以及故事本身所具有的矛盾和斗争来加以推动。因此,读他的小说,总能够给我们带来更多来自经济、政治、文化方面的思想启迪。茅盾的《子夜》正是这样一部熔思想、时代、政治、艺术于一炉的不可多得的伟大的现实主义的文学名著。在这部名著中,可以说茅盾的艺术水平发展到了炉火纯青的高度。《子夜》象征着中国社会最黑暗时代,同时也预告了一个新的黎明就要到来。

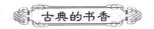

一代青年的觉醒与成长

——巴金笔下的《家》

《家》被誉为 20 世纪的《红楼梦》,这种评价显然抓住了《家》与《红楼梦》极其相似的一面,即描写一个日趋式微穷途末路的封建大家庭的衰亡史。曹雪芹笔下的贾家和巴金笔下的高家就是这样一个有着昔日辉煌与荣耀却已显露出各种衰败迹象的家庭。贾家自被朝廷查抄之后从此一蹶不振,荣华渐渐逝去。高家虽并未遭到官府查抄,但也是气息奄奄,苦撑着危局。它们之间最显著的差异就在于两位作者生活时代的不同。曹雪芹完全生活在一个强盛的清朝开始走下坡路时代,巴金则生活在民国时代,"五四"新文化运动弥漫的时代。可以说,正是新思想成长使传统古老的社会发生了新的变革。巴金的《家》用觉新与觉慧、觉民对比的描写,来说明觉新自始至终没有与家庭决裂的悲剧性命运,反衬觉慧、觉民在挣脱家庭羁绊后勇敢走向新生活的新一代觉醒的青年形象。通过觉民的婚姻幸福结合来赞美对旧制度的反叛,表达了巴金对理想社会的向往,对婚姻自主的礼赞。从这一角度来分析巴金的《家》这部小说的积极意义和积极主题,更符合巴金创作这部作品的本意。

《家》之所以能够打动一代又一代读者的心,是因为巴金真实地反映了当时社会许多类似家庭出身青年们对婚姻自主的强烈愿望,要求冲破旧的束缚,争取美好生活的热望。因此,它是一部充满青春气息的抒情诗。作者用他饱含深情的文笔,细腻生动的心理描写,富有抒情意味的感情与环境的烘托,塑造了许多血肉丰满、真实可信的人物,这正是这部小说经久不衰的艺术魅力所在。巴金的小说,和屠格涅夫的小说,在艺术风格和表现复杂人物内心世界方面,具有惊人相似的一面,有异曲同工的妙处。

《家》是巴金很早就想写但迟迟未能动笔的小说。个中原因,是不愿意让他尊敬的大哥在书中看到一个真实的自己的影子。巴金从不讳言小说是写给他大哥的,许多素材直接取自大哥的亲身经历,觉新这个感人至深的艺术形象就是他大哥本人,而书中的觉慧就是以巴金本人进行塑造的。尽管《家》是一部虚构得很好的小说,但许多的人和事都可以从巴金的"家"中看到影子,这也是为什么我们读《家》会感到那么亲切而真实的缘故。

然而遗憾的是大哥在他完成《家》这部小说的前六章后服毒自杀了,最终也未能读到这部小说。噩耗传来,巴金彻底感受来自心灵深处的痛楚,反而刺激了他将全部身心都投入《家》这部小说的创作。1931 年上海的《时报》上,《家》以《激流》的题名连载,成为新文学史上最有影响力的一部名著,和茅盾的《子夜》一起被视为新文学史上在长篇小说领域里的重大收获。一时间,茅盾与巴金的名字是文坛上最响亮的名字,《家》与《子夜》成为 1930 年代在新文学上交相辉映的杰作,成为一部反映时代最鲜明的史诗性的文学作品。

巴金(1904—2005),原名李尧棠,字芾甘,生于四川成都官僚地主家庭,祖籍浙江嘉兴,18 岁以前都是在家乡的大公馆中度过的。母亲在他 10 岁那年就去世了,父亲又在他 13 岁那年离世,巨大的悲哀袭击着这个少年,一种深深的忧郁较早地占据了他的心房。两年后,"五四"运动的风雷就在成都上空响起,那时的他,还在成都外语专门学校学习英语,对各种新思想吸收得很快,但可能都是囫囵吞枣似的。不容否认,安其那主义(anarchism,一般指无政府主义)的思想深深吸引了这位青年学子的心。他最后能够踏出家门,到南京、上海读书和去法国留学,全赖大哥李尧枚的帮助才得以成行。尽管巴金并不真正理解大哥的心思,在《家》中把他大哥塑造成懦弱无能的人,但从感情上讲,他对大哥还是怀有深切的同情的。在法国的一年时间里,虽然受到法国启蒙主义思想家伏尔泰、卢梭的民主主义思想影响,包括法国大革命的影响,但他的心仍然在无政府主义方面。俄国无政府主义代表人物克鲁泡特金成了他的精神领袖。1927 年在法国写成的第一部中篇小说《灭亡》,所用的笔名"巴金"的"金"字,就取自克鲁泡特金中的"金"字。"巴"字有人认为是取自"巴枯宁"的"巴"字,这被巴金本人断然否定了。他说"巴"字取自他法国的同学"巴恩波",这位同学自杀身亡了。总之,巴金的名字与无政府主义思想确实存在着联系。这种影响到抗战之后 1941 年才渐渐淡去,他转变成为一名民主主义者。《灭亡》于 1929 年发表在《小说月报》上，是巴金引起文坛注意的小说，但他小说的丰收期应在 1930 年代。他在创作爱情三部曲《雾》《雨》《电》的同时写下被称之为激流三部曲的首部《家》，而另两部《春》和《秋》却拖至 1937 至 1940 年才完成。《春》和《秋》虽然是从高家延伸出来的线索，但在情节上与《家》并没有多少联系。因此，《家》是一部具有独立情节、结构完整、构思精密、感情充沛的巴金最成功的小说。它在新文学史上的出现意义非同寻常，清新、自然的叙事，对人物性格、感情、心理的描写，成为开风气之先河对后世新文学产生重要影响的具有里程碑意义的小说。巴金将他自己的名字永远镌刻在了新文学史上最重要的位置。

《家》的成功给巴金带来了巨大声誉，使他全身心投入文学事业。尽管当初他拿起笔进行写作时，从来也没有想到会成为一个名扬四海的作家。他最初的写作动机，是因为被一种火烧火燎的情感所折磨，有一肚子的话急需倾诉，于是文学成为他宣泄感情的火山口，积压多年的心灵的痛楚终于如排山倒海般地涌现了出来。在以后的岁月里，一部接一部的小说在他笔下诞生。他不仅写小说，还编杂志，出版书籍，积极参加文学活动。1927 年至 1946 年，先后创作了中、长篇小说 20 多部，还有大量的短篇小说、散文，并翻译了许多外国文学作品。

新中国成立后，巴金担任了多项领导职务，直接领导着全国文化工作的开展，出国访问，做报告，发指示，慰问抗美援朝前方的将士，声誉达到了顶点。在他的倡议和发起下，建立了第一个中国现代文学馆。出版有《巴金文集》14 卷和《巴金全集》26 卷，并获得法国荣誉军团奖章和但丁国际荣誉奖。唯一让巴金遭受厄难的是"文革"十年，他被关"牛棚""揪斗""抄家"，下放"五七干校"劳动。与他相爱了 28 年的妻子肖珊在 1972 年离他而去，留下一对儿女陪伴他的余生。2005 年 10 月 17 日，这位伟大的作家以 101 岁高龄停止了心脏的跳动，与妻子的骨灰一起，像当年周恩来总理那样撒向了大海。

巴金重要的代表作除《家》外，就是写于1944年、完成于1946年的《寒夜》。从写作技巧来看，比《家》又有了显著的进步，可以称得上炉火纯青。在表现题材上，开始转入写大时代中的小人物。这小人物有着复杂的精神世界，因为充当主角的是有头脑的知识分子——汪文宣与曾树生这样一对夫妇。整个故事是悲剧性的，生活的艰难使这对夫妇生离死别，压垮了汪文宣这样一个别无长技的知识分子。整个画面的基色是灰暗的，显得格外阴冷，但人物形象却是鲜活的，具有多种层面，可圈可点。我们可以用刺人的字眼来说巴金表现了汪文宣病态的人格，但我们挥之不去的却是悲剧性的存在。就小说而论，《寒夜》仍不及《家》给人强烈的精神震撼力与表现复杂生活的戏剧张力。

巴金声称他写作小说"无技巧"，这是不是说巴金写小说高明到"无章法"地步呢？不是的。巴金在他从事小说创作之前，也是读了大量的中外文学名著，他写小说虽不是刻意地追求艺术表现手法，但他自觉不自觉地将文学大师的写作技巧融进了他的血液之中，使之毫不费力地像泉水一样汩汩流出。如果我们要挑剔巴金小说缺点的话，那么，巴金在语言的锤炼上还有所欠缺，有些对话偏重说教，缺乏生活气息与幽默，有些感情描写显得浮泛。在人物形象塑造方面，巴金把新文学推向了一个崭新的高度，他对新文学影响是无与伦比的。因此，称巴金为文学大师和巨匠也并非是夸饰之词。一个28岁的青年，能将生活沉淀做细腻生动的描绘，将一个大家庭各种错综的关系一笔不乱地写出来，没有天赋才智是根本做不到的。

巴金受到的文学影响可能很杂，但通过对他的作品分析，不难看出，曹雪芹、列夫·托尔斯泰、雨果等人的作品对他产生了重大影响。从曹雪芹、列夫·托尔斯泰那里，他学到了描写人物、结构情节的技巧；从雨果那里，他学到了人性的表现方法和人道主义的人文情怀。巴金的小说充满了人情味，这是拨动读者心弦重要的艺术元素。至于巴金小说的感情宣泄，则多多少少与浪漫主义文学影响有关联。

《家》描写1920至1921年发生在成都大公馆的故事。主要取自巴金18岁以前生活过类似于这样一个大公馆的生活经历，许多男女就是他身边的家庭成员。这个封建末世的大家庭经过辛亥革命和"五四"运动的冲击，开始动荡不宁，摇摇欲坠。在高家，高老太爷的孙子辈中发生着分化与瓦解：一派倒向了守旧派；另一派则与这个家庭决裂，成了新青年。作者紧紧抓住这个社会变革时期来精心安排故事和人物。通过觉新、觉民、觉慧的爱情婚姻故

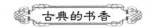

事,反映新旧事物冲突。《家》最初的题名《激流》,象征性地表现了这场社会变革,将新生力量比喻成一条冲破罗网的激流,在穿过乱山碎石过程中,朝着光明方向奋勇向前,这就是巴金所要表现的《家》的全新主题。

和《红楼梦》的贾家一样,高家也有一个大观园,里面有园林式的建筑,水阁朱楼,竹韵松涛,小桥流水。在这个四世同堂的阔气、豪华的家中,高老太爷如同贾母一样手执纲常伦理,威严地统治者他的小王国。虽然老爷生育了五个儿子,前两个儿子不幸夭折,仅存儿子克明、克安、克定和长房长孙觉新支撑着门户。觉新和姨母的女儿梅芬相恋,却被双方家庭认为有违生辰八字,硬是将两位暗通情愫的恋人拆散,梅芬嫁了他人,从此天各一方。梅芬的丈夫又不幸死去,守寡的梅芬在透心的相思中也郁郁离去。觉新在父母安排下以抽签的方式与从未见过面的瑞珏结了婚。婚姻还算幸福,瑞珏可爱,觉新也爱她。然而就在瑞珏怀孕待产的时候,却正赶上老太爷去世。家人迷信,怕"血光之灾"冲走了死者的亡魂,在临产数天,将瑞珏送往远在城郊一所潮湿的房屋里去,结果死于难产。觉慧和十七岁的女婢鸣凤相恋,老太爷又做主将鸣凤送给冯乐山做小妾,鸣凤欲将这一消息告诉觉慧又难以启齿,在看了觉慧最后一眼,嘴里喊着觉慧的名字投湖自尽。觉民与姨母的女儿琴相恋,老太爷欲做主让觉民娶冯家小姐,觉民逃到同学家躲了起来。高老太爷计划落了空,临死之前终于改变了主意,觉民与琴终获胜利。令人怀有切齿之恨的高老太爷,实际心中也有爱,人性的光辉终于照到了这座古老的大观园。老太爷的死,觉新妻子的死,使家里的根基开始动摇,分家的闹剧又在兄弟间激烈地展开。觉民与琴暂时沉浸在他们小家庭的幸福之中。觉慧在觉新的帮助下逃离了这个"家",留下觉新一人独自在"家"中消耗生命的余烬。

《家》自 1933 年由上海开明书店初版,至 1952 年共印行了 32 版,足见这部小说的影响力是多么巨大,对青年读者影响是多么深远,并且漂洋过海,被译成多种文字在海外传播,深受世界人民的喜爱。《家》的这种巨大的出版量只有《子夜》这部小说才能与之相比,能够得到读者长久喜爱与认同的国内小说名著并不多见,《子夜》与《家》应算新文学史上最辉煌的两部,他们对新文学的贡献不可磨灭。

本文介绍的《家》的版本,是 1953 年人民文学出版社的改版,由作者改写了后记,增加了前记,并重印了多次。1987 年人民文学出版社又以《巴金全集》第一卷本为底本,重新设计了封面,作为《家》的第三版,成为目前行销海内外的权威版本。

让人爱不释手的言情小说

——张恨水的《啼笑因缘》

作为最成功的报栏作家，张恨水声名远播。在民国二三十年代，他几乎取得了通俗文学领域的半壁江山，创作了一系列影响力较大的小说在报刊上连载，轰动一时，书籍销售一时洛阳纸贵，深受当时知识女性的喜爱。小说的许多故事情节为市民阶层津津乐道，并成为人们茶余饭后的谈资。许多报刊纷纷向他约稿，广告商也要求在他所刊载小说的报纸上登载客户广告以壮声色。从此张恨水笔耕不辍，文思泉涌，想象力丰富，创下了文学史上最多产的作品。一生仅中、长篇小说就多达 110 余部，文字约 2000 万。如果将他的诗词、散文、杂著也计算在内，足有 3000 多万字，称得上是著作等身。

从张恨水小说描写的题材来看，属于言情小说，当时的新文学团体将它划入以描写风花雪月爱情故事的"鸳鸯蝴蝶派小说"，或干脆称之为"礼拜六"的文学派别。这对张恨水来说有欠公正。实际上，张恨水的小说与"鸳鸯蝴蝶派小说"有很大的区别。"鸳鸯蝴蝶派小说"多半有逃避社会现实生活之嫌，张恨水却是一位直面人生的作家，他在小说中竭力表现当时复杂的现实生活，反映各个阶层的生活面貌，说他贴近生活，贴近时代，用群众喜闻乐见的形式描述生活，刻画他们的性格。尽管他的表现形式是旧式章回体小说，但他并不拘泥于此，而是在继承古典章回小说表现力外，融合了西方小说的创作方法，创作出了一种不同以往的新式章回体小说，这一点却常为人们所忽略。茅盾说："在近三十年来，运用'章回体'而能善为扬弃，使'章回体'延续了新生命的，应当首推张恨水先生。"这种评价是恰当的。张恨水小说的成功，从另一面也折射出新文学于初创时期在文字、语法和表现生活方面的贫弱，像夹生饭一样显得不成熟,作者需要将传统文学和外国文学表现形式进行融合,写出真正在艺术上够格、在内容与思想上更加丰满的作品馈赠读者。

张恨水创作生涯达 50 余年,他的名字为人们广泛熟悉是他创作的《春明外史》,这部长达 90 万言的作品,在《世界晚报·夜光》上连载了 57 个月才登完,风靡了北方城市。《金粉世家》进一步扩大了社会影响,成为他的重要作品。但真正使他成为家弦户诵的作品,是他在一份面向全国发行的报纸《新闻报·快活林》上刊载的《啼笑因缘》。抗战时期,他发表了《八十一梦》有影响的作品,使他成了一个真正意义上的爱国作家。

张恨水,原名张心远,“恨水”是他 1914 年为汉口一家小报投稿时从南唐词人李煜的《乌夜啼》中“自是人生长恨水长东”句中截取的。此后,便正式成为了他的笔名,相反他的真名倒湮没无闻。

张恨水祖籍安徽潜山,1895 年出生于江西广信的小官吏之家。童年在江西度过,在私塾中完成文化启蒙,读的也不外乎“四书五经”之类。10 岁那年,偶尔接触到一部旧小说《残唐演义》,读之入迷,一发不可收拾,成了一个旧小说迷,挑灯夜读所能找到的一切旧小说,不知不觉中,揣摸到写小说的诀窍。

1912 年,因父病故,几乎断绝了一切经济来源,不得不随每回到阔别已久的老家潜山,靠几亩薄田糊口,这对一个一心好学的张恨水来说,是人生中一次重大打击。不久,经堂兄邀请到了上海,考入了孙中山在苏州兴办的新学堂“蒙藏垦殖学校”,学到了许多新知识,开始正式向杂志投稿。稿虽未被采用,但却激发了他的创作欲望。1918 年经好友推荐,担任芜湖《皖江日报》总编辑,写成了《紫玉成烟》等短篇小说登在报上。完成了第一部长篇小说《南国乡思谱》。对于这个时期的创作,张恨水自我评价为“偏重辞藻,力求工整”。

不久,“五四”运动爆发,张恨水对新文学有所耳闻。由于旧学渊源较深,加之对新小说创作初期的稚嫩有自己独到的审美见解,因此,张恨水对新文学终隔了一层纸,但林纾翻译的西洋小说,对他日后小说创作中心理描写,产生了重大影响。

1924 年,张恨水来到北京求学,受到多家报刊邀请担任编辑。后辞去所有职务,专心创办《世界晚报》。最有影响的《春明外史》长篇小说,就是在《世界晚报·夜光》上连载完成的。1930 年 3 月,他的《啼笑因缘》在上海《新闻报》的《快活林》上连载,取得未曾预料的空前成功。一时间,影片公司争相购买它的专有权,地方将它改编成戏剧和曲艺评弹,轰动效应极其可观,许多读者成了《啼笑因缘》迷。张恨水此时稿费收入也相当可观,还自办了一所美术学校,兼任校长。

　　但好运不长,抗日战争爆发,民族危机迫在眉睫,深爱着自己祖国的张恨水,再也无心创作才子佳人似的言情小说,开始写作抗战题材的小说,以鼓舞民族的抗战斗志。1938 年张恨水移居重庆,担任重庆《新民报》主笔和主编,1939 年发表了他最著名的抗战题材中篇小说《八十一梦》。1945 年抗战结束,也结束了他 7 年的重庆生活,返回北京,担任《新民报》经理,继续发表一系列中、长篇小说。

　　1949 年全国解放,张恨水因病住院治疗。在周恩来总理的关怀下,聘请他担任了文化部顾问,并吸收他加入了中国作协。1950 年,张恨水病情好转后,除了参加一些社会活动外,创作转向了历史题材小说,但艺术水平呈下降趋势。1959 年被聘为“中央文史馆员”。1960 年出席了北京第三次文代会。1967年因突发脑溢血,抢救无效,不幸去世,享年 72 岁。

　　在新旧小说转折时期,张恨水的小说正好介于这两种小说之间。他的小说所引起的广泛的社会效应,我们不能简单地将其视为旧小说的翻版。不必讳言,张恨水的小说是一种才子佳人的言情小说,但这种小说并非是作者一味地取悦读者心理的结果,因为在这种言情小说之中还有广泛的社会世相的描写。从当时张恨水读者的层次来看,几乎包括了社会各个阶层的人物。这些人物之所以心仪张恨水小说,极有可能是他的小说中所具有的新闻性质的秘闻,这是张恨水的小说超出了一般传奇小说而得到社会广泛传播的重要原因。此外,张恨水的小说明白晓畅,情节曲折,善于运用白描手法塑造人物,充满地方色彩生活气息浓郁的对话,人物性格鲜明,又吸收了西方小说心理描绘手法,这些都是读者喜欢张恨水小说的原因。总之,对人情世故的练达,对人物形象、感情、心理的准确描绘,大量世风民俗的描写,是张恨水取得成功的最重要因素。

　　《啼笑因缘》是张恨水最重要的代表作,将一段三角恋情演绎得荡气回肠,一波三折,悬念跌出。结尾也是开放性的,留无尽的遐思供读者猜想。在张恨水百余部长篇小说中,《啼笑因缘》写得引人入胜,结构紧密,人物个性

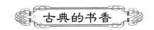

鲜明，许多人物给人印象深刻，呼之欲出，将武侠和言情小说很好地结合在一起，艺术技巧臻于成熟的境界，是张恨水最优秀的作品。

《啼笑因缘》的成功在于细节与人物刻画上，就故事而言，情节上的曲折既是张恨水成功的原因，也是失败的地方。成功是吸引读者不断地追寻人物结局；失败是过于离奇的情节有时丧失了生活的现实性。这往往容易遭到使命感极强的新文学的贬责。他们把文学当成一项极其神圣的事业，而作为卖文为生的张恨水，觉得有必要适应读者的审美心理，有必要给读者以娱乐的需要，只要这种娱乐不是低级趣味，就应有它的一席之地。完全将读者置之以外的我行我素的作家，固然可以为他们博得好名声，但只有在他们衣食无忧的情况下才可以采取这种贵族似的做法，对于一个平民作家也要求如此，似乎也太强人所难。

说到张恨水小说的离奇之处，是否张恨水小说不真实了呢？也不是。张恨水所描绘的人物、感情、心理，都是在现实中找得到原型的。否则，读者一眼就可以识别小说纯系子虚乌有，那么张恨水小说也太缺乏起码的生活常识了。我们所说的离奇，是这种事情并不是我们经常能够在生活中所遇到，比如沈凤喜与何丽娜两个形象酷似的女子，既非双胞胎又出生于不同的生活环境与背景之下。张恨水之所以如此安排，主要也是为了使情节结构便于穿插、连接，从而造成许多误会又能将线头接起，便于故事进一步展开、叙述，给读者造成一种"看山不喜平"的奇峰突起的峻拔现象。所以，小说艺术真实并不等于现实的真实性。完全据实写来就缺少了许多趣味，而能在写实中又安排一些出人意料的情节，才能给读者"山穷水尽疑无路，柳暗花明又一村"的审美感觉。因此，对于张恨水小说这种非真实处理，应持肯定态度，它表明艺术是千姿态百态的，希望用一种模子来要求作家，是导致作家风格雷同化、丧失艺术个性和艺术生命力的外行评价。

《啼笑因缘》以民国二三十年代北京为主要背景，以樊家树与沈凤喜的爱情悲剧为主线，穿插了关秀姑、何丽娜的爱情纠葛，最终以樊何两人的好事多磨而终成眷属结尾。关秀姑虽对樊家树有意，但得知樊心有另属时，则一心成全樊的恋情，表现出了更多的无私的爱。小说成功地将北京的风土人情做了淋漓尽致的再现，将爱慕虚荣的沈凤喜形象描写得活灵活现，将樊家树复杂的情感和心理活动描写得惟妙惟肖，将关秀姑的侠义心肠写得力透纸背，将何丽娜的活泼、高傲的性格塑造得风姿绰约。曲折的情节，细节的描绘，成功的人物描写，是《啼笑因缘》取得成功的重要原因。

荒凉原野上盛开的一朵红玫瑰

——张爱玲的《倾城之恋》

　　凡经历过 1940 年代上海孤岛的读者,对张爱玲和苏青的名字应是非常熟悉的。这两位风华绝代的才女,曾经在上海文坛上大红大紫过。两人都是写实派,前者以《传奇》《流言》名噪一时;后者以《结婚十年》为人津津乐道。她们既有新女性作派,追求独立性的生活,又有不同于新女性的一面,保存留有传统女性本色的一面。在很长一段时间里,她们几乎走出了人们的视线,被人们渐渐淡忘,许多文学史对她们曾经有过的辉煌也只字不提。作为那个特定年代以卖文为生的女性,她们的处境比男性要艰难得多。因此,她们要在男性主宰的世界中去争取作为女性的权利又是多么的不易! 她们分别用各自的作品表达了对这种生活的尴尬。为了生存,她们不得不更加实际更加世俗地对待生活,拒绝空洞地去谈论妇女解放,因为这并不能使她们的生活处境好起来,只会使她们在生活中屡遭碰壁。苏青主要是根据个人经验去书写她所体验到的新旧社会交替中女性生存的矛盾;张爱玲则是从历史中追溯这种矛盾在女性生存中的影响。语体上苏青文字更加平实,而张爱玲的文字有更多的色彩。在 20 世纪六七十年代的台湾文坛上,张爱玲的小说风格在白先勇、施淑青等作品中可以找到回光返照。苏青曾经提出的问题仍会有现代女性所追问。比较二人,张爱玲的影响更深广些,堪称 1940 年代文坛上最有影响的一位,也是两岸三地研究最多的一位。因此,有必要对张爱玲小说中所散发出的文化现象进行更深入的研究。

　　张爱玲生于官宦之家、名门之后。祖父是清末的显宦,祖母是李鸿章之女。但到了张爱玲父亲那一辈,已经显露出衰败的迹象。父亲张庭重是个典

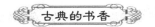

型的封建遗少,抽鸦片,娶姨太太,对家财挥霍无度,使整个家庭笼罩在一片乌烟瘴气之中。母亲黄逸梵,是清末南京长江水师提督黄军门的女儿,深受西方文化的影响。张爱玲 1920 年 9 月 30 日生于上海,两岁随父迁往天津,8 岁后才回到上海的张公馆,地处英美租界。母亲不满父亲的作为,与张爱玲的姑姑一起留学欧洲。张爱玲从小就生活在缺乏母爱的环境中。等到她 8 岁回到上海时,久别的母女重逢,此时,父亲也发誓痛改前非,戒掉了大烟,遣走了姨太太。但没过多久,故态复萌,终至父母离异。母亲再度远涉重洋,去了法国。父亲又娶了后母孙用番(曾两度出任民国总理的孙宝琦之女)。在这种环境中长大的张爱玲,对整个人生都以一种灰暗和悲观眼光去看待,使她在整个中学时代个性孤僻,离群索居,不苟言笑。1937 年中学毕业,母亲从海外归来,张爱玲必须在父母之间做选择。张心向母亲,与父亲闹翻,被关了起来。她曾幻想自己能像《基度山恩仇记》那样逃出牢狱,重获自由。由于享受不到家的温暖,张将全部精力都投入学习中,参加伦敦大学的入学考试。但欧战爆发,去不了英国,于是改进香港大学。等到大三时,太平洋战争又爆发了,香港沦陷,她再次回到上海的姑姑家。寄人篱下的生活迫使她自食其力,从小对写作的爱好使她拿起了笔,她先后在《杂志》《万象》《天地》等刊物上发表小说与散文。1944 年,她将所写的中短篇小说结集《传奇》出版,1945 年又出了一本散文集《流言》。两本书销路都非常好,张爱玲成了 1943 年到 1945 年间红得发紫的女作家。1955 年张爱玲去了美国,与美国作家赖斯结婚。虽间或也有作品问世,但成就均未超过 1940 年代。在美期间,张爱玲夫妇生活艰难,丈夫半身瘫痪,1967 年 76 岁的赖斯去世。1968 年,她将写成的《十八春》经修改易名为《半生缘》,在《皇冠》杂志、香港《星岛晚报》上连载。在当了一段短暂的大学研究员后,1973 年她迁居洛杉矶,过着隐居生活。1991 年台湾皇冠文学出版社出版了《张爱玲全集典藏版》,并主办了她的个人影展与作品研讨会,标志着海内外对她文学成就的一致肯定,并承认了她在中国文学史上的重要地位。1995 年 9 月,张爱玲过完了她最后一个中秋节后去世,享年 75 岁。也是在她生日那天,她的骨灰被撒入了太平洋。

对张爱玲的小说,众多专家对她的《金锁记》推崇有加,但谭正璧力排众议,认为《倾城之恋》比《金锁记》要好,笔者也深以为然。首先,张爱玲的文名还是主要靠《倾城之恋》所奠定的。《倾城之恋》最早改编成话剧、舞台剧,轰动一时,香港的影视公司也是最早将其搬上银幕,为广大观众所熟知。许多读者是因为观看了《倾城之恋》影视剧后才去找张爱玲作品来读。其次,《金锁记》更像一个长篇小说的压缩,许多情节没有很好地有机展开,显得支离破碎,给人一种压缩饼干的味道。在表现新旧事物矛盾上也不及《倾城之恋》来得视野开阔,表现有力。再次,《倾城之恋》表现了一个旧式家庭在末日的挣扎,对繁华逝去的伤感叹息,有一种屋漏偏遭连夜雨的凄凉,让人总会生出一种荡气回肠的哀怜。此外,对《倾城之恋》我们同样可以做这样那样的多种研究。小说戏剧性浓厚,对话生动、尖锐、泼辣,极富性格,语言技巧圆熟,可以看出张爱玲对传统古典文学《红楼梦》《金瓶梅》小说吸收的一

面,其中又不乏对西方小说心理描写借鉴的地方。每当读到《倾城之恋》时,总会让人联想到美国小说的《飘》。从某种程度上说,《倾城之恋》是中国版的《飘》(《乱世佳人》),仿佛荒凉原野上盛开的一朵红玫瑰。但在篇幅上,《倾城之恋》却是一部短篇小说的篇幅,主题思想上,几乎是异曲同工。古老家族的衰败,新式生活的建立,又处处感到茫然。乱世之中,唯有婚姻的港湾给人心灵的寄托。这也许是悲凉中透出的一丝光亮的色彩,是张爱玲充满蓝色情调小说中最出彩的地方,也是张氏人生观使然。张爱玲小说中传统的白描手法与西方小说心理与情景的再现有机结合,构成了小说的独特风格,这是张爱玲艺术魅力之处,也是她获得广泛研究的原因。就整部小说来分析,她应属于感觉派小说,她对声音、色彩的把握,让人对她的艺术匠心格外钦佩。细腻的心理、情感描绘,让人时常拍案叫绝。泼辣对话,优美的景物描绘,确实不同凡响,在徐缓有致的叙事下,犹如小提琴拉出的苍凉故事。

《倾城之恋》故事并不复杂,讲述破落户白家六小姐流苏与华侨商人范柳原由追逐爱情的游戏到最后结为连理的故事。故事发生在1940年香港沦陷前后,即太平洋战争爆发,日本大举入侵香港。故事在上海与香港两地展开。白流苏在经历了一场失败的婚姻之后,回到娘家又遭到来自妯娌之间的冷嘲热讽,把她回娘家视为一种拖累。白流苏为了尽快逃离令她不快的白公

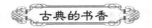

馆,在徐太太的安排下,来到香港,与华侨商人范柳原开始了交往。两个精明的男女开始了一场爱情的攻防战。白流苏希望获得牢固的婚约,范柳原并不想被婚约所锁住。眼看白流苏败下阵来,成了范的情妇,住着大房子,有佣人照管着生活,吃穿用不用愁。一场战争却让原不打算结婚的范柳原终于和白流苏登报宣布结婚,为这场残缺的爱情画上了一个圆满的句号。对范柳原来说,他再也没有放不下的了;对白流苏来说,这是来之不易的幸福。《倾城之恋》表达的就是香港沦陷后的一场爱恋,两个男女在经历了感情上的一波三折后,有了一个完美结局,为故事涂上了一层喜剧的色彩。

我们不应该用道学家的眼光去评判谁是谁非,对书中人物既可以这样理解也可以那样理解,这都是见仁见智的事情。《倾城之恋》不仅仅是故事吸引着我们,更重要的是小说提供美学与艺术匠心才是最值得称道的。因为它是一个精致的艺术品。

城外的人想进去，城内的人想出来

——钱锺书的《围城》

喜欢卓别林电影的人，一定会对《围城》刮目相看，因为卓别林电影的幽默、滑稽、讽刺艺术，在《围城》一书中均有细致、生动的反映。《围城》是写人生的，着重于人生困境的描绘，是一部名垂文学史册的杰作。作者将人物放在抗战背景下广泛地加以描绘，通过方鸿渐留学归来，在岳父的银行里任职，爱上了同学苏文纨的表妹唐晓芙，不曾料想暗恋着方鸿渐的苏文纨一气之下将他们俩的好事拆散，来了个棒打鸳鸯散。于是方鸿渐决心离开银行，和一班同事来到"三闾大学"执教。谁知周围的同事也是钩心斗角，相互排挤。方鸿渐对学校生活也渐生厌倦，学校也趁机解除了方鸿渐的聘约，方鸿渐只好动身回上海。而此时他，更加感受到人生的茫然，事业上毫无成就，爱情上空空如也，身边却意外地多了一个妻子。家里介入，两位新人的争吵，最后妻子也离开他愤而出走，方鸿渐独自一人回到他冷清的家中，对度过的人生感慨万千，忽然间他想起了苏文纨对他说过的一句话，恋爱是一座城，外面的人想进去，里面的人想出来。婚姻是如此，事业也是如此。方鸿渐满怀希望地进城，又满怀失望地出城。进城、出城，构成了他的人生。全书用一种满含哲理的思想，概括了令人印象深刻的主题。

小说没有英雄，没有惊世骇俗之举，全是庸庸碌碌着眼于追求个人名利的知识分子的群体肖像。读这部书时要耐着性子，小说节奏缓慢，不像传奇小说有令人屏住呼吸的惊人情节，但现实人生问题处处令人思考。小说的语言是一种学者型的幽默、诙谐，全书妙语如珠，各种新奇比喻，俯拾即是。它是一幅凝重的油画，有时又表现出山水画的韵致。小说对人物心理的刻画也生动细腻，读者很容易感受到作者描写的深刻性、真实性。

有人说这部小说是一部新儒林外史，这看起来倒是有几分像。作者对小说中士林形象确实做了深入骨髓、穷形尽相的描绘。在他们表面清高、恃才傲物、不可一世的衣装下，却流露出与世俗思想如出辙的寒碜相。作者对他们的矫揉造作又酸腐迂阔的心理进行了无情的嘲笑、讽刺。对冷峻的现实、残酷的人生做了一番颇有调侃意味的针砭。整个故事笼罩在一层轻松的幽默之中，使人在诙谐中感受到人生的无奈。

读完全书，有一种轻喜剧的色彩在里面。《围城》以极其幽默、诙谐的笔调，对儒林人物生活做了细腻描绘，再现了他们在情场、名利场的相互倾轧、钩心斗角，反映了他们自私自利的市民心态。

《围城》的作者钱锺书，一生主要从事学术研究，这是他唯一的小说。虽曾还想写另一部题材小说，最终还是无疾而终，以后也无心情专心此途。这部作品给他带来意想不到的声誉，人们是通过他的小说认识他的。

钱锺书，字默存，1910 年生于江苏无锡的书香门第。19 岁被清华大学破格录取。他博览群书，狷介傲狂。既不把父亲放在眼里，也挑剔朱自清、冯友兰的学问。放言"整个清华，没有一个教授有资格充当钱某导师"。率性无忌，表现了钱锺书较少世故的浸染，有一种遗世独立的孤傲，这常常是一些有才气之人不肯流俗的表现。清华大学毕业后，他来到光华大学。1935 年夏，与清华大学的同学杨绛女士在无锡结婚。婚后不久，相伴前往英国牛津大学深造。1938 年，钱锺书夫妇携女回国，执教于西南联大、国立蓝田师范学院和上海暨南大学。出版散文集《人、兽、鬼》，长篇小说《围城》，诗学著作《谈艺录》等。新中国成立后，钱锺书重返清华大学外文系任教，后转入

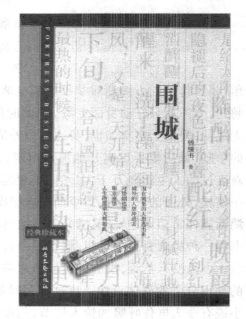

中国科学院文学研究所。1950年,主持编译了《毛泽东选集》英译本。"文革"中,钱锺书受到冲击,仍然保持坚定的立场、不屈服的个性。"文革"后,闭门谢客,潜心学术,出版了《管锥篇》《七缀集》等。1998年病逝北京。

钱锺书学贯中西,掌握多种语言,著作等身,治学严谨。从他所写的长篇小说中,我们也深刻地领会到钱锺书是一个幽默、诙谐的人,时常妙语连珠。小说《围城》1940年代出版,就以犀利、幽默语言震惊文坛。新中国成立后,一度销声匿迹,在文学史上也成了被人遗忘的角落。1961年,美籍华人、著名文艺批评家夏志清在其所著的《中国现代小说史》中,对《围城》给予了高度评价。1980年代国内出现了一股"《围城》热",从此研究著作不断涌现。《围城》获得学术界的高度评价,在文学史上有了它的经典地位。

钱锺书在《围城》初版序中说:"在这本书里,我想写现代中国某一部分社会,某一类人物,写这类人物。我没忘记他们是人类,只是人类,具有无毛两足动物的基本根性。"我想,这也是钱锺书《围城》以深刻描写社会与人生而获得不朽的文学价值所在。

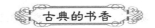

一代伟人的诗性情怀

——《毛泽东诗词全编》

以恢宏的气势,古典诗词的形式,抒发革命时代的峥嵘岁月和个人的宽阔情怀,是中华人民共和国的缔造者,中国共产党第一代开国领袖毛泽东的光辉诗篇。诗中洋溢着革命的现实主义和浪漫主义风格,抒发了所向无敌的英雄气概。诗词中,有对古典典故信手拈来的运用,有对诗词意境的开拓。他用新的生活与内容,将旧曲翻新调,创作出大气磅礴的诗词,从而构成了毛泽东诗词主要艺术特色。那种在风雨如晦的艰难日子里,始终保持乐观向上的精神风貌,成为最打动人心并给人以坚定信念的力量。从毛泽东辉煌的一生来看,他是一位伟大的思想家、革命家、政治家、军事家。从他的这些诗词来看,不愧为一位用古典诗词弹奏新的美学意境和时代新声的伟大诗人。

毛泽东,字润之,笔名子任。1893 年 12 月 26 日生于湖南湘潭韶山的富裕农民家庭。1902 年被父亲毛顺生送入私塾接受中国传统文化教育。1910 年毛泽东违背了父亲要他成为商人的意愿,去湘乡县东山小学堂读书,第二年进入省中学读书。1912 年以第一名成绩考入湖南省高等中学,但没过多久,他对课程感到失望,独自在省图书馆自学。其父得知后,断绝了给他的生活费。1913 年春,毛泽东又重新入学,进入一所不收学费而伙食便宜的第四师范学校(该校后来与第一师范合并)。在这所学校里,毛泽东结识了恩师杨昌济(毛泽东的岳父),同学和好友蔡和森、萧子升。1918 年毛泽东和蔡和森创办了新民学会。同年 8 月来到北京,在北京大学图书馆工作,接受各种新思想的影响,特别是马克思主义思想的影响。1917 年创办《湘江评论》。1921 年加入中国共产党。同年出席了中国共产党第一次代表大会,成为中国共产党的创始人。1935年遵义会议后,确立了毛泽东在全党的中心地位,毛泽东成为中国共产党的核心领导人和军事指挥家,中国革命事业的杰出领袖。经过28年国内艰苦卓绝的革命斗争,终于赶走了日本帝国主义,推翻了蒋家王朝,建立了由人民当家做主的新中国。1949年后,毛泽东一直是党、国家、军队最高领袖和统帅,领导中国人民开始了社会主义建设的新高潮,使中国由一个贫穷的农业国转变为初步工业化的国家。1976年9月9日逝世。执政41年。

毛泽东一生是革命的一生,战斗的一生,为中国革命和建设事业建立丰功伟绩的一生。他在革命与建设生涯中,利用戎马倥偬和工作之余,兴致所至,激情满怀,写下了许多动人的诗篇,抒发了革命豪情,集中反映了他胸怀革命,心忧天下的凌云壮志,成为中国文化事业一笔宝贵的精神财富。

毛泽东一生共赋诗作词75首,《毛泽东诗词全编》按正编42首、副编27首、辑佚6首、附录进行编辑。正编收录了毛泽东生前同意发表并亲自修订的诗词,按时间顺序进行编排。对每首诗词都做了注释、简评、和小考。副编主要收录了散见于各报刊、书籍中毛泽东的诗作,绝大多数曾多次被引用。个别不同的地方,在注释中均有注明。同样按时间进行编排。每首有题解、注释。辑佚收录了有根据的毛泽东仿作与改作或尚存异说的诗词作品。仅以题解略加说明。

附录收录内容有四:一、毛泽东同志关于诗的七封信;二、外文出版社关于《毛泽东诗词》中几个难点的调查、讨论结果;三、外文出版社关于《毛泽东诗词》中若干理解和译法问题的讨论意见;四、参考书目。

毛泽东生前对古典诗词下过一番功夫。诗中,他自认为比较喜欢"三李",即李白、李贺、李商隐。从他写得最有气势的两首《七律·长征》和《七律·人民解放军占领南京》来看,此言不虚。他的诗与词比较而言,词做得更好一点,含蓄、蕴藉,立意高远,内容充实,形象鲜明。他的婉约词可能受李煜、柳永的影响,豪放词可能受辛弃疾的影响。毛泽东诗词的特点是写景抒情，托物言志。写作视点常常是登高眺远，景象点染，由景生情，由情抒怀，心游八极，纵论古今，可称得上"气吞万里如虎"。他的诗词有对现实景观的描绘，也有富有想象的神话色彩景观的渲染。艺术手法则多种多样，比兴、夸张、拟人、骈句都有应用，最常用的是比兴手法。他写的爱情词不是很多，全书共有3篇，但这3篇也写得情深意长，透着淡淡的忧伤，艺术表现力非常强。以反映革命斗争的军旅生活题材毛泽东写得最多。秋天，通常是毛泽东创作诗词最旺盛的季节。秋高气爽，思维活跃，灵感喷涌，那些最动人的

历史时刻，常常使毛泽东激情四溢，创作思想高涨，许多诗句在脑子里似乎不请自来，经过反复吟咏之后，最后化为意境鲜明的诗词。许多诗词都有深刻的寓意，饱含着哲理，却用最形象的句子表现出来，让读者回味无穷，引起深刻思考。这是他艺术高明之处，言有尽而意无穷。下面选十几首最优美的诗词欣赏一下：

《虞美人·赠杨开慧》

堆来枕上愁何状，江海翻波浪。夜来天色怎难明，无奈披衣起坐薄寒中。

晓来百念皆灰烬，倦极身无凭。一钩残月向西流，对此不抛泪眼也无由。

《贺新郎》

挥手从兹去。更那堪凄然相向，苦情重诉。眼角眉梢都是恨，热泪欲零还住。知误会前番书语。过眼滔滔云共雾，算人间知己吾和汝。人有病，天知否？

今朝霜重东门路，照横塘半天残月，凄清如许。汽笛一声肠已断，从

此天涯孤旅。凭割断愁丝恨缕。要似昆仑崩绝壁，又恰像台风扫寰宇。重比翼，和云翥。

这是毛泽东与杨开慧 1923 年临别前夕写给杨开慧的一首词。词明显受到柳永《雨霖铃》的影响，哀婉凄切，缠绵悱恻。"人有病，天知否？"句似应理解为：人间有疾苦，天又怎么会知道？

《沁园春·长沙》

独立寒秋，湘江北去，橘子洲头。看万山红遍，层林尽染；漫江碧透，百舸争流，鹰击长空，鱼翔浅底，万类霜天竞自由。怅寥廓，问苍茫大地，谁主沉浮？

携来百侣曾游。忆往昔峥嵘岁月稠。恰同学少年，风华正茂；书生意气，挥斥方遒。指点江山，激扬文字，粪土当年万户侯。曾记否，到中流击水，浪遏飞舟？

从写法来看，也是受了柳永的影响。柳永常常以白描手法写景，然后由景引出回忆。此词不同柳永之处是透着一股逼人的豪气。最后一句的理解应为比喻，用"浪遏飞舟"比喻"中流击水"，即与风浪搏击的情景。

《菩萨蛮·黄鹤楼》

茫茫九派流中国，沉沉一线穿南北。烟雨莽苍苍，龟蛇锁大江。黄鹤知何去？剩有游人处。把酒酹滔滔，心潮逐浪高！

这首词作于 1927 年大革命失败之后，毛泽东此时心情异常苦闷，对中国革命的前景表现出担忧。因此整个调子低沉，但并不消极。从最后一句来看，他对死难的战友表现了怀念外，还盼望着革命运动会继续兴起，并逐步高涨。

《西江月·井冈山》

山下旌旗在望，山头鼓角相闻。敌军围困万千重，我自岿然不动。早已森严壁垒，更加众志成城。黄洋界上炮声隆，报道敌军宵遁。

《忆秦娥·娄山关》

西风烈，长空雁叫霜晨月。霜晨月，马蹄声碎，喇叭声咽。

雄关漫道真如铁，而今迈步从头越。从头越，苍山似海，残阳如血。

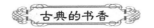

此词作于1935年遵义会议后,再次回师娄山关,夺取娄山关关隘。全词没有正面描写娄山关战役,而是通过写景,着重写声音,来表现取得娄山关胜利后的豪情。全词苍凉激越,有辛弃疾的词风。特别是"雄关漫道真如铁,而今迈步从头越"给人以豪迈而富哲理的情思。

《七律·长征》

红军不怕远征难,万水千山只等闲。五岭逶迤腾细浪,乌蒙磅礴走泥丸。
金沙水拍云崖暖,大渡桥横铁锁寒。更喜岷山千里雪,三军过后尽开颜。

此诗叙事抒情,对长征征途进行了概括性的描写,赞颂了红军不怕困难、百折不挠的意志和精神。其中"云崖暖"与"铁锁寒"是一种对比写法,是因为"铁锁寒"从而相对来说就有"云崖暖"的感觉,是以人的感觉上"水暖铁寒"为依归的。

《沁园春·雪》

北国风光,千里冰封,万里雪飘。望长城内外,惟余莽莽;大河上下,顿失滔滔。山舞银蛇,原驰蜡象,欲与天公试比高。须晴日,看红装素裹,分外妖娆。
江山如此多娇,引无数英雄竞折腰。惜秦皇汉武,略输文采;唐宗宋祖,稍逊风骚。一代天骄,成吉思汗,只识弯弓射大雕。俱往矣,数风流人物,还看今朝。

此词作于1936年2月,正是红军挺进华北,开赴抗日前线的主战场,在陕北袁家沟高杰村宿营时,晚遇天降大雪,第二天早晨踏雪前进,毛泽东感触良多,于是挥毫写下了这首词。上阕全是写景,描写北国雪景,黄河封冻的景象。下阕抒怀,纵古论今,选择了历史上最杰出帝王加以评说,认为他们有的武功盖世,有的在治国理政方面有这样那样的欠缺,因为是诗,不可能具体说明。但毛泽东把未来发展的希望寄托在中国共产党人的身上。全词描写生动,议论风趣,豪气冲天,奔放有力。

《七律·和柳亚子先生》

饮茶粤海未能忘,索句渝州叶正黄。三十一年还旧国,落花时节读华章。
牢骚太盛防肠断,风物长宜放眼量。莫道昆明池水浅,观鱼胜过富春江。

此诗一方面叙旧,一方面赞美对方的才华,同时对老朋友进行推心置腹的规劝。

《浪淘沙·北戴河》

大雨落幽燕,白浪滔天,秦皇岛外打鱼船。一片汪洋都不见,知向谁边?

往事越千年,魏武挥鞭,东临碣石有遗篇。萧瑟秋风今又是,换了人间。

此词原来争议最大的是对"打鱼船"的理解。显然景中没有"鱼船",毛泽东却发出了"鱼船"在哪的疑问,这是对渔民生活的关心和惦记,没有其他的意思。从这一点出发,表现出领袖对民生的关心。

《水调歌头·游泳》

才饮长沙水,又食武昌鱼。万里长江横渡,极目楚天舒。不管风吹浪打,胜似闲庭信步,今日得宽馀。子在川上曰:逝者如斯夫!

风樯动,龟蛇静,起宏图。一桥飞架南北,天堑变通途。更立西江石壁,截断巫山云雨,高峡出平湖。神女应无恙,当惊世界殊。

此词写游泳,但却生发开去,集中赞美长江大桥的建成,造福广大的人民。全词离不开一个"水"字。通过游泳观景,引出大桥的建成,表现无比喜悦的心情。

《蝶恋花·答李淑一》

我失骄杨君失柳,杨柳轻飏直上重霄九。问讯吴刚何所有,吴刚捧出桂花酒。

寂寞嫦娥舒广袖,万里长空且为忠魂舞。忽报人间曾伏虎,泪飞顿作倾盆雨。

这是毛泽东最富浪漫主义色彩的词。全词通过神话故事展开联想。是怀人之作。

《卜算子·咏梅》

风雨送春归,飞雪迎春到。已是悬崖百丈冰,犹有花枝俏。

俏也不争春,只把春来报。待到山花烂漫时,她在丛中笑。

这是一首托物言志的词。将梅花拟人化,赞美梅花迎霜斗艳的精神。

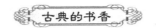
探索人生的真谛

——池莉的《所以》

跳出传统小说的叙事模式，进入人物内心世界，自中国"文革"结束以后，许多作家都加入了这个行列，并进行了许多成功探索，不乏杰作涌现。王蒙的《蝴蝶》、张贤亮的《绿化树》、张抗抗的《北极光》，都可以说是"文革"后涌现具有一定影响力的作品。他们的共同特征就是大量采用内心独白的意识流写作方法。池莉以她特有的敏锐感受方式，尖锐、泼辣的叙事风格，简洁、灵动、精致的语言，大量内心独白的意识流手法，在文坛上独树一帜，大放异彩，获得了广大读者的好评与评论界的啧啧称赞。从 1978 年她的新诗获得发表，到 1981 年小说出版，她开始作为一颗文学新星引人注目。等到她写出《烦恼人生》这样一部奠定其文学地位的小说之后，她已成了一名专业作家，被某些评论家论定为"新写实小说"。但池莉小说不是纪实文学，尽管她的小说大多都有一个真实的生活背景，具有生活真实的元素。池莉是坦率的，她的小说没有丝毫的虚伪与做作；她的笔是锋利的，能够深入人的灵魂深处，将人们内心隐秘而又真实的思想和盘托出。她完全忠实于对现实客观的原则，没有对她笔下的人物进行假清高的粉饰，她说出了许多人心里想说又说不出的贴心话，所以她拥有了一大批读者群。她的作品非常畅销，许多读者将她视为知心大姐。但仅凭这些还是不够的，最重要的是她小说时代气息浓郁，表现了都市生活复杂多棱镜色彩，对人物内心细腻描写，语言简洁明快而又线条简约，三言两语能将人物感情与精神恰到好处地表现出来，描写人物特征非常准确，从而形成了池莉独有的个人艺术风格,使她在当代文坛上成为一颗耀眼的明星,理应在文学史上占据一个重要的位置。

池莉,1957年生于湖北,她的出生可以说是生不逢时,经历了三年自然灾害和一连串的政治运动。十年"文革"使她的学业荒废,她的家庭也因政治牵连很不走运。这些使她内心闭锁,孤独伤感。爱好文学成了她的宗教,并成了她终生不渝的追求。在偷读了大量在当时视为禁书的中外文学名著后开始写作,记日记,将内心压抑、孤独痛苦以及对人生的追求宣泄于笔端。高中毕业就匆忙逃离家庭,到广阔农村去呼吸自由空气。由于她和贫下中农关系处理很好,经推荐,成为农村小学的代课老师。两年后,也就是1976年就读于冶金医学院(现武汉科技大学医学院)。毕业后分配到武钢职业卫生防疫站当了五年流行病医生。在学校期间就开始写作诗歌、散文。1983年就读武汉大学中文系,毕业后任《芳草》杂志社编辑。1990年她作为专业作家调入武汉文学院,1995年出任该院院长。2000年任武汉市文联主席,并当选第九届人大代表。2007年当选为湖北省文联副主席,武汉大学第五届杰出校友。现为中国作家协会会员。

从1979年发表作品至今,已出版《池莉文集》七卷,包括她的一系列短、中、长篇小说和大量的散文。读了她的散文之后,发现她的散文写得也很有特点,气势奔放,自由、灵活,语言鲜明、幽默、富有诗意。侃侃而谈,滔滔不绝。有的写得雅致、婉约,文采斐然。文笔显得老练、成熟、清新、流畅,是当代散文领域不容忽视的一道风景线。当然,她的主要文学成就还是在小说领域,先后捧走全国各种文学奖项50余项,有多部小说被改编成电影、电视,拥有众多的观众。许多文学作品被译成了各种文字译本。

《烦恼人生》使池莉受到文坛关注的小说。当然这部小说以今天的眼光看,还有许多不成熟之处,但初步奠定了池莉的写作风格。即从现实中取材,将现实中人物经过艺术提炼上升为具有一定戏剧性情节的故事和感人至深的艺术形象。《烦恼人生》通过对普通人物印家厚一天的经历,写尽了印家厚人生中的酸甜苦辣。

《不谈爱情》可以说是池莉中篇小说中的一篇杰作。构思精巧,叙事简洁,文字精练。通过倒叙手法,使小说情节波澜起伏,悬念迭出,引人入胜。标题为《不谈爱情》,但全书写的却是庄建非与吉玲的恋爱、婚姻与家庭故事。这部小说显示了池莉喜剧性处理题材的风格。

《来来往往》是池莉长篇小说的一部力作。小说从1976年"文革"结束后的最后一年，一直写到 1997 年的香港回归近十年内发生在康伟业人生经历中的各种事件，再现了复杂的人际关系和康伟业的爱情、事业和家庭的方方面面。是一部全方位、多视角透视人的心灵、情感与追求的杰作。

但最能体现池莉创作水平的是她近期创作的块头较大的长篇小说《所以》。整部小说 21 万字。初次拿到这本小说，就会对作者的书名迷惑不解，起这样怪的书名小说确实少见。作者起这样书名写的究竟是些什么内容，表达的主题是什么？当你读完全书后，才能真正领会作者意图，就会有一种恍然大悟感。甚至于会为作者的起名拍案叫绝。"所以"是一个表达因果关系的连词，既是指"原因"又是指"结果"。它如一长串珠子，将主人公人生连结起来。实际是主人公生命对生活的表达，一种复杂的思绪，对生活的体验。作者实际表达的是主人公叶紫的人生追寻，对事业、爱情和婚姻的追求。主要写了她与三个男人的失败的爱情与婚姻。内中原因则不一而足。她是作者体验最深感悟最多一部用心血凝成的小说。书中有池莉对人生、社会、世情的洞悉，同时小说也表现了池莉一贯风格，精致、灵动、简洁的叙事，语言运用得炉火纯青，线条的简明生动，用第一人称"我"的视角，将人物内心世界、独特情感、鲜明性格，描写得淋漓尽致，有一种水墨画的淡雅清新风格，无处不显示一个女性所独有的温柔心性、细腻情感、敏锐意识，以及内心复杂的矛盾，爱恨的交织。

《所以》可以说是一部带有池莉自传色彩的小说，所以它给人一种真实亲切感受。这是一部被改头换面了的自传，是作者的一部心灵成长史。

小说主要故事是这样的：

叶紫从小生活在彭刘杨路的为民巷，上有哥哥，下有妹妹，在家不受重视，落落寡合，连名字都是小何民警给起的。"文革"中父母受到冲击，将怨气都发在了她的身上。直到"文革"结束后，父母才将他们的爱平均分配给了三个子女，全家在欢笑声中看了一场电影《虎口脱险》。从小没有得到家庭温暖的叶紫,将全部热情投入学习,希望博得老师的喜欢,同学们的尊敬。她功课出类拔萃,转眼读完了小学、初中、高中,并以高分考入了武汉大学。很快四年大学即将过去,在临近毕业的前夕,叶紫意外地患了重感冒,感冒好后惊喜地发现自己变成了美女,并在游泳池中和地质大学的英俊男生关惇一见钟情。叶紫背着家人与关惇私订终生,领取了结婚证。毕业分配下来了,关惇如愿以偿地被分配在了武汉,叶紫却被分配到了孝感县城。关叶在一起的梦破灭了。叶紫万般无奈去了县城,却意外发现深爱的人徒有其表,文化程度差。在叶紫的一番奚落下,两人解除了婚约。为了回城,叶紫经人介绍,和团级军官在武汉工作的禹宏宽认识。约会三次,双方感情没有丝毫进展。第四次约会,叶感冒终于让禹有了献殷勤的机会,当两人单独在一起时,禹终于得以一亲芳泽,并上叶家的门求亲。这样,叶调入了武汉,在文化馆工作。华林筹拍剧本《浮沉》,暂时租借文化馆的招待所,和叶紫有了接触,他请求叶帮助修改剧本,结果片子送中央电视台播映红了,令全剧组兴奋不已,当晚点起篝火,狂欢庆祝,叶紫多喝了一点酒,在半醉中,与华林发生了男女关系。此事被禹得知后一顿毒打,这样叶禹最后分手,历经磨难的华叶在一贫如洗的情况下结为了连理,并生下儿子。然而两人的婚姻在维持了十三年后,终因华的再次偷情而结束。令叶紫欣慰的是她写的剧本《玫瑰梦》经过多次挫折,终于进京上演,被中央电视台录制了节目,改编成电视连续剧,获文化部大奖。

　　《所以》这部小说,是池莉小说发展的一块丰碑。池莉本人也是攒足了劲,确实取得了许多令人称道的成果,堪称当代文学杰作。首先池莉小说都有一个真实的生活背景,大部分发生在武汉这样的大都市,地域色彩浓郁。小说紧扣发生故事的时代,具有鲜明时代特点。政治对社会生活影响与时代变迁,经济在个人生活中的作用,形成了极其丰富的内涵;其次,对人性的深层挖掘,对社会关系有力揭示,冷静客观地处理笔下的人物与事件,都显示了超群拔萃的杰出才华。此外这部小说艺术特点也不同凡响,运用了许多现代小说的艺术技巧,采取内心独白方式来揭示主人公秘而不宣的心路历程,意识流的手法大胆采用,通过意识的散点辐射来表现主人公复杂的思想感情,从横向联系方式引出许多故事情节。当然从纵向来看,书中主人公叶紫仍然是以她的人生经历时序展开故事的主线。通过这种纵横交错的结构,立体呈现出叶紫个人成长经历。她对社会认识,她的人际交往,她的爱情纠缠,她的人生追求,全部融入一部具有多方面价值的杰作中。

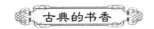

讲述西方宗教文化的故事

——名画全彩版的《圣经故事》

没有一部书籍能像《圣经》那样广泛地影响着人类如此众多群体的思想感情、思维方式、价值取向和行为模式。尽管我们今天的科技已经非常发达，关于宇宙的起源与演变也有了比较科学的解释。但《圣经》对人们的影响却丝毫也没有削弱，显然，《圣经》对人类生活的影响是有历史积淀在其中的。今天的宗教民族分歧不断地化成兵戎相见的干戈，许多人在民族矛盾中丧身，这都可以追溯到早期民族历史分歧矛盾在其中所起的作用。因此，《圣经》是一部重要的不可忽视的文化典籍。读它的意义已经远远超出了它仅仅是希伯来人的教义和基督教的经典这样一个宗教教义的意义。

《圣经》是一部关于犹太教的经典，产生于中东的希伯来这个地区。由《旧约》与《新约》组成。《旧约》中包含了希伯来的神话传说、历史故事和文学作品的汇集，共计 39 卷，内容十分丰富，几乎包括了犹太教及其邻近民族自公元前 12 世纪至公元 2 世纪在民间流传的口头和文字的重要资料。分成《律法书》《先知书》和《圣著》

《律法书》包括《创世纪》《出埃及记》。第五卷又称"摩西五经"。

《旧约》除了许多有关上帝耶和华的言论、教义外，主要是关于中东地区各民族存留下来的民间传说、神话故事、训诫律令、人物传记和文学作品，有诗歌、谚语和小说等。

《新约》有 27 卷,是基督教的经典,记录了耶稣及其门徒的作品。主要作者为圣·保罗。和《旧约》最大的不同之处是,《旧约》完全用希伯来文写成,而《新约》却是用希腊文写成。《新约》成书于公元 1 世纪—4 世纪。所有的神学思想均出自《旧约》,从这一点可以看出《旧约》远比《新约》重要。

《新约》按内容分成《福音书》《使徒门传》《使徒书信》《启示录》四部分。《福音书》记录公元前 1 世纪有关巴勒斯坦的耶稣的生平及其事迹;《使徒门传》记录耶稣受难后门徒们的活动;《使徒书信》由耶稣门徒宣传、解释基督神学思想;《启示录》则预言上帝终将战胜邪恶,实现末日的审判,给世界重新带去光明。

《圣经》对西方的文明的影响无处不在。政治、经济、文学艺术等,深受《圣经》的巨大影响。通读一遍《圣经》需要大量的宝贵时间,大多数人只是想了解《圣经》的重要内容与思想,而《圣经故事》这部书正好可以满足读者这方面的要求。所以我在此向大家推荐洪佩奇、洪叶编著的一部图文并茂的《圣经故事》。这是迄今我看到的一本配有大量世界名画插图版本的《圣经故事》。洪佩奇 20 余年从事绘画及其研究工作,在他留学法国的女儿洪叶帮助下,从多方面搜集了数以千计的精美圣经故事图画,编成了这本彩图版的《圣经故事》。《圣经故事》直接取材于《圣经》,为了保持《圣经》原著的权威性,未对原著进行简单改写,而是尽量采用与原中文译本《圣经》相一致的文字。通过这样一部别具一格全彩图的《圣经故事》,既让我们欣赏到了精美的世界名画,又让我们读到了许多引人入胜的故事,对西方的基督教有了更深入的理解,真是好处多多!

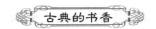

西方文化的民族历史记忆

——斯威布的《希腊的神话和传说》

　　每个民族都有自己的伟大传说与神话,西方文化也不例外。西方文化的源头活水来自希腊文化。而希腊原始氏族发展阶段,也产生了许多有关希腊英雄的神话与传说,成为最早的民间口语文学,滋润西方文学艺术的发展。荷马的史诗,希腊的悲剧等素材,以及西方绘画与音乐中的许多题材,都可以说是直接导源于这些神话与传说。一般读者很难全部读完这些史诗与悲剧,而通过阅读《希腊的神话和传说》,可以大致了解其主要内容。该书最大特点就是用通俗易懂、妙趣横生的

文笔,向我们讲述这些神话与传说,帮助我们更好地了解西方文化。

　　和许多神话与传说产生一样,原始的先民们在建立文化之初,都有过难以想象的艰难发展历程,惊惧于自然力的和煦与恐怖,以及给他们生产与生活带来的一系列变化。于是原始的宗教伴随着这些神话与传说形成了,通过一种幻想的方式,用以支撑他们的精神世界,自然神化成了他们眼中的人格神,英雄的业绩成为他们战胜困难的勇气的来源。

　　这些神话与传说产生于公元前 8 世纪,通过艺术与哲理的方式,反映了氏族发展阶段各个时期的不同特点,真假掺半,今天要从中分出哪些是真实哪些为虚构并非易事。原始社会,在极其落后的生产方式条件下,生产率极其低下,个人只有依靠集体力量才能战胜来自自然与野兽的侵袭,获得自

保。于是英雄与英雄崇拜产生了,成为供奉在奥林匹斯山上的众神,激励先民与自然勇敢斗争。

伴随文明曙光的来临,这些英雄也渐渐淡出舞台,但作为丰富的民间文学遗产却世代相传,作为那个时代的生动记录留存至今,成为研究的重要资料。那些被创造出来的英雄形象,表现了人类童年时代的社会风貌,其自尊、公正、刚强和勇敢的优良品格散发着永恒的魅力。

《希腊的神话和传说》取材广泛,将那些前后矛盾而又凌乱不堪的资料编织成前后连贯、故事生动的完整系列,这对于只想粗略了解希腊神话与传说内容的读者是最适宜不过的版本。

西方文学最著名的"英雄史诗"

——荷马的《伊利亚特》

荷马史诗在西方家喻户晓,对西方文学产生了重大影响,被誉为西方文学的"圣经"。

荷马是否真有其人,至今仍是一个谜,我们至今对他的生平事迹知之甚少。传说荷马生于公元前 8 世纪,是一位失明的吟游诗人。他怀抱七弦琴,穿梭于希腊的城邦,吟唱希腊英雄们的动人故事。相传希腊两部伟大的史诗《伊利亚特》和《奥德赛》就是出自荷马之手。但这两部史诗风格却非常不统一,很难说是出自一人之手,从而引起很大争议。这两部史诗有可能为荷马所作,也有可能为民间创作后经文人加工润色而成。

《伊利亚特》比《奥德赛》更精彩动人,有的评论为男性的颂歌。传说特洛伊王子帕里斯,在爱神阿弗洛狄特的帮助下,诱骗斯巴达国王墨奈劳斯的妻子海伦到特洛伊城,蒙羞的墨奈劳斯向迈锡尼的哥哥阿伽门农求救。于是阿伽门农统帅 10 万希腊大军,分乘千艘战船,越过爱琴海,兵临特洛伊城。为了海伦,希腊人与特洛伊人发生旷日持久的 10 年争战。《伊利亚特》全诗以描写希腊人与特洛伊人双方交战的最后 10 年的 51 天的故事。

希腊英雄阿基琉斯因与特洛伊的战将阿加门农为争夺一个女俘发生争执,受辱的阿基琉斯愤而退出战斗,希腊人因失去主帅而节节败退。阿伽门农向阿基琉斯求和遭到拒绝。阿基琉斯的密友帕特克里斯戴着阿基琉斯的头盔披挂出征,打退了特洛伊人的进攻,却被赫克托尔刺死。悲痛欲绝的阿基琉斯向赫克托尔发出挑战,并将赫克托尔杀死,将尸体绑在战车上带回营寨。特洛伊国王普里阿摩斯到阿基琉斯的营帐赎回儿子的尸首,双方分别为帕特罗克洛斯和赫克托尔举行了隆重的葬礼,并休战 12 天。

战争远未结束,特洛伊人发誓要报仇雪恨。帕里斯掌握了阿基琉斯致命的弱点,用暗箭射死了阿基琉斯,他也被希腊神箭手射死。最后,奥德修斯用木马计攻陷特洛伊城,结束了全部战争。

《伊利亚特》全诗以英雄与美人为主题演绎出一曲氏族大战的壮歌。用充满激情的文笔歌颂了英雄们的业绩、勇敢和为了荣誉而好斗的性格。全诗有紧张、壮观的战争场面,充满血腥的战斗,英雄阿基琉斯性格的悲剧推动战争事态的发展。那种勇于斗争、无所畏惧的

【希】荷 马 著 陈中梅 译

伊利亚特

英雄性格,给人难以忘怀的印象。这是英雄的史诗,激情的史诗,形象丰满的史诗。全剧高潮迭起,战争线与情感线相互交织出最为绚丽的画卷,不愧为一部传颂久远的史诗。这样一部史诗,现已拍成壮观的电影,名叫《特洛伊》,倾倒无数的观众。

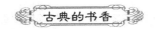

玄思妙想的哲学名著

——柏拉图的《理想国》

　　柏拉图,是西方哲学思想中最深邃最难解也是滋润西方哲学发展最长久的一位巨人,西方的许多思想都可以追溯到柏拉图思想的河床。在古希腊整个思想界,他的地位无人可及,是奥林匹斯山顶的最高峰。他远不像他的学生亚里士多德那么明晰、富有强而有力的实证力量。但他的想象力丰富,富有魅力,机智善辩,方法独特,在辩论中让你智穷力竭,显示出荒谬来。和柏拉图亲近,如同与一位高尚的智者谈话。他的著作全部由对话体写成,我们常人要弄懂柏拉图的全部思想并非易事,因为他的思想一直处在争论之中。当然,这并不能说我们不能去读柏拉图,尽管他是如此的难解。柏拉图是一座不能错过的山峰,只要我们稍稍亲近一下他,也会感到智力获得了一种超凡的提升,使你顿感心明眼亮,灵光四射。《理想国》是他哲学思想的高度总结,也体现了他的政治思想,是他最杰出的代表作。

　　柏拉图生于公元前 427 年,卒于公元前 347 年,享年 80 岁,也算是当时最长寿者之一。他出生于 5 月 21 日,据说和阿波罗为同一个生日。他原名阿里斯托克勒,因前额宽广,身材厚实,改称柏拉图。父亲阿里斯东的谱系可上溯至古雅典最后一个君主, 母亲佩里提妮是改革家梭伦的后代。柏拉图是名门的后裔,贵族家庭,受到良好的教育,很早就在文学和数学上展露出才华,但他最感兴趣的却是政治。20 岁时,柏拉图师从哲学家苏格拉底,苏格拉底的思想深刻地影响了柏拉图,并成了他的良师益友,柏拉图对他怀有深深的崇敬之情。公元前 399 年,苏格拉底因渎神和蛊惑青年的罪名被当局处死,柏拉图的精神受到极大刺激,不久离开雅典,到处漫游,到过地中海、小亚细亚沿岸的伊奥尼亚一带及意大利南部城邦。拜访过毕达哥拉斯学派。在长达 10 年海外游历中,广泛地接触了各地社会风俗及各派的哲学政治思想。

公元前 387 年,雅典走向衰微。面对日益动荡恶化的政局,柏拉图感到极度失望,决心继承苏格拉底的思想,开始对理想的国家制度进行研究。于是他回到雅典,创办了雅典学院,这可以说是西方最早培育人才的学校。免费授徒,通过数学、哲学、天文学、音乐的训练,为希腊城邦培养治国人才。这个学院后来成为学术中心。柏拉图放弃从政的念头,开始了著书讲学的生涯,直至生命的最后一息。

《理想国》是柏拉图关于理想状态的国家形式的抽象反映,是柏拉图理性思想的产物。在柏拉图看来,理想国家应是"正义、美德"的化身,因此,统治者应是由最具哲学思想的人来担任,即政治家应当成为哲学家。从法律角度来看,柏拉图思想有可取之处,当然也有理想化的地方,但作为寻找稳定的治国法则,则是柏拉图最具有价值的部分。我们不要误解柏拉图在脱离实际,事实上,柏拉图更强调学以致用,反对躲在象牙塔中读死书。他实际是在政治外壳里注入理性形式,这也许是柏拉图的本意。所以柏拉图思想很复杂,是最易被误解的一位,但并非说柏拉图思想是真理的本身。正如我们前面所说,柏拉图思想的不明晰常常成为争论的焦点。柏拉图骨子里并不像人们所认为的那样是一个唯心主义者,而是一个客观唯心主义者,从这个角度去理解,柏拉图思想才能渐渐明晰起来。

《理想国》将国家组织形式分为三个层次:统治者、军人、劳动者。分别代表着人类的三种品性:智慧、勇敢、欲望。他们各司其职,为社会提供最大快乐与服务。当然,这种划分过于简单,也太绝对,实际上这三种品性是每个人都应具有的,只是程度、偏重有所不同罢了。

第二部分围绕"哲学家"定义展开,并论述了哲学家品质。即掌握理性规

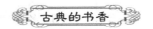

律的人,一个哲学家需要良好的教育才能培养成。为此,柏拉图展开了他关于如何才能成为哲学王的过程。

第三部分对各种实际存在的体制优缺点进行比较与讨论。贵族制、荣誉制、寡头制、民主制、暴君制等。

《理想国》既是柏拉图对未来政治制度最富有想象力的勾画,也是西方乌托邦思想来源的组成部分,既有合理的也有虚幻的。有很多是社会预言。他为未来社会发展框架中增添了许多砖石。成为人们努力接近的目标,他讨论的许多问题都有意义,有许多被人类付诸行动,这是我们不能用一般标准来评价柏拉图的原因。柏拉图代表着未来社会理想政治发展方向,是人类接近的目标。而不是全部实现的目标,这正是柏拉图政治学说被误解的地方。

《理想国》可以看成玄思妙想的杰作,我们不能理解为是现实政治逻辑的自然展开,而是未来政治的富有想象力的描绘。柏拉图的政治学说启迪人类的灵感,从这一点来认识,他是西方思想之源的地位牢不可破。

人是天生的政治动物

——亚里士多德的《政治学》

亚里士多德是最让人迷惑的人，几乎无人像他那样拥有那么多知性的力量。他的一生过着一种学究式生活，研究的领域十分广阔，从栖息于海洋中的生物到形而上学，无所不包，但他没有他的老师柏拉图有魅力。他想象力贫乏，一生都只追求精确知识，也就是我们感觉器官所能触及的知识。这虽然少了许多虚幻的成分，但并非就是真理本身。因为形而上学的根本错误就在于它是孤立、静止、片面地看待客观事物，而不是运动、发展、辩证地看待客观事物。因此，他的学说只是在一定条件下的相对的真理认识，而这往往为崇拜他的人所忽略的地方。

亚里士多德并不易亲近，他的著作艰涩，也有太多的迷宫，我们稍不注意就掉进他的逻辑怪圈。今天我们读到的著作，都是他的授课笔记。他是西方最大的形而上学集大成者，也是被誉为"百科全书"式的人物。他企图将那些支离破碎的知识结成一个完整系统，但始终未能成功。他缺乏完整、系统的方法论，这是我们应当注意的地方。但他影响了西方的科学研究却不容置疑。

亚里士多德生于公元前384年希腊的斯塔吉拉，此地为马其顿统治下的殖民城邦。其父是一名内科医生，为马其顿阿明塔的御医，也是要好的朋友。公元前367年，他来到雅典，就读于一所演说学校，后转入柏拉图学院，从事学习与研究达20年之久。柏拉图是他的老师，此时已60岁，他对亚里士多德也是推崇备至，视为得意门生。亚里士多德继承了柏拉图哲学思考方法。柏拉图去世后，亚里士多德因与学院继承人意见不合，于是离开了雅典，到小亚细亚漫

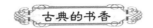

游了 5 年。受其父影响,转而对生物学和"实用科学"产生了兴趣并开始研究。公元前 342 年,他受到马其顿腓力的邀请担任亚历山大的老师。亚里士多德除了历史传奇引起亚历山大的兴趣外,其余学问均未引起亚历山大的注意。亚历山大继承王位后,第二年亚里士多德回到了雅典。在最后的 12 年间里,他创办了自己的学院吕昂学院。随着亚历山大对外军事扩张,征服了大片领土,并慷慨解囊资助他的学院(这是政府资助科研最早的先例)。此时亚里士多德的主要精力用于讲课和著书立说,写了很多著作,据说有 170 多部,不过有可能很多是他学生写的。他留存下来仅有 47 部,而其中很多是他的讲稿整理而成。可以这么说,他研究了他那个时代所有的知识领域,他的影响远远超出了希腊这个小小的城邦,在世界各地都有他的学说的传播。他和柏拉图都是世界上少有的影响最大的思想家之一,也是西方文化不可缺少的代表人物。

公元 323 年,亚历山大去世,反马其顿派掌握了政权,指控他犯有渎神罪。亚里士多德有感于 76 年前苏格拉底的悲惨命运,于是出逃雅典。几个月后,也就是前 322 年,亚里士多德在流亡中丧生,终年 62 岁。

亚里士多德的著作难读,大多数人很难对他的著作产生兴趣,但我们无法将他省略,因为他是知性世界的阿波罗。他的政治学相对而言,较为易于亲近,是一部最早较为系统的政治学说,对后世影响也较为深远,我们常人还是选择他的《政治学》较为适宜,因为其中包括许多我们感兴趣的论题,今天我们的许多政治观念也直接导源于此。

"人是天生的政治动物",这句话直接出自亚里士多德之口。是他在研究了希腊城邦宪法之后得出的结论。在《政治学》中,他探讨了国家的起源、本质和理想社会的政治制度这样一些重要的政治理论问题。他认为人类社会是从简单到复杂,由不完善向完善的方向发展。人类由两性结为家庭,若干家庭组成村社,然后发展为城邦。人不是单独地个体的存在,而是生活在一个社会环境之中,人是社会的动物。他认为社会将人分为了统治者与被统治者。而统治者是那些掌握了理性的人,能够区分正义与善恶。就社会而言,只有那些具有理性,懂得治国之道的人,才能担任统治者。而缺乏理性的人只能充当被统治者。理性成了划分统治者与被统治者的标准。

《政治学》的内容十分丰富,我们许多的政治观念大都可以从中找到痕迹。聆听世界上最博学的人来讲述政治方面的问题,他给我们的启迪与影响将使我们受益终身。只要社会存在一天,他的影响就不会终结,这也就是我们为什么要读《政治学》的原因。

科学哲学拓荒之作

——亚里士多德的《形而上学》

一切具体科学的终极原因,最终都会归结为对本体原因的研究,而这被亚里士多德称为第一哲学。《形而上学》就是这样一部著作。由于该书不是系统性很强的著作,被亚里士多德的门生安德尼珂放在《物理学》之后,取名为《物理学以后诸篇》。因此,它的原义为"物理学之后"。此书传入中国后,曾被译为《玄学》,表明其内容与魏晋时期玄学极为相似,以超感觉、非经验的东西为研究对象。根据《易经·系辞》"形而上者谓之道,形而下者谓之器"的说法,因此,将这部著作定名为《形而上学》。

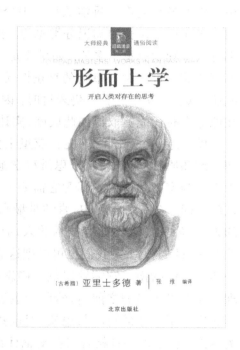

亚里士多德为柏拉图的弟子,但在哲学思想上并非盲目地效法老师,正与他自己所说:"吾爱吾师,吾更爱真理"。他的哲学是在批判柏拉图思想中形成的,对柏拉图思想有继承的一面,也有发展的一面。柏拉图一生虽然也有许多逻辑思想,但都是分散地存在于他的著作之中,没有专门的论述。柏拉图对科学无意进行系统研究,亚里士多德对科学却充满了热情,终生孜孜不倦,进行系统的研究。他是他那个时代最博学的,对一切知识领域都进行了研究,取得成果也最为丰硕。因此,由他来谈科学的方法论是再合适不过。他的研究方法包含在他的《工具论》和这本《形而上学》之中,《形而上学》比《工具论》更具有哲学思想,《工具论》主要是他的逻辑学,著名的"三段论"就

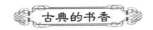

出现在这部著作之中。《形而上学》更耐读一些,思维清晰,结构合理,讨论的问题都属于哲学中的基本问题。

柏拉图不承认现象的客观真实性,只承认心灵中"理念"的真实性,这个观点无论对古代还是近代都有很深的影响。许多哲学家都从柏拉图的著作中吸取智慧的源泉并开创自己的哲学体系,因此,他身后有一大批追随者。亚里士多德不一样,他并不否认现象,认为现象的形式也具有本质性特征,要对事物有深刻的认识,就必须将各个事物独立出来加以研究。这是学科知识分类的最早先声。科学从哲学中分化出来,能有今天这样的成绩,不能不归功于亚里士多德的知识分类思想。我们今天许多关于事物的分类与概念,都可以追溯到亚里士多德。如果还是像柏拉图那样笼统地进行整体研究,就不可能获得许多关于事物的真正性质。亚里士多德的权威性在他那个时代就业已奠定,在今天看来仍未过时。因为他的错误很少,真理性内容比较多。在他那个时代能够取得如此成就,实让人为之惊叹。

哲学是一个什么学问呢?亚里士多德明确回答道:"哲学是关于事物最初本原和原因的科学,属于思辨科学范畴。"亚里士多德把具备这种学问知识人称为有智慧的人,因为它需要人具备洞察力与想象力才能认识与掌握这门学问。在一切学问中,哲学是最高智慧的学问。有感觉的人不如有经验的人,有经验的人不如有技术的人,有技术的人不如有哲学思想的人,因为他具有"神的智慧"。我们也可以把这看成是对哲学的重要性论述,因为它是一切学科的指南,它能够提供正确思维的方法,使我们获得关于事物的真理。在亚里士多德之前,古希腊产生过许多辉煌的哲学家,他们对自然万物形成进行了天才的猜测与想象,但这些哲学思想都不是系统性的,包括柏拉图本人。哲学以一种格言、诗、对话体出现,散落在这些思想家的著作中。真正将哲学带入科学思考,成为体系性著作,唯有亚里士多德。因此,他的《形而上学》是一本开山之作,对后世哲学思想发展产生了重要影响,特别是对科学研究提供了新的世界观与方法论。

亚里士多德在《形而上学》中提出了他著名的"四因说"。他认为对任何事物的认识都离不开这"四因"。一是本因,即形式或本质意义下的实体;二是物因,即质料和载体;三是动因,即事物运动变化的来源;四是极因,即事物生成与运动变化的目的。这"四因"中最重要的是形式与质料。"形式"是什么?形式就是一事物与它事物相区别的本质。"质料"是什么?质料就是用来构成形式的"构件,或材料",如砌房子的砖、石、沙、水泥,做衣服的布料,做铜像的铜。亚里士多德把"形式"看成是"现实",将"质料"看成是"潜能"。形式与质料相比,亚里士多德认为形式比质料更重要。形式是事物的本质,而质料并不是实存的事物,它们是有生灭的。运动因、目的因,与形式因不能分割,包含在形式因之中。只有形式是关于事物的规定,事物的概念由事物的形式决定。"形式"是万物变化的原因,因此,有些哲学家将形式看成是广延性的东西,无论事物发生何种变化,它的本性是不变的。

《形而上学》作为研究本源的学问,包含了许多哲学概念。这些哲学概念又时常出现在其他哲学著作中。每个想获得最高学问和智慧的人,《形而上学》应是最基本的入门读物。对它进行深钻细研之后,你会发现其他哲学著作变得容易理解了,对事物的判断与推理能力也有了较大的提升。

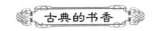

用诗体写成的伟大哲学著作

——卢克莱修的《物性论》

马克思称赞卢克莱修是"朝气蓬勃叱咤风云的大胆诗人",这足以说明卢克莱修的重要性和他《物性论》的价值。《物性论》在西方哲学史上占有一席重要地位,卢克莱修继承了伊壁鸠鲁古代原子论思想并在此基础上有所发展,成为古罗马时期重要的哲学家。他的哲学即使在今天看来也没有过时,总是给人以新的思想启发。《物性论》是一部伟大的书,是第一部关于物质世界系统完整的论述,因此在西方它是一部重要的最好的教育经典,是任何书单都不会将其省略的书。

用诗来表达深奥的哲学思想,古今中外,卢克莱修是第一人,"前无古人,后无来者"。他的《物性论》也是绝响,很少有人能像他那样用形象化的诗句来写哲学著作,没有学究气,全书洋溢着无穷的智慧,并给人以那么大那么深的思想启迪,今天的许多科学思想都可以从中追溯到原始的开端。他给当时弥漫的宗教迷信以致命的一击,并成了古典哲学的终结者,其影响不会受时空限制而消失。用形象化的诗句来表达哲学思想是相当困难的,哲学常常以过于抽象而拒人千里,但卢克莱修做到了,而且使哲学成了容易理解的学问。没有相当高的智慧是很难做到的。

有关卢克莱修的身世至今不详。人们推断他大约生活在公元前99—55年,是罗马共和国晚期时代,也是

罗马迷信盛行时期，整个社会处于一片混乱无序状态。卢克莱修从希腊原子论中寻求医治"罗马病"的良方，把他的哲学著作定为"能用一些方法顽强不屈地抵御各种宗教和预言者的威胁"。他认为宗教迷信产生无非两种原因：一是对自然的无知；一是对死后生活的恐惧。而能驱散恐惧与黑暗的是对自然规律的认识，因此他在《物性论》中试图说明自然现象以及心灵、灵魂的本质。

《物性论》全书 6 卷，用拉丁文写成，直译应为《论自然》。卢克莱修不承认"无中生有"和"万物归入无"。认为物质是一种实体，永恒存在，有一定的形状、重量。物质在虚空中永恒运动，由于自身重量做向下运动。由于在不确定的时间和不确定的地点发生偏离轨道的运动，所以，原子间能够相互碰撞，相互结合，从而构成万物。自然是永恒存在的，并不存在事物的产生与消亡，它们不过是原子的结合与分离。在无限的世界中，存在多个世界，它们在本性上是相同的，由原子与虚空组成。宇宙的浩瀚与复杂说明它们不是由神所统治的，因为对神来说，宇宙太大了。对神来说，自身是完满的，居住在世界之间。它既不会关心我们的生活，我们也不能以任何方式讨它们的欢心。有关神的叙述，卢克莱修意在批判宗教迷信，表明自然是按照自身的规律存在与运动。自然就是自身的原因。

卢克莱修认为心灵和灵魂都是由原子构成的。他对心灵和灵魂做了区别，认为心灵是思想的能力，也称为理性，身体的统治者，位于胸膛最中心的地方。灵魂是生命的原则，散布于全身，并与身体的原子混合在一起，是感觉的原因。两者都是由极其精细灵巧的原子构成，只有心灵原子是纯粹的。我们发现，身体大部分都丧失了，生命仍然存在。而一旦失去了热和气的粒子，就会立即死亡。因而作为生命的灵魂在身体中并不是均匀分布的，不同的原子具有不同的作用。只有那些风、热、气的原子负责维持生命，灵魂就是由它们组成的。此外，心灵中还有一种最精细最灵活的原子，意识就是它们的运动。在说明了心灵和灵魂的本性之后，卢克莱修着手说明灵魂是可以死的，灵魂一旦离开了身体就没有存在的居所，它与身体一起成长、衰老，并随之消散，心灵与其他器官一样不能离开身体而存在。如果灵魂是不朽的，那么我们应该记起过去的生命；如果灵魂是从外面进来的，那么它就不能与身体有如此亲密的联系；如果灵魂是不朽的，那么当它历经各种躯体、甚至动物的躯体时，就会有杂乱不一的性格。有死的东西与不朽的东西的结合是荒谬的，灵魂没有满足不朽的条件。当我们了解了心灵与灵魂的本性之后，就知道对死的恐惧实则愚蠢。灵魂由原子组成，随原子的消散而消亡，意识也就

不存在了。因此,死亡与我们毫不相关,也就根本不会感受到死亡的痛苦。地狱不过是人类对自身罪责的恐惧而设置的。

卢克莱修认为感觉是物质表面运动投射出来的影像与我们视觉接触形成的。感觉是一切知识的基础,生命的唯一指南。感觉的知识是可靠的,错误来自对感觉知识的推理。怀疑论者常常以感觉知识推理的错误来否定认识的荒谬,因为基于感觉的推理不能驳倒感觉。思想也是物质的影像,只不过这些影像由更精细的原子构成。它们能够穿透身体,触动心灵,从而激起人的感觉。我们动作的原因也是如此。当一种动作的影像呈现在心灵之中,就有意志行动发生,然后心灵推动原子撞击身体原子,动作就出现了。

卢克莱修还论述了宇宙、人类与文明起源。前者与苏格拉底认识相同,后者表现了与现代社会相近的思想。人类最初完全处于自然状态,文明起源火的发现,它使家庭关系确立起来,并使人类共同情感得以发展,语言随之产生。渐渐那些能力强、智慧较多的人教会人们使用火与一切新的发现。帝王开始建立城市,按照各人的形象和能力来分配牲畜和田地。此后,财产出现了,尤其是黄金的发现使一切改观。帝王被打倒,一切陷入混乱,于是人们选出新的执政官,制定法律,结束暴力冲突,人们过上了安定生活。然而,随着冶金技术的发现,其他技术的发明,战争与文明相伴而生。从这些思想中,我们可以看到近代自然状态说与社会契约论的萌芽。

最后卢克莱修讨论了雷、电、地震等自然现象,以对"雅典的瘟疫"描述而结束了全书。看来作者似乎并没有完成其著作。

《物性论》是迄今为止完整保存了古代原子论的宝贵文献,并做了大胆而合理的解释,有许多为现代科学所证实。这些思想是划时代的,意义非凡的,对西方的哲学、科学的发展都起到了重要的推动作用,应该看成世界文化宝库重要的一部分。

被亚里士多德称赞为理想的戏剧

——索福克利斯的《俄狄浦斯王》

希腊的悲喜剧，在我们今天看来，存在太多的隔世之感。它的故事距今遥远，很难打动现代人的心灵。但作为西方戏剧之源，对西方的戏剧发展却产生了举足轻重的影响。三大悲剧作家埃斯库罗斯、索福克勒斯、欧里匹德斯和喜剧作家阿里斯托芬，都曾经写有大量的悲喜剧面世。这些戏剧作家中，要数索福克勒斯最值得亲近，他的戏剧直接关联人类的苦恼，对已经差不多快忘记了的遥远的人类记忆，这些苦恼对我们现代人仍具有魅力。如果我们要读唯一一部希腊悲剧，那么就选他的《俄狄浦斯王》吧。

索福克勒斯，生活于雅典全盛时期，家境富裕，曾在税务局任职，后被选为将军。他是民主派伯里克利的朋友，但他在艺术上的成功远远超出了他在政治上的作为。他从事戏剧创作 60 多年，写有 120 部剧本，大都失传，仅存 7 部悲剧还在流传，但这 7 部足以表现他的戏剧天才。其中《俄狄浦斯王》是他最成功也是享有盛誉的一部戏剧，被亚里士多德称赞为理想的戏剧，对索福克勒斯的戏剧结构与情节安排赞叹不已。以今天的眼光来看，《俄狄浦斯王》也是最具影响力并被反复研究的希腊悲剧。

《俄狄浦斯王》剧情是这样的：

忒拜城郊流行一种瘟疫病，走投无路的人纷纷来到王宫向俄狄浦斯求救。俄狄浦斯因娶了先王的妻子伊俄卡斯忒，成了忒拜人心目中驱逐天灾人祸的救星。为了拯救忒拜城，俄狄浦斯命妻舅克瑞翁亲王到阿波罗神庙请求神谕。克瑞翁去后带回了神谕——把藏在城里的污垢洗刷干净，并严惩杀害先王的凶手，瘟疫自会消除。克瑞翁还提议请来忒拜城的先知来加以证实。俄狄浦斯怀疑先王的被害与克瑞翁有关，并与先知事先串谋好的。先知却断

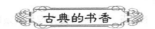

言俄狄浦斯就是他要寻找的杀人凶手，于是两人发生激烈的冲突。

王后伊俄卡斯忒得知后，责怪两人不合时宜的私人纠纷，她遣走兄弟，又以亲身经历安慰丈夫。原来当年先王曾得到过一个神谕，说他命中注定将死在儿子的手中。然而先王却是在三岔路口被一伙强盗所杀，他们的儿子早在出生的第三天就被钉子钉住脚跟丢弃了，可见先知的话毫无根据。俄狄浦斯听后大惊失色，他详细询问了先王的相貌，被杀的地点，出行的人员。浑身颤粟，惊恐不安。他请求王后务必要找到那个唯一幸存活着回来的侍从。王后不明缘由，俄狄浦斯王却讲述了自己离家出走的经历。

俄狄浦斯是科任托斯国王的儿子。在一次宴会上，一个醉鬼骂他是冒名的儿子，他便瞒着父母到阿波罗神庙中请求神谕。神没有回答他的问题，却说他将会杀父娶母。为了避祸，他离开王宫，开始浪迹天涯。旅途中，他曾来到众人所说的国王遇害的地方，杀过一个路人。现在唯一要证实的是杀人的人数。如果是一伙强盗，那么他就是清白的。王后伊俄卡斯忒没有去召回侍者，而是亲自去请求阿波罗神庙给予神谕。

那个随先王遇到强盗打劫而逃回的侍者终于来到了忒拜，给王后带回了先王死亡的消息。王后欣喜若狂，叫出俄狄浦斯，告诉他所担心的事永远不会发生。报信人也安慰俄狄浦斯，说他并非是先王亲生，而是牧羊人转交给先王的孩子。这孩子当时两只脚被铁钉钉在一起。

王后听后，脸色惨白，一切都真相大白，她绝望地冲出王宫，她疯了。穿过门廊，双手抓住头发，直奔她的卧室。她哀叹自己的命运：给丈夫生丈夫，给儿子生儿女。牧羊人被带来与报信人进行对质，俄狄浦斯把他反绑起来，牧羊人被迫说出实情，俄狄浦斯就是王后与先王为了逃避命运而抛到山里的孩子。

一切都应验了。俄狄浦斯疯狂叫着冲进卧室，发现王后已悬梁自尽。他从她身上摘下两支金别针，刺瞎了双眼，托克瑞翁照看好她的儿女。并按自己的话，他本人被逐出了忒拜。后据雅典传统说法，认为俄狄浦斯晚年是在科罗诺斯居留并去世的。

《俄狄浦斯王》反映的是人类巨大的宿命观，这是俄狄浦斯悲剧所在。认为人不能同命运进行抗争，最终会死在命运的手上。这就是《俄狄浦斯王》所表现的戏剧主题。全剧可以说是现实与梦幻交织悲剧性命运，这悲剧性的命运印证着人类悲剧的结局。神灵不过是人物的梦在戏剧中占有牢不可破的地位，而这个梦就是人类自身的宿命。那个被铁钉将双脚钉在一起的孩子就是俄狄浦斯自己,而杀父娶母的行径也是俄狄浦斯个人所为。而这才是忒拜瘟疫病流行的真正原因。所以俄狄浦斯王刺瞎了自己的双眼,他不愿继续看到这一悲剧命运的重演。

索福克勒斯这部戏布局巧妙,剧情复杂,被誉为"戏剧中的荷马",古希腊悲剧在索福克勒斯手上已发展成熟。本剧的特点是:情节集中,结构完整,人物鲜明,语言质朴,富有表现力。合唱部分减少了抒情,增加了戏剧动作,充分发挥演员的作用。

《俄狄浦斯王》是反映雅典奴隶主民主派英雄们的历史悲剧,这一结局是对现实的影射,体现了索福克勒斯的矛盾观。他无法解释为什么许多事物会走向反面这一现象,于是他把这一切归结为"命运",用命运来解释人类行为的悲剧。

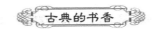

希腊与波斯的战争史录

——希罗多德的《历史》

西方的历史记载,开始于希罗多德,因此,希罗多德素有西方"历史之父"之称。希罗多德对西方历史的影响犹如司马迁对中国历史的影响,享有极高的地位,是西方史学上的一座高耸入云的丰碑。

希罗多德大约生于公元前 484 年的小亚细亚西南海滨的哈利卡纳苏斯城,这座城市早年是希腊人在海外的一座殖民地。其父是富有的奴隶主,叔父是当地的一位著名诗人。长大后,他与叔父一起参与推翻僭主统治的行动。失败后,叔父被杀,他被放逐到萨摩斯岛。当僭主被推翻后,他曾回到阔别已久的家乡,但不久又被迫离去。

希罗多德 30 岁左右,在地中海地区游历,许多国家和城市都留下了他的足迹。他到处寻访名胜古迹,凭吊古战场,考察地理环境,收集历史故事。他把这些道听途说都记录下来,作为日后写作伟大著作《历史》的素材。

希罗多德曾说他著述的目的是想"从衰落中保持人类记忆的行为",使"希腊人与野蛮人的伟大而又惊人的事迹不至于丧失本身的荣耀"。从史诗般的《历史》来看,他确实做到了这一点。

公元前 480 年,希腊与波斯之间爆发了力量悬殊而又极其壮烈的温泉关战役。这是继马拉松之战后第 10 年希腊波斯的又一次交锋。

波斯王大流士一世去世后,儿子薛西斯继承了王位。为了实现父亲的遗愿,发誓要征服希腊。在精心准备了 4 年后,公元前 480 年的春天,薛西斯集中整个波斯军力,统率 50 万大军向希腊进发,随同出征的还有臣服于波斯帝国的 46 个国家 100 多个民族。队伍之长,通过达达尼尔海峡时就花去了整整 7 天时间。当地一位目击者仰天长叹:天神宙斯,为什么你化身为一个波斯人样子,改名为薛西斯,来灭亡希腊呢?

此时希腊面临强敌压境,同仇敌忾,团结一心,组成了希腊同盟,斯巴达国王欧尼达司担任同盟主帅。

希腊的"门户"德摩比勒隘口,是从希腊北部南下的唯一通道,极其狭窄,依山傍海。关前有两个硫磺温泉,由此得名温泉关。波斯军队来到温泉关,形势骤然紧张,正值七八月间,希腊人正在举行奥林匹克运动会。在希腊,奥运会被看作神圣而又至高无上的事情,运动会期间是禁止交战的。因此温泉关布置的兵力仅几千人。波斯人临近时,斯巴达国王欧尼达司仅带了300人来增援。

战争就这样打响了。斯巴达人,抱着视死如归的心理,拼命扼守住关隘。他们充分利用温泉关易守难攻、居高临下的优势,用锋利的长矛投向手握波斯刀的敌人。波斯人一排排倒下,攻打了一天又一天,确始终未能前进一步。

正当薛西斯无计可施时,一名叫埃彼阿提斯的当地农民前来报告,说有一条小路可以通到关口背后。波斯军队沿着荆棘丛生的小道直插后山。他们穿峡谷,渡溪流,攀山崖,黎明时分,越过一片橡树林,来到接近山顶的地方。

列欧尼达司得知波斯军迂回至背后,知道大势不妙,为了保存实力,他将斗志松懈的其他城邦军队调至后方,仅留下300士兵迎战。按照斯巴达人的传统,士兵永远不能放弃阵地,700名塞斯比亚城邦的战士自愿留下来同斯巴达人并肩战斗。

面对如此悬殊的兵力,斯巴达人并未退缩,相反迸发出惊人的勇气。统帅列欧尼达司战死后,为了夺回他的遗体,斯巴达人曾4次击退敌军的围攻。

前后夹击的波斯人潮水般地涌向关口,腹背受敌的斯巴达人却越战越勇,他们一个个战死,直至最后一人,温泉关被攻克了。薛西斯终于以两万波斯人的性命换来了温泉关的胜利。薛西斯为斯巴达人的勇敢精神所折服,不止一次地问道:"斯巴达人都是如此吗?"

希腊人虽败犹荣,他们不屈不挠地战死至最后一人的故事传遍四方。后人在温泉关竖立一块狮子状的纪念碑,上面刻着如下铭文:

过客啊,请带话给斯巴达人,说我们踏实地履行了诺言,长眠于此。

《历史》是一部伟大的历史著作,希罗多德独创了历史编制体例,将叙述与阐释融为一体,成为后世历史著作的范本和西方史学的通例。他不仅重视史料真伪的鉴别,还从官府档案、石刻碑文和多种著作中搜集资料。许多素材来自他早年游历、采访所获的资料。他的《历史》史料丰富,语言生动,富有

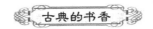
文采，也是一部伟大的叙事散文，具有很高的文学成就。

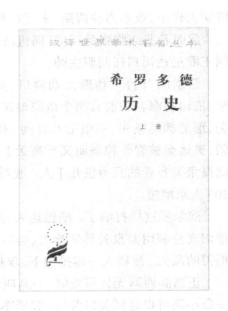

《历史》是一部关于希腊与波斯大大小小的战争的总汇。有些真实，有些虚构，但却充满了魅力。作为历史学家，希罗多德站在一个比较客观的角度来看待过往的历史。重视东方文明对希腊的影响。对非希腊民族持公正的立场，这是非常难得的。如书中记载了埃及的太阳历比希腊历法的准确，希腊的字母是从腓尼基人那里学来的。希腊人使用的日晷最早是由巴比伦人发明的，等等。

作为那个时代的人，希罗多德难免有天命观和宿命论的色彩，这在当时算不了什么，在今天却看成是瑕疵和局限性。但我不愿因此而去苛求古人。我们今天的人如果生活在当时的条件下，不同样会作如是观。虽然许多史学家指责他的《历史》著作中夹杂许多不足为据的神话传说和无稽之谈。但在我看来这些都在所难免。因为当时就是一个充满迷信的时代，他的这种表现，正代表当时的时代，希罗多德又怎么能够置身人外？他记载的许多事例，已被近代考古学家、人类学家和历史学家所证实。

本书还非常详尽地记录了西亚、北非以及希腊地区的地理环境、民族分布、经济生活、政治制度、历史往事、风土人情、宗教信仰、名胜古迹。虽然全书以希波战争为主线，但也是了解早期西亚、北非、希腊历史的重要文献。《历史》已成为西方文化的重要组成部分而永垂后世。

雅典与斯巴达人的内战史

——修昔底斯的《伯罗奔尼撒战争史》

《伯罗奔尼撒战争史》是继希罗多德《历史》之后又一部西方古典历史杰作，忠实地再现了希腊由黄金时代的政治、经济、文化繁荣到衰落的演变。作者目睹了这一历史变化的全过程，是当时历史的见证人和忠实的记录者。遗憾的是，这是一部未完成的杰作。

希罗多德在《历史》中记录了公元前5世纪之初希腊与波斯之间的战争，而《伯罗奔尼撒战争史》的作者修昔底斯却记录了开始于公元前431年雅典与斯巴达人的战争。这场战争在公元前404年才宣告结束。这两场战争对雅典来说至关重要。在波希战争中，希腊人以弱抵强，以不惜牺牲整个希腊城邦来换取最终的胜利，从而奠定了日后的"雅典帝国"。而伯罗奔尼撒的战争性质完全不同，它没有遭受任何来自外敌的入侵，而是一场内战。交战的双方提洛联盟和伯罗奔尼撒同盟根本无公正可言，不能简单地归结为正义与非正义的战争。战火燃遍了希腊全境，不仅城邦之间相互争战，许多城邦也发生了内乱。战争一直持续了30年，最后以雅典失败而告终。而胜利者也耗尽了力气，气息衰弱。

公元前5世纪，雅典迎来了它的黄金时代，政治、经济、文化都发展到一个前所未有的高度，成为其他各个城邦效法的对象。它那令人赞叹不已的帕特农神庙，优美宏伟的建筑和雕像，都闪烁着不朽的艺术光彩。在近一个世纪间，哲学上，涌现了苏格拉底和柏拉图；政治家、军事家中有伯利克利、地米斯托克利、阿利斯提德、神尔米翁；戏剧上有三大悲剧作家埃斯库罗斯、索福克利斯、欧里庇德斯，喜剧家阿里斯托芬；历史学家有修昔底斯、色诺芬等；经济上，雅典贸易发达，社会繁荣，在政治军事上拥有不可动摇的海上霸

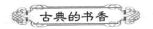

权。它以提洛同盟为基础，结成了一个政治、经济、军事同盟，俨然以一个帝国自居。

但这样一个帝国在经历了伯罗奔尼撒战争后而衰落了。目击了这场战争的修昔底斯却陷入深深的沉思之中。是什么原因造就了这个帝国的衰落？通过对这场战争性质的分析，修昔底斯认为功利的声音淹没了正义的呼喊，理想主义与现实主义相互冲突，从而引发了这场战争的悲剧的结局。在这场战争中，雅典战败，无可救药地衰落了。虽然曾做过一些英勇的复兴努力，但无济于事，一个时代从此结束了。

修昔底斯出身名门，亲见了伯里克利改革下繁荣的雅典。公元前431年雅典与斯巴达人为争夺希腊统治权而爆发了伯罗奔尼撒战争。为了保卫雅典，修昔底斯应征入伍，参加了陆军与海军的战役。在解救安菲玻里城围攻战役中，因未能及时赶到增援，遂以贻误战机被革职放逐。修昔底斯流亡国外20年，游历伯罗奔尼撒各地和西西里岛，广泛搜集伯罗奔尼撒战争史料，并着手写这样一部巨著。公元前404年伯罗奔尼撒战争结束后，他重返雅典，直至去世。这段经历，修昔底斯在书中以极其简洁而又客观的态度，叙述了他的流亡生涯。

《伯罗奔尼撒战争史》客观地再现了希腊由盛而衰的历史发展全过程，并力图揭示这个历史现象背后的原因。修昔底斯是第一个注意到经济因素对历史发展的影响，也是第一个懂得武力外交的历史学家。他客观、公正、严谨的历史态度，影响了后世历史著作的写作走向。从这一点来看，修昔底斯具有划时代的作用。《伯罗奔尼撒战争史》为后人提供了研究这场战争的史料，各卷独立成篇又互相联系，浑然一体。其中的演说词，更是文词并茂的艺术精品，是世界文学中的瑰宝。

具有精神内省的自白书

——奥古斯丁的《忏悔录》

继《圣经》之后,基督教思想影响最大的教父,要数奥古斯丁。在中世纪 5～11 世纪的漫长神学统治下,奥古斯丁是罗马教廷最有权威的人物之一,被教会尊为"圣人",人称"圣奥古斯丁"。而最为人们传颂久远的著作,就是他心灵的自传《忏悔录》。全书表达了他对上帝的虔诚与顶礼膜拜之情,也是一部个人灵魂救赎的自白书。

公元 354 年 11 月 13 日,奥古斯丁出生于北非的塔加斯特城,即今天的阿尔及利亚的苏克阿赫拉斯。当时的北非已并入罗马版图,完全在罗马文化的统治之下,因此他又

是一名罗马市民。父亲巴特利西乌斯,是当地的一位普通市民,母亲是一位虔诚的基督教徒。奥古斯丁最终皈依基督教,不能不说是受到母亲的影响。

幼年时的奥古斯丁在当地读书,尚未正式接受洗礼。长大后先后到马都拉和迦太基攻读文法和雄辩术,学习诗歌、历史、修辞、哲学等。

公元 387 年的复活节,奥古斯丁正式加入教会,由安波罗修施洗礼。不久回到家乡塔加斯特城附近,隐居 3 年。公元 391 年在希波升为神甫。公元 395 年该城主教病逝由奥古斯丁接替任主教,从此他在各教派中开展了一系列论战,成为影响最大最活跃的基督教学术界的中心人物。公元 430 年 5 月,日耳曼汪达尔人包围了希波城,8 月奥古斯丁在城中去世,终年 76 岁。

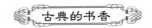

　　《忏悔录》是一部文体优美的古典杰作,充满文学魅力。像散文诗一样的语言打动读者心灵,让人过目不忘。全书充满对上帝的无限赞颂之情,对自己身世直言不讳,坦率讲述了灵魂皈依的全过程。全书是奥古斯丁个人的自传,也是他灵魂的自我剖析。他叙述了自己的求学经历,教书生涯,以及和情人同居13年并生有一子。他思想是如何在挣扎中转变,最终皈依了基督教,成为一名虔诚的基督徒。这种现身说法,对扩大基督教影响是非常有号召力的。他把剩余的精力都献给了对上帝虔诚的爱中,为了基督教事业而不遗余力,整个灵魂都供奉在上帝的祭坛上。

　　一部具有精神内省的书获得经久不衰的魅力,让每个人直视灵魂深处,为自己的罪过而忏悔,为灵魂的救赎而欣慰,为来自天国的声音而欢欣,使灵魂获得一种飞升,仿佛更加靠近上帝。这就是奥古斯丁不朽灵魂的歌唱。

　　《忏悔录》全书没有宗教教义,却是神学中集大成者,使人感受到智者灵魂的美妙。这种精神影响超乎一切学问的影响,使读者体会内在的充盈、美满与富裕。全书明白晓畅,易读,充满激情,优美的文字发出最动人心弦的歌唱。

震惊西方的中国描述

——《马可·波罗游记》

使西方睁眼看东方,并对中国产生无限的向往,应归功于 1298 年出版的《马可·波罗游记》。在该书中,马可·波罗用一种近乎夸张的手法将中国描绘成了一个遍地黄金、满野香料的富庶之地,人们过着天堂般的生活。它大大激发了西方对东方探险的热情,许许多多的西方人对中国翘首相望,希望像波罗一样在中国寻找宝藏。历史翻开了东西方交流新的一页,获得了巨大进步和改观,这不得不说是与马可·波罗游记的影响分不开的。西方第一张世界地图就是根据马可·波罗的描述绘制而成。

这本书据说是马可·波罗 1298 年在热那亚海战被俘后,在牢房里他口授,由精通法文的作家鲁思梯谦记录完成的。它的出版震动了西方,很快成为畅销书,并被称为"世界的一大奇书"。此前西方人对中国一无所知,把中国看成是一种野蛮民族,过着还不如西方人的生活。商人经商一般远至波斯已是"天的尽头",而马可·波罗却给他们带来了遥远东方特别是中国繁荣富

庶的信息,这极大地刺激了西方人对东方的"淘金热",使西方的航海业获得了迅速发展。他们需要找到一条可以从海上航行到东方的通道。哥伦布阅读了《马可·波罗游记》后,被马可·波罗的描述深深地吸引,立志要完成通向中国的海上壮举。机会终于来了,15 世纪崛起的土耳其奥斯曼帝国控制了西方人的陆路交通,西班牙王室为了发现海上航路征召探险人,哥伦布欣然应征,从此有了实现梦想的机会。1429 年哥伦布率领他的船队出发了。然而他没有到达中国,却发现了一块新的大陆——美洲大陆。他以为他

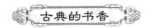

到了印度大陆,并将大陆的土著居民称为印第安人。这种称呼一直沿用至今。

有关马可·波罗的生平充满太多的传奇色彩,很难考证其中的真伪。他生于 1254 年意大利威尼斯的富商家庭,父亲尼可罗和叔叔马飞阿都在地中海东部经商。波罗兄弟曾于 1265 年随蒙古使团来到上都(即和林,今天的内蒙古自治区)拜见忽必烈,又受忽必烈之托拜访罗马教皇。因罗马教皇换人,新教皇尚未选出,他们又返回到了威尼斯。尼可罗见到了阔别 15 载的儿子马可·波罗。1271 年尼可罗和马阿飞带着新教皇给忽必烈的礼物,并带上小马可·波罗再次踏上了中国之旅。他们三人从地中海东岸阿迦城登陆后,先到以色烈,再穿叙利亚,跨过伊朗,经过中亚平原,翻过帕米尔高原,沿着古老的丝绸之路,于 1275 年抵达上都开平府,次年到达大都,受到忽必烈的接见。前后两次出行相隔近乎 10 年。忽必烈留他们在朝廷做官,从 1275 年至 1292 年,马可·波罗和父亲、叔叔在中国 17 年,他非常受元帝忽必烈的赏识,被派到各国各地了解风土人情和诸邦的奇闻异事,以备向忽必烈汇报。这样马可·波罗的足迹远至中国的西南及邻国缅甸、暹罗、越南、印度,并巡游中国南方各省,最高官任扬州总督。1291 年,伊利汗国国王阿鲁浑遣使求婚,此时马可·波罗父子思念故乡,以护送阔阔真公主为由,踏上了回国之旅。从福建泉州乘船离开中国,沿印度洋航行了 18 个月后到达波斯。1295 年回到威尼斯。

带回许多珍宝的马可·波罗成了富豪,人称"百万君",同时也得了"百万谎言的人"。人们对他所讲的东方奇闻感到难以置信,认为是"天方夜谭"。3 年后,还没让马可·波罗当上太平绅士,战争爆发了。来自热那亚的敌邦进攻威尼斯,马可·波罗参加了威尼斯舰队与热那亚敌邦进行海上交战,结果战败被俘。狱中将他的传奇经历向另一位狱友作家鲁思梯谦讲述了出来,最后由鲁思梯谦记录并发表了这本震惊西方的"东方见闻录",即《马可·波罗游记》。

　　《马可·波罗游记》共分四个部分,第一部分《从小亚美尼亚到上都沿途各地的见闻录》,介绍了向东来中国时候途径的国家和地区;第二部分《忽必烈大汗和他的宫廷,西南行程中各省区的见闻录》,描述了元朝的政治情况以及各地的风土人情,盛赞中国的物产丰富,文化繁荣;第三部分《日本群岛,南印度洋和印度洋的海岸及岛屿》,记载中国周边的一些地区,如缅甸、越南等;第四部分《鞑靼诸国之间的战争和北方各国的概况》,讲述蒙古和各个汗国之间的战事。

　　游记中提到的亚洲城市有100多个,其中对南宋首都杭州这一商业城市的描写中,将极尽奢华的杭州赞美为人间的"天堂"。其中让欧洲人称奇的有"喷油的泉"(巴库的油田)、可"燃烧的石头"(煤)、用轻巧的纸张来做货币(钞票)……都使欧洲人大开眼界,对中国人的看法由此大为改观。显然当时的中国文明是领先于西方的。

　　游记的内容丰富,充满了趣味性,深受成千上万的读者喜爱,各种文字版本达百余种,使西方人看到一个崭新的东方,游记成为进入东方的桥梁。

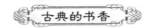

人性的觉醒与复苏

——布克哈特的《意大利文艺复兴时期的文化》

恩格斯在他的《自然辩证法》一书中对文艺复兴运动给予了很高评价，他认为"这是一次人类从来没有经历过的最伟大的、进步的变革"。文艺复兴是对经院哲学的反叛，通过对古典文化即早期希腊、罗马文化的发掘，创造出了一种有别于教会统治下传统文化的新文化，因此被称为"文艺复兴"。从某种意义上说，它通过肯定人的世俗性来反对宗教的神学统治，特别是禁欲主义，树起了一面人文主义大旗。这场运动的时间范围，史学家划分为 14～16 世纪。

《意大利文艺复兴时期的文化》由布克哈特著，何新翻译。叙述的是 13 世纪后期至 16 世纪中叶，对意大利文艺复兴的整个过程进行了全面综合性的阐释，对运动的来龙去脉进行了深刻分析，开了专类历史研究的一代先河。其研究突破了传统历史按照时间框架叙事的局限，将这场运动的史料概括为六个方面的专题，分别加以详细叙述，这不能不说是作者的一个创新。

关于作者生平，我们所知甚少，缺乏专门的传记资料记载。通过零星的资料，我们大致了解到布克哈特生于 1818 年瑞士西北部莱茵河上的巴塞尔城，卒于 1897 年。家世显赫，在当地政治、经济、宗教中占有重要地位。父亲原打算让他中学毕业后成为一名传教士，但 1839—1843 年间，他留学德国，在德国历史学大师兰克研究班上受到处理史料的严格训练，波恩大学的库格勒对他产生了重大影响。回到家乡后,在巴塞尔任教达 50 年,直至去世,终身与学术为伍,有多部著作存世。

布克哈特早年著作大多集中在美术史方面。他将库格勒《绘画手册》加以扩充,成为风行一时的畅销书。1852 年,独自完成了他的第一部文化史著作《君士但丁大帝的时代》。书籍出版后,他两度南游意大利,揽胜搜奇,纵情欣赏意大利的艺术宝库,写成《意大利艺术宝库指南》一书,受到导师库格勒极高的赞誉。成功的喜悦鼓舞他投入一个更大的写作计划之中,这就是 1860 年出版的最著名的历史著作《意大利文艺复兴时期的文化》。此书 100 多年来多次再版,经久不衰,被翻译成多国文字广泛传播,被欧洲历史学界公认为是关于文艺复兴时期最具权威性著作。该书用德文写成,分成六篇。

第一篇:《作为一种艺术工作的国家》。叙述意大利文艺复兴的政治制度。布克哈特不厌其详地记叙了意大利统治者为了巩固王位而如何重视艺术家,指出这既是他们的政治需要,也是他们生活享乐的需要。他将意大利小国分为三类:专制国、城市共和国、教皇国。认为意大利的佛罗伦萨是一个变化较多的国度,初步具有近代资本主义的精神国度,是文艺复兴的发祥地,孕育了众多的诗人、艺术家、思想家。他们的作品对文艺复兴起了决定性的作用,从而使意大利成了"近代欧洲的儿子中的长子"。

第二篇:《个人的发展》。提出"个人主义是人文主义世界观的基础,文艺复兴的各方面都是个人主义表现"这样一个观点。中世纪时期,人们思想为宗教幻想所禁锢,而意大利人最早起来撕下这层神学面纱,从而正确地认识了客观世界与自身,获得了无穷的创造力。但丁的《神曲》最早表现出这个新的世界观,而这样的作品在经院哲学笼罩下的其他欧洲国家是不会出现的。个性的发展、现实生活的需要、个人的坚强性格,造就了具有多方面成就的天才人物。

第三篇:《古典文化的复兴》。认为文艺复兴不是对古学的"再生",而是对古典文化的改造。意大利人要摆脱中世纪的文化枷锁需要一个精神导师,这就是古典文化。他把人文主义看成是沟通古今的桥梁。但丁、佩脱拉克(今译彼特拉克)、薄伽丘(又译卜伽丘)不仅精通古典文化,而且是新文化的缔造者。但丁能保持古典文化与现代文化的均衡性,佩脱拉克和薄伽丘以精通古典文化而赢得荣誉。人文主义取代了神学在大学的首要位置,16 世纪古典文学衰落了,人们将更多的注意力转移到方言文学发展。

第四篇:《世界的发现和人的发展》。论述了意大利人在摆脱中世纪精神

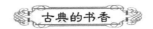

羁绊后自然科学和航海业成就斐然。最早转入对自然美的欣赏。认为佩脱拉克的诗歌和法兰德斯的绘画对西欧艺术产生了很大影响。不仅如此,意大利人还唤起了人们对"人性"的"发现"。布克哈特认为这是近代欧洲思想特征。他对但丁的《新生篇》给予了高度评价,认为但丁是一个追求自己灵魂的近代诗人,他笔下的现实生活能够引起读者感情的共鸣。

第五篇:《社交与节日庆典》。认为富裕的市民和封建贵族自12世纪以后在政治与经济上取得了平起平坐的地位。这个叙述有违历史的真实性。虽然富商在经济上取得了很大优势,但与封建贵族在政治上的较量也绝不会波平浪静。市民与封建贵族的斗争直到1293年《正义法规》颁布后才落幕,政权转入新兴的资产阶级之手,但这并不表明斗争的结束。

第六篇:《道德与宗教》。一方面肯定了个人主义的积极因素;另一方面也看到了极端个人主义给社会带来的危害,为满足个人私欲而不择手段、为非作歹。但他认为这种混乱现象处于旧道德标准已经解体、新道德标准尚待建立这一时期所无法避免的。尽管如此,意大利文艺复兴时期的文化仍然是当时文化的高峰。此外,作者对意大利最早出现的文明生活习惯进行了论述。

全书观点鲜明,结构严谨,语言生动、优美,分析精辟、深刻。除了对经济因素、美术、建筑成就、重大事件、重要人物深入分析以及对这场运动的政治斗争的叙述有所欠缺外,总的来说,不愧为一部有关意大利文艺复兴时期文化具有里程碑意义的研究性著作。

人文主义的第一缕曙光

——但丁的《神曲》

但丁，西方文艺复兴时期最重要的代表性诗人。恩格斯称他为中世纪最后一位诗人，新世纪最初一位诗人。他的《神曲》，和荷马的史诗《伊利亚特》、塞万提斯的《堂吉诃德》、莎士比亚的《哈姆雷特》，并称欧洲的四大古典文学名著。但丁是西方中世纪最伟大的诗人，《神曲》是中世纪神学的高度总结，在充满幻景色彩的《神曲》的伟大诗篇里，闪耀着人文主义绚丽光彩，有着永恒的文学魅力。

但丁出生于意大利佛罗伦萨一个小贵族家庭，从小受到良好教育，跟随名师学习，在名师指导下，广泛涉猎各门知识。对诗歌特别喜爱，年轻时，被称为"温柔的新体诗人"。他特别崇拜古罗马诗人维吉尔，维吉尔的史诗《埃涅阿斯记》是一部类似于荷马史诗的名著，主要歌颂罗马建国创业的丰功伟绩。但丁显然受他影响，在《神曲》中他让维吉尔担任自己精神上的引路人，幻游地狱、炼狱，并在炼狱里见到了久别的情人贝尔德丽采，他早年的情诗都是写给贝尔德丽采的。传说《神曲》是他想让爱人的名字流芳百世而苦心经营的结果。据说在一次宴会中，但丁遇见了佛罗伦萨的美女贝尔德丽采，一见钟情，心生爱慕。但9年之后他再次见过贝尔德丽采最后一面后，贝尔德丽采就与世长辞了。但丁将这种感情深埋于心，在爱情力量的催化下，他写下了这部永恒的诗篇来纪念这位早逝的情人，于是他让贝尔德丽采在《天堂篇》里担任圣洁的天使。这种说法虽然奇妙，但是，但丁对贝尔德丽采怀有铭心刻骨的爱，却不容置疑。

随着年岁的增长，他开始涉足政治领域，积极参加城邦政治活动，曾一度担任佛罗伦萨的执政官。

当时佛罗伦萨的手工业、商业、文化非常繁荣，封建贵族与新兴资产者的矛盾也随之异常尖锐。整个佛罗伦萨正处在分崩离析前夜，成为斗争最为激烈的地方。代表新兴市民阶层的贵尔夫党战胜了代表封建贵族阶层的基伯林党，但很快贵尔夫党分裂为黑党和白党。黑党 1302 年在教皇帮助下胜出。但丁因政见不一，被撵出了佛罗伦萨，开始了长达 20 年之久的流放生活。茅盾在《世界文学名著杂谈》一书中认为但丁的命运和屈原的命运有点相似，此言不虚。但丁留下了一部《神曲》奉献给世人，屈原留下一部《离骚》给国人。他们的爱国热忱打动着每个普通善良读者的心灵。《神曲》是但丁流放生活中

写成的巨著，是部酝酿了很长一段时间、呕心沥血的诗篇。但丁说他写作《神曲》的目的是"要使生活在这一世界的人们摆脱悲惨的遭遇，把他们指引到幸福境地"。显然，这样一部伟大长篇叙事体抒情诗，是寄托有但丁的政治理想的。他在这部史诗中寻找意大利民族的出路，渴望祖国的和平统一，人民的安居乐业。史诗写成，但丁就客死异乡。他的名字和他的史诗《神曲》传遍了世界的每个角落，闪烁着光芒不息的火焰。

《神曲》由《地狱》《炼狱》和《天堂》三部分组成。每部分 33 歌，加上序曲，

共 100 歌，总计 14232 行。长诗采用中古文学特有的幻游形式，以但丁自己为主人公，采用自叙体的方式描述了公元 1300 年，在耶稣复活节的那一天，他迷途于黑暗森林的故事。这迷途就是但丁在人生旅途中做的一个梦。

梦中，但丁在黑暗的森林中找不到出路，黎明时分，阳光沐浴着山顶。他沿着山路朝山顶攀登，突然面前闪现出三头猛兽——豹、狮、狼，拦住去路。诗人惊慌中大声呼救，危急时刻，古罗马诗人维吉尔出现了，他是奉圣母贝尔德丽采之命带领

他通过地狱、炼狱难关的。

但丁跟随着维吉尔来到了地狱。地狱共有 9 层，上宽下窄，形似大漏斗，直达地心。地狱里阴森恐怖，凄惨万分。凡是生前做了坏事的人的灵魂都在地狱中受刑。罪人的灵魂又根据罪孽的深浅被罚在不同层次。罪孽越大，层次越低，所遭受的惩罚也越重。地狱里罪人生前犯了色欲、贪欲、暴欲等。此外，在地狱的第 8 层，他把教皇都安排在这一层，有已故的尼古拉三世，以及尚健在的、迫害诗人的教皇卜尼法斯八世。他们头朝下，身子埋在洞里，两条腿剧烈地扭动、挣扎，诗人看后，高兴地叫道"真是罪有应得！"显然，但丁在借助诗篇想出一口恶气，把压抑在心头的不快、积怨通过诗来发泄。因为他们才是他命运如此多难的原因。而他并不是真正反对教会，因为全诗都浸满神学的氛围，从地狱、炼狱到天堂，都是神学的庄严的构想。他不过是在用他的善恶标准来评价历史，这一点是要引起注意的地方。在第 9 层，他见到了魔鬼撒旦。显然撒旦的罪孽较轻，所以安排在第 9 层，从中也可以看出但丁对新兴商人阶层的同情。游历了第 9 层，但丁来到炼狱层。

炼狱是一座浮在海上的山，四周有美丽的海滩，山顶是地上的乐园。维吉尔和但丁走进山门时，守护天使用剑在他的前额上刻了 7 个"P"字。表示骄、妒、怒、惰、贪、食、色人生七大罪过。以后每上升一层，天使就拭去一个"P"字。炼狱分成 7 层，这里灵魂的罪孽较轻，可以得到宽恕，经过烈火的焚烧，斩除孽根，可以升入天堂。

地上的乐园飘着吉祥的云朵，花瓣似的雨珠，维吉尔隐退。一列游行的队伍护卫着一辆象征教堂凯旋的车子，拉车子的是一只半鹰半狮的怪物，象征着耶稣。象征各种美德的一群女子，载歌载舞，簇拥着一位高雅的美女，她就是贝尔德丽采，但丁年轻时的恋人。她接替了维吉尔的位置，带领但丁游历天堂。天堂庄严、光辉，充满欢乐和爱，一群正直、善良的人，享受着永远的幸福。天堂共分 9 重。

贝尔德丽采领着但丁来到九重天。在那里，但丁被允许看到神的本质，

并聆听天使们的合唱。她接着领他到天府,从这个高处,并借助她的视力,他看到了天使们在天国里享福的灵魂的喜悦。他被这种景象弄得目眩神迷,当他清醒时,发现贝尔德丽采已离他而去,身旁站着一位老人。老人告诉他贝尔德丽采已回到御座。他又告诉但丁,假如他愿意看到天堂更多的幻象,他必须和老人一起为圣母玛丽亚祈祷。但丁欣然接受,沉思冥想上帝的荣耀,刹那间瞥见了最伟大的秘笈,即圣父、圣母、圣子"三位一体",人与神结合的奥秘。诗人

觉得,在天府里才算真正看见了人类的幸福。

　　《神曲》是一部想象的诗篇,用意大利俗语写成,轴心以评说各种人物为宗旨,体现神学宏大庄严。整部诗篇洋溢着但丁人文主义色彩,包括有一定罪孽的灵魂,他仍然含有同情在里面。在他看来,人是经过罪过、然后在炼狱中洗涤,再上升至天堂。因此他构思这样一个有着神学色彩的地狱、炼狱和天堂的三重天。

　　在他充满梦幻般绚丽夺目的诗篇里,仍然有现世与尘世生活的影子。整部诗篇想象奇特,结构完整,构思精妙,诗句形象、生动、有力,刻画人物和场景像浮雕一样凸现,几笔就能让人物活灵活现。描写非常出色,有一股动人的力量与迷人的魅力,对后世文学发展产生了极其深远的影响。地狱、炼狱、天堂有色调上的变幻,在地狱里,色调阴沉;在炼狱里,色调明朗;在天堂里,色调光辉。《神曲》用了许多象征、隐喻、典故,增加了读者理解上的难度。

妙趣横生的短篇故事集

——卜伽丘的《十日谈》

　　卜伽丘和但丁一样，作为 14 至 16 世纪西方文艺复兴时期的重要代表性作家而享誉世界。和但丁不同的是，卜伽丘是第一个用现实主义手法描写城邦生活的意大利作家。他的短篇小说集《十日谈》对欧洲乃至世界文学都产生了重要影响。英国文学之父乔叟的《坎特伯雷故事集》，显然受到他的影响，若将二书进行比较，《十日谈》更精彩些。他们以极大的热情与注意力，关心俗世生活，描写俗世中的芸芸众生，抒写他们的喜怒哀乐。这些故事风趣幽默，许多故事来自民间。显然，卜伽丘从民间文学中吸取了丰富营养，从而使他笔下的人物熠熠生辉、富有情趣、生动感人。当然部分故事描写情欲大胆、张扬，受到指责，而使它成为一部禁书。但这部书的文学魅力经久不衰，成为世界文学宝库中的瑰宝。其中对爱情的描写，是对世间爱情的肯定与赞美。

　　卜伽丘生于公元 1313 年的巴黎。父亲是佛罗伦萨的金融商人，母亲是法国人。童年时的卜伽丘生性顽皮，是个惹是生非的"孩子王"。少年时遵从父命，在意大利的那不勒斯学习经商，也学习法律。后来经常出入那不勒斯罗伯特宫廷，同王公贵族和社会名流有了交往。对古代文化与文学都产生了浓厚的兴趣，是意大利通晓希腊文的第一位学者。对当时的拉丁文和俗语也应付裕与。

　　大约 1340 年前后，他从那不勒斯回到佛罗伦萨。在尖锐的政治斗争中，他倾向于共和立场，反对贵族势力。他参加行会，代表共和政权出使其他城邦。尽管如此，他并不相信下层民众。1350 年，他和具有人文主义情怀的诗人彼特拉克相识，建立了深厚的友谊。

　　在商贾云集、世风开放的佛罗伦萨和那不勒斯等地。青年卜伽丘曾一度过着放荡不羁追求声色犬马的享乐生活，直到他父亲商行破产，不久又溘然长逝之后，他才如梦初醒，浪子回头，对自己过去的生活追悔不已，节衣缩食赡养家人。

才华出众的卜伽丘用俗语和拉丁语写过不少作品，又对古典文化颇有研究，这使他的声望与日俱增。1373 年，他受聘在圣斯德望修道院主持面向公众的但丁讲座，这在当时是极为荣耀的事情。1374 年，他的好朋友与知音彼特拉克因病去世，这给他精神上造成极大打击。第二年，他在病痛与贫困中辞世，终年62 岁。

《十日谈》像《天方夜谭》一样有一个引子，然后将一篇篇短篇故事串联起来，成为一部故事集。

故事引子是这样的：

1848 年，佛罗伦萨爆发了罕见的黑死病。瘟疫笼罩了全城，到处呈现出一片恐怖景象。人们四处奔窜逃命，十室九空，人心惶惶不可终日，仿佛世界末日临头……

在这场浩劫中，有 10 个青年男女侥幸地活了下来，他们结伴逃出城外，来到小山上一处漂亮的别墅。这里宛若人间仙境，到处鸟语花香，流水潺潺，草木葱绿，一派赏心悦目的景致。从满目凄凉的死城来到这样一个阳光明媚的地方，大家有说不出的高兴。他们唱歌跳舞，做游戏，用轮番讲故事的方式来打发闲闷的时光。10 个青年男女，1 人讲 1 个故事，1 天讲 10 个故

事,这样度过了 10 天,讲了 100 个故事,故名《十日谈》。这些故事生动有趣,让人手不释传,一篇接一篇地读下去。

　　《十日谈》取材广泛,分别来自意大利中世纪的《金炉记》,法国中世纪的寓言和传说,宫廷里的传闻,街头巷尾的闲谈,以及当时发生在佛罗伦萨的真人真事等。本书阅读阶层主要是市民,因此尽可能满足他们的欣赏趣味。故事中的人物几乎囊括了社会的各行各业。从封建贵族中的王公大臣、贵妇到宗教界的神职人员;从学者、诗人、艺术家到银行家、旅店老板、船主、面包师、手艺匠;从农夫、奴仆、朝圣的香客到高利贷者、守财奴;从酒鬼、赌徒、海盗、无赖到流浪汉、落魄骑士、招摇撞骗的食客。所有城市市民都在此登台亮相,演出一场充满市井风情的剧种。作品充满对世俗生活的热爱,肯定他们的追求,因而深受市民阶层的喜爱。

　　卜伽丘作为一位杰出的人文主义作家,对妇女显示出可贵的尊重。他在《十日谈》序言中开宗明义地声称是一部写给妇女的作品,是献给那些“整天守在闺房的小天地内”的妇女的。《十日谈》塑造了许多敢爱敢恨的妇女形象,给读者留下了难忘的印象。

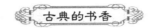

故事的花园

——《天方夜谭》

在世界各地,《天方夜谭》是一部家喻户晓、妇孺皆知的文学作品。这部民间故事集,以其光怪陆离、绚丽多姿的丰富内容与情节吸引着人们的眼球。儿童喜欢看,成人也喜欢看。成书时间比卜迦丘的《十日谈》要早,约在公元八九世纪阿拉伯地区就出现了这些故事的手抄本。可想而知,这些故事以原生态的说书形式进行传播时间还要早。它囊括了阿拉伯地区社会风俗、宗教信仰、传统文化、社会意识、生活状态、历史面貌。对于研究古代阿拉伯的历史和民间文化的发展都具有重要的学术价值。

《天方夜谭》可以说是阿拉伯民间文学的一颗璀璨明珠,也可以看成中世纪阿拉伯社会一面"一尘不染的明镜"。高尔基把它誉为民间口头创作中"最壮丽的一座纪念碑"。伏尔泰说:"我读了《一千零一夜》四遍后,算是尝到故事体文艺的滋味了。"司汤达希望上帝让他忘记《一千零一夜》的故事情节,以便再读一遍,重温书中的乐趣。18世纪初,法国人加朗第一次把它译成法文出版,以后欧洲出现了各种文字的转译本和新译本,掀起了一股"东方热"。

《天方夜谭》是我国对《一千零一夜》的称呼。我国称阿拉伯为"天方国"。因为这个故事是在夜间讲述的,故称为《天方夜谭》。埃及人则将这些故事集称为《一千零一夜》。16世纪这些故事已经基本定型,十字军东征时期被带往欧洲。从此以后,这些传奇故事在世界各地获得了广泛传播,受到普遍称赞,成为老少咸宜的读物。

《天方夜谭》描写的社会生活极其广阔。人物来自社会的各个阶层,展现了一幅五光十色趣味盎然的生活画卷。幽默、讽刺、夸张、智语警言、对比手法,层出不穷。歌颂了劳动人民勤劳、勇敢、智慧品格,鞭挞了统治者的昏庸无能、丑态百出的嘴脸。这些故事被描写得生动、形象、有趣。神话、童话、寓言、传说等,应有尽有,丰富多彩。大小故事260多个,由三部分组成:一部分来自古波斯著作《一千个故事》,这是全书主干;一部分来自埃及;一部分来自伊拉克,讲的是黑衣大食的故事。有历史故事、冒险故事、神魔故事、恋爱故事。上至王公贵族,下至平头百姓,一应俱全。场景不断变化,有埃及、法国、巴格达、印度、中国等。故事充满了东方情调与浪漫色彩,让人读得津津有味。

《天方夜谭》对西方各国的文学、音乐、戏剧、绘画产生了极其深远的影响。在卜迦丘的《十日谈》、莎士比亚的《终成眷属》、莱辛的《智者纳旦》、塞万提斯的《堂吉诃德》、拉伯雷的《巨人传》都可以找到《天方夜谭》影响的痕迹。说它哺育了众多作家成长一点也不过分。它是世界文学最深的潜流,是小说形式最早的发源地,成为世界文学发展史上具有里程碑意义的经典画廊。

《天方夜谭》和《十日谈》一样,也有一个引子,将大大小小的故事串起来,成为一本故事联缀。它的引子是这样的:

相传在中国与印度之间,茫茫大海上有一座岛屿,萨桑国就建在岛上。这里风光美丽,街市繁华。大王子山鲁亚尔继承王位后,把国家治理得井井有条,百姓安居乐业,呈现一派太平盛世的景象,国王深受臣民的爱戴。

20年过去后,不幸却降临了这个国家。起因是山鲁亚尔发现了王后与仆人的私通,于是一怒之下,将淫乱宫闱的40名男女与王后一同处死。从此,他憎恨女人,并疯狂地报复女人。他决定每天娶一位女子,第二天杀掉再娶。命令下达后,许多青年女子成了国王刀下之鬼,许多人外出逃命,京城内一片恐慌。

此时宰相的女儿山鲁佐德目睹了国王的胡作非为,为了拯救所有女子,自告奋勇地要嫁给国王。宰相坚决不答应,并给女儿讲了"水牛与毛驴的故事",警告女儿这样做的危险。山鲁佐德不顾父亲反对,毅然进了宫。

山鲁佐德进宫之后,恳求国王让她与妹妹相见。国王命人把她的妹妹接

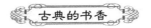

来。姐妹相见，分外亲热。妹妹按照姐姐的吩咐，要求姐姐讲故事。国王好奇，专心听山鲁佐德讲故事。故事讲到精彩之处，天发亮了。国王意犹未尽，不忍心杀她，想等她翌日把故事讲完之后，再杀也不迟。

第二夜，山鲁佐德抓住国王的好奇心，每到天亮时故事便戛然而止。被山鲁佐德故事迷住了的国王，再也无心杀她。这些故事神奇美丽，异彩纷呈，大故事套小故事足有二三百个。最长的故事10夜、20夜才能讲完。故事情节跌宕起伏、曲折离奇、扣人心弦。国王被山鲁佐德的故事感化了，终于不再杀害女子，并和山鲁佐德白头到老，命史官记下山鲁佐德的故事。这就是《一千零一夜》，其中以《阿里巴巴和四十大盗》《阿拉丁的神灯》《渔夫和魔鬼》《辛巴达航海旅行记》最为著名，成为全世界儿童爱读的启蒙读物。

近代著名的资产阶级政治学

——马基雅弗利的《王者之道》

《王者之道》一般译为《君主论》。英国著名哲学家罗素在他的名著《西方哲学史》中这样评价道："文艺复兴虽然没产生重要的理论哲学家，却在政治哲学中造就了卓越无比的一人——尼科罗·马基雅弗利。"马基雅弗利是在他那个时代第一个研究现实的政治家。在此之前，政治一向为神学所统治。柏拉图的理想主义、亚里士多德的形而上学的政治学、阿奎那经院哲学的政治学，在古代至中世纪漫长的岁月里占据整个地位。但这一切都无法解释急剧变革的政治现实，特别是意大利的四分五裂的政治局面。这促使马基雅弗利把思考的眼光投向了现实的政治，来解决现实中出现的问题。他希望有一个统一的意大利出现，这是他写作该书的主要目的。

提到马基雅弗利，有的读者也许会不屑一顾，嗤之以鼻，因为有关他的政治学说历来毁誉不一。他对道德没有表现出过于的热衷，而对权术大加赞赏，因此把他看成恶德败行、玩弄阴谋的政治家。但在一个险象环生的政治危局中，讲道德的国家却常常要丢掉它的国家，这是有历史可查的事实。

马基雅弗利是世界上少有的被列为对人类思想产生重要影响十位伟人之一。无数的统治者、政治家都从他的思想中吸取精神的力量。他们在政治运作中都若隐若现地在实践着马基雅弗利的政治原则。在马基雅弗利以前，这些政治原则都是零星地存在于历史文献之中，或被历史中某位著名人物毫不显山露水地加以运用。马基雅弗利通过对现实政治活动的充分观察，在研究各种历史文献中，把这些政治原则加以系统化，并写成了这部具有争议的《王者之道》。由于他的学说和传统的理想主义有些背道而驰，使他不为多数人所接受。但他学说的现实主义立场却是深谙治国之道，是对混乱政治进行治理的一剂良药。

IL PRINCIPE
王者之道
(意)尼科洛·马基雅弗利 著　李柏光 秦千里 译
中国人事出版社

马基雅弗利的政治学说，和中国两千多年前的韩非思想有某些相通之处，都是讲君主的治国方略，重在权谋，即如何拥有权、巩固权、使用权，在政治漩涡中立于不败之地。马基雅弗利与韩非所不同的是，他的视野更宽阔，论述范围更广泛，对人性的洞烛幽微更透彻。不管我们是否同意他的观点，马基雅弗利确实是一位重要的政治思想家。

马基雅弗利出生在意大利文艺复兴高潮年间的 1469 年，也是文艺复兴运动的发源地佛罗伦萨。意大利在文艺复兴的春风化雨中，虽然拥有了但丁、卜伽丘这样令人骄傲的人物，但在军事上仍然软弱无力，被分裂为许多小的诸侯国。马基雅弗利在这样一个动乱年间出生了。

马基雅弗利的父亲是一名律师，母亲有很好的文学修养。他虽出生于名门望族，却在走下坡路。在他出世之后家族已沦为贫寒的一支，这使他无法接受系统的教育。在父母严格家教的熏陶下，少年马基雅弗利就阅读了大量书籍，养成了独立思考与崇尚自由的精神品质。

1492 年，佛罗伦萨梅迪契家族的君主罗伦佐去世，佛罗伦萨成为一个共和国，梅迪契家族被驱逐出意大利。1498 年，马基雅弗利已年届 29 岁，成了共和国领导中心"十人委员会"的秘书，任职长达 14 年。他积极参与军事、外交活动，曾以使节的身份多次出使法国、德国，并在国内以外交官身份执行公务。1512 年，梅迪契家族复辟，因此他被解职，次年遭放逐，之后他回到佛罗伦萨自己的庄园里过着退隐生活，专心著述。在此期间，他集多年外交与政治经验以及广博的历史知识，写下这部《王者之道》，以表达对君主的忠心与崇拜，希望获得君主的宠幸。但是，这部《王者之道》还没有来得及发表，佛罗伦萨就爆发了起义，共和国再度掌权。马基雅弗利又向新政权谋求职位，遭到拒绝。在极度失望与痛苦之中,马基雅弗利忧病成疾而去世。

《王者之道》全书 26 章。前 11 章论述君主国应该怎样进行统治和维持下去。强调有势力保护国家容易,反之则难。君主应靠强权与谋略取胜。第 12—14 章阐明武力是国家的基础,军队是国家的支柱,君主要拥有自己的武装。战争、军事制度和训练是君主唯一专业。后 12 章是全书的重点,全面论述马基雅弗利的政治权术理论。

《王者之道》对不同类型的君主国做了明确划分。如世袭制、混合制,依靠武力和能力获得的新政权,依靠他人武力或者由于幸运而获得的新政权,世民制、宗教制等。君主们应参照别国治国经验,结合本国实际,因地制宜地建立适合本国的君主政体,这是君主立国之初应首先考虑的原则。君主立国要依靠自己的能力和自身的力量,凡是这样做了,日后保持地位就没有多少困难。这是马基雅弗利为君主巩固自己的权力地位提出的第二条原则。

任何一位君主或政治家要想在事业上获得成功,必须学会政治统治方法这一基本行为原则。这既是书中的重点,也是后世争论的焦点。

《王者之道》认为应把政治行为和伦理行为加以区别。人们必须学会用两种斗争法则:一种诉之法律;一种应用武力。而前种常常显得力不从心,迫使人们必须应用后者。这就要求君主善于明察秋毫,既善于辨别陷阱,也善于应付危局。

《王者之道》强调君主目的高于一切,为了达到目的,君主可以不择手段。因为任何优柔寡断、患得患失,都会使他坐失良机,从而使他丧失成就伟业的机会。

在西方政治思想史上,马基雅弗利占有重要的地位。他被称为资产阶级政治学的奠基者。他一方面系统地总结了历代统治阶级的统治方法,突出表现在说明目的手段正当的政治无道德论,被后世称为"马基雅弗利主义";另一方面,作为新兴的资产阶级政治思想家,他已摆脱了传统的宗教思想的束缚,政治理论不是从神学的说教出发,而是从现实着手,用历史的事实来解释政治、法律领域中的问题。马基雅弗利是现实地看待政治领域里的问题,对处于危机四伏的政治环境中如何保有权力,巩固权力,都具有重要作用。

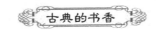

对英国文学发展产生重要影响的短篇故事集

——乔叟的《坎特伯雷故事》

乔叟的《坎特伯雷故事集》、卜伽丘的《十日谈》以及阿拉伯的民间故事集《天方夜谭》，都属于比较类似的短篇小说故事集。其共同之点，是有一个引子将一篇篇故事连缀起来。但每个故事又独立成篇，故事与故事之间并没有任何情节上的联系。中国古典白话短篇小说集中，冯梦龙、凌蒙初编著的"三言二拍"即《警世通言》《喻世明言》《醒世恒言》《初刻拍案惊奇》《二刻拍案惊奇》，也可以看成是属于同一种类型的短篇杰作。

此外它们的另一个相同之处是，这些故事大都很早在民间中就有流传，然后经过文人之手进行艺术加工润色，深受各国人民的喜爱，拥有最广泛的读者群。这些故事都反映了广阔的生活画面，描写了广大人民群众的喜怒哀乐，故事幽默风趣，体现了民间智慧，成为百读不厌的畅销书。尽管如此，但这几部作品还是有许多不同之处，它们来自不同地域，反映的异域风情自然各不相同。有的采用现实主义的描写方法，如《十日谈》《坎特伯雷故事集》；有的却是奔放的浪漫想象，如《天方夜谭》；有的在采取现实主义描写的基础上夹杂许多封建迷信部分，从而充满了奇异的幻想色彩，如"三言二拍"。由于具有不同的风格，从中也可以看出不同的文化影响了各国文学发展的走向，这是不容忽视的地方。

乔叟是英国文学之父，用纯英语写作，重要作品《坎特伯雷故事集》对英国文学的发展产生了重要影响。

乔叟生活在欧洲文艺复兴风雷激荡时期。他比卜伽丘晚出生，约生于公元 1343 年伦敦一家富有的商人家庭。父亲是酿酒商和皮革商。他所受的教育不太确切，但他却有很高的文化修养和极其丰富的人生阅历，对社会各色人物观察仔细，洞察幽微。

他14岁进入宫廷，任英王爱德华三世的儿媳阿尔斯特伯爵夫人的贴身侍从。1359年随爱德华三世出征法国，被法军俘虏，后被赎回。

1366年乔叟和菲莉帕结婚。菲莉帕的妹妹后来嫁给了兰开斯特公爵，而兰开斯特公爵是英王爱德华的次子。因此，乔叟受到兰开斯特公爵的保护。

从1374年开始，乔叟担任多项公职。先被任命为伦敦港口羊毛皮革关税总管，后被英王理查二世任命为皇室修建大臣，主管维修公共建筑、公园、桥梁等。此后，他还担任过肯特郡的治安官，并被选为国会议员。最后他又被任命为皇家森林官，掌管萨默塞特郡皇家森林。

乔叟是一位转换公职较多的作家，这些公职使他开阔了眼界，有机会接触到英国社会各方面的人物。再加上他很早就在宫廷生活，是当时宫廷有名的诗人。这都为他写出《坎特伯雷故事集》这样一部文学杰作奠定了基础。

1400年10月25日，乔叟与世长辞，终年57岁。英国文坛上的一颗巨星陨落了，但他的光芒却照亮了英国文学的发展之路，滋养了莎士比亚这样的文学巨匠，哺育了英国众多文坛新星。他不仅是英国人民的骄傲，而且为世界文学发展做出了独特的贡献，这使他在世界文学史上也占有一席重要之地。

乔叟被安葬在威斯敏特大教堂里的"诗人之角"。这所教堂被英国人称之为"荣誉的宝塔尖"，不仅举行过英王婚礼和加冕礼，也是许多英国名人的长眠之地。这也证明英国对他文学功绩的充分肯定。伴着他的英灵长眠的还有丁尼生、布朗宁等。在他下葬的坟墓边，有一扇专门的"纪念窗"，上面绘着他的名作《坎特伯雷故事集》里的情景。

《坎特伯雷故事集》创作于1387年，到他去世的1400年写成，前后花了13年时间。说明乔叟写这部故事集是酝酿了很长时间，精心创作的一部杰作。

故事开始之前，有一个引子，引子是这样的：

一群朝圣的香客，包括乔叟在内，一共31人，来自社会的各个阶层。他们于 1387 年 4 月中旬，在伦敦泰晤士河畔的一家小旅店里集合，准备前往英国伦敦 70 英里以外的坎特伯雷城去朝拜托马斯·阿·贝克特的圣祠。

晚饭后，旅店老板哈里·贝利建议香客在来回的路上各讲两个故事。乔叟自告奋勇做向导，并担任裁判，谁的故事讲得最好就可以白吃一餐好饭。于是这些朝圣者开始讲故事，这些故事为人们勾画出了一幅英国充满生机、充满欢愉的市井风情画。其中要数下面的故事最为精彩——

骑士讲的派拉蒙和阿色提爱上艾米里亚的爱情悲剧故事；卖赎罪票者讲的关于死神降临贪财者身上的劝世寓言故事；女修士讲的关于狡猾的狐狸和虚荣的公鸡的动物寓言故事；商人讲的关于老夫少妻的家庭纠纷的故事；自耕农讲的关于忠诚爱情和慷慨行为的故事。

在这篇陈旧的寓言中，乔叟赋予了故事许多新意，使故事成了一出现实主义的喜剧。内容绚丽多彩，语言轻松活泼，雅俗共赏。《坎特伯雷故事集》内容包括了传奇、道德训诫、喜剧或滑稽故事、动物寓言等。这些故事充分显示了乔叟高超的写作技巧与才华，他熟谙中世纪欧洲各种文学类型，并能运用这些文学类型写出优秀的文学作品。这些故事都有独到之处，读者可以各取所需，并能照出自己的影子。乔叟热爱生活，热爱人。他有很深刻的洞察力，能够观察到人性的弱点。虽然他也善于在作品中对人们身上的缺陷冷嘲热讽，但他更多表现出来的是宽容同情。乔叟具有幽默、讽刺才能和无与伦比的说故事才能，塑造的人物性格鲜明、活泼，充满朝气，对话滑稽有趣。每当读者读到滑稽之处，常常会为之捧腹，甚至会露出含泪的笑。乔叟作品语言生动，既注意人物外貌的描写，也注意展示人物细腻的心理变化，使他的作品充满了魅力。

乔叟被誉为"英国诗歌之父"，他首创"双韵体"，后来演化成"英雄双韵体"。

乔叟在世时其文学功绩就受到世人的尊敬与肯定，被看成是英国民族文学的奠基者，也是英国人文主义的开山之祖。他继承了但丁、卜伽丘的文学传统，并在英国本土结出丰硕的果实，作品一直被视为英语文学的典范。自乔叟以来，英国文学开始了一个群星闪烁的文学世纪。

令人心折的莎翁戏剧

——《莎士比亚全集》

　　意大利文艺复兴的和煦春风向英国封建时期古老城堡吹去了一股清新的气流。1564 年 4 月,英国一代戏剧天才莎士比亚在艾汶河畔斯特拉福小镇的一个富商家里诞生了。少年时代的莎士比亚,曾在当地的文法学院学习古典文学、拉丁语和法语,但因家道中落而辍学,从此开始了艰难的独自谋生。1582 年,他 18 岁,娶了年长他 8 岁的安妮·赫瑟温,有了 3 个孩子。21 岁,因与地方权贵发生冲突,不得不离家出走,来到伦敦,寻找新的生活机会。他曾给人帮佣,后到剧场替人看马,在剧院里干些杂役,充当临时演员。这些辛酸的经历,使他广泛地接触了下层社会,深知民众的疾苦,对世态炎凉有了深刻的认识。1500 年莎士比亚开始了他的戏剧创作道路,并与当时大学才子派的剧作家有了交往,很快他的戏剧才华开始崭露头角。从 1597 年开始,他的剧本获得出版,十分畅销,从此莎士比亚一跃而成为英国文坛上最负盛名的剧作家,并成了剧院股东之一。大约 1612 年,他荣归故里,置办产业,在斯特拉夫安居,直至去世,享年 52 岁。

　　莎士比亚一生的戏剧创作颇丰,著有 37 部戏剧、2 部长诗和 154 首十四行诗。他被公认为文学史上最伟大的诗人和剧作家。经过多少世纪的冲刷,他的戏剧依然保持了旺盛的生命力,像一块巨大的磁石吸引着无数的读者为之陶醉,被他的巨大的艺术魅力所征服。这是因为他的戏剧充满了想象力与对人性的深刻洞察,善于表现人类丰富细腻的情感与心理活动,戏剧情节复杂,多姿多彩,一波三折,充满矛盾和斗争,给人一种强烈心灵震撼与动人心弦的魅力。莎士比亚同时也是一位语言大师，他所使用的语言异常丰富，有人曾对他所使用的语言做过统计，他的剧本词汇量达 15000 多个，是世界上使用词汇最丰富的作家之一。他的长诗《维纳斯与阿多尼斯》(1593) 和《鲁克丽丝受辱记》均取材于古罗马作家奥维德的《变形记》，主要歌颂爱与美。154 首十四行诗显然受意大利诗人彼特拉克的影响，但有独创性，并开创了英国十四行诗的先河，被誉为"莎士比亚体"。有的研究者认为，他的 154 首十四行诗前 126 首是写给一个青年贵族的，而 126 首以后的诗是写给一个黑肤女郎的，个别篇幅与两者有关。诗歌反映了作者对生活的热爱，对爱情、友谊、青春、艺术的追求与赞美，反映了作者理想的人生观和人文主义情怀。他的戏剧创作主要为历史剧、喜剧、悲剧与传奇剧，可大致分为三个时期。

历史剧主要反映 13—16 世纪 300 多年来封建君主之间的争权夺利，表达了作者反对封建割据，维护国家统一的人文主义理想。其中《亨利四世》(1597)、《亨利五世》(1599) 是代表作。前者塑造的是一个有才干但并不完美的君主，《亨利五世》着力塑造一个理想与开明的君主形象。莎士比亚的历史剧善于把宫廷的典雅生活与金戈铁马的战争场面交织一起，其中又融合了丰富的市民生活，场景壮观，给人一种强烈的情感与视觉冲击。

一般而言，他的喜剧具有明媚气息，洋溢着生命与青春的激情，充满反封建与教会禁欲主义的色彩，表达了近代以来的爱情观念。把中世纪以来禁锢下的性爱上升为审美对象，描写了众多温柔、美丽、机智、热情的妇女形象。《威尼斯商人》(1596) 是莎士比亚的喜剧代表作，该剧跌宕多姿的情节，深刻的人性描写，富有机智的交锋场面，广泛的社会世相，让观众为之动容。

《威尼斯商人》主要围绕"一磅肉"的情节，分三条线索展开。主线索是安东尼奥与夏洛克的对立；其次是巴萨尼奥与鲍西亚的爱情；最后一条线索是夏洛克之女杰西卡与基督青年罗兰佐的爱情线索。主要描写安东尼为帮助朋友巴萨尼奥与富家女鲍西亚的爱情婚姻，向高利贷商人夏洛克借款，并立下字据,如果三个月到期不能还款,要在安东尼奥胸上割下一磅肉来作为补偿。结果安东尼奥因商船途遇风暴,不能如期还款,于是夏洛克将安东尼奥告上了法庭,要按约割肉。鲍西亚乔扮律师在法庭上为安东尼奥巧妙辩护,并智胜夏洛克。该剧塑造了一位机智的鲍西亚的形象,让人印象深刻。

喜剧中值得一提的还有充满诗情画意的《仲夏夜之梦》、令人捧腹大笑的滑稽剧《错误的喜剧》、妙趣横生的《温莎风流娘儿们》、艺术精湛的《第十二夜》。

莎士比亚剧本中最高成就的是悲剧作品。在他的前期创作中,悲剧《罗密欧与朱丽叶》是一部最为催人泪下极富抒情色彩与诗情画意的作品。一对青年男女由于出身于不同的门第,而且两家有着世仇,从而阻碍了这对年轻人的爱情结合,于是双双殉情而死。最后双方家长因他们的死受到震撼,爱情战胜了世仇,从此两家握手言和。表达了人文主义理想超越了封建家族的仇恨,化干戈为玉帛。

莎士比亚中期主要从事悲剧创作,《哈姆雷特》《李尔王》《麦克白》《奥瑟罗》被誉为四大悲剧。

《奥瑟罗》集中写了阴谋与嫉妒所产生的悲剧。威尼斯城邦军事统帅摩尔人奥瑟罗爱上了元老勃拉班修的漂亮女儿苔丝狄蒙娜,并与之秘密成婚。勃拉班修得知女儿嫁给了黑人,恼羞成怒上告元老院。他的女儿当众承认自己与奥瑟罗的爱情。不久传来塞浦欧斯的紧急军情,奥瑟罗奉命出征,苔丝狄蒙娜也随夫前往。奥瑟罗任命凯西奥为副将,遭到旗官伊阿古的嫉恨。于是伊阿古设计陷害奥瑟罗,诬陷凯西奥与苔丝狄蒙娜有私情。嫉妒之中的奥瑟罗,掐死了心爱的妻子。真相大白后,他悔恨交加,拔剑自刎。伊阿古也受到了应有的惩罚。剧本对封建门第、种族歧视进行了批判,反映了文艺复兴时期尖锐的社会矛盾。

《李尔王》主要写丧失理性所产生的悲剧。不列颠王李尔刚愎自用,用人不当,结果被两个女儿所抛弃。在经历了权位变故和暴风雨般的思想斗争后,才重新恢复失去的理性。剧本充分反映了动荡时局和社会灾难。揭示了金钱、权势对人伦关系和整个社会秩序的破坏。表明了人文主义理想在严峻现实面前的软弱无力。李尔王性格转变,表明作者对贤明君主的寄托。

《麦克白》主要写人的野心产生的悲剧。通过麦克白从煊赫一时的英雄堕落为人人痛恨的暴君过程,批判了麦克白在野心的驱使下走上犯罪的道路,集中展示了野心与良知的矛盾冲突,表达了作者对社会稳定、国家和平统一的愿望。

《哈姆雷特》是莎翁悲剧作品中最伟大的剧本。该剧主要描写丹麦王子为父报仇的故事。但这场复仇剧已经不是简单个人恩怨的仇杀,而是充满人文主义思想与封建思想对立的交锋,表达了作者对人文主义忧思与出路的探索产生的幻灭感。通过哈姆雷特与谋杀篡位的叔父克劳狄斯同归于尽的悲剧性命运,对人文主义理想的软弱与黑暗势力的强大政治现状感到迷惘。《哈姆雷特》是莎剧情节最为惊心动魄、对人物的复杂性格和心理活动最为细腻深刻描绘、思想性与艺术性完美统一最出类拔萃的不朽杰作。

剧本写的是丹麦王子哈姆雷特的叔父在他出国留学德国期间,谋杀了王子的父亲并篡夺了王位,准备与王子的母亲成亲。王子听到父亲去世的噩耗后,匆匆赶回国内。在夜间,老国王托梦告诉王子自己去世的真相,哈姆雷特决心为父报仇。为了转移叔父的视线,王子装疯卖傻,并对自己的女友奥菲利亚表示冷淡。国王克劳狄斯开始怀疑王子,派人打探王子的行踪。王子逢场作戏,将此一一掩饰了过去。此时宫中来了一个戏班子,王子为了证实叔父克劳狄斯是真正的杀人凶手,导演了一出杀兄篡位的戏,"戏中戏"证明了老国王托梦并非虚言,但也引起了克劳狄斯怀疑。克劳狄斯为了弄清王子发疯的真正原因,让王后去劝说,并派首相波格涅斯在幕后偷听,结果首相波格涅斯被王子当成叔父刺死。克劳狄斯以此为借口派人把王子送往英国,并让英王杀死王子,王子途中施计安然返回。奥菲利亚因父亲之死而精神失常,溺水身亡。她的哥哥雷欧提斯要为父报仇,煽动人们冲进王宫。国王狡猾地把矛头引向王子,挑动雷欧提斯与王子决斗,企图用毒剑、毒药害死王子。王后误饮毒酒而死。王子与雷欧提斯在决斗中都身中毒剑,雷欧提斯临死前说明事情真相,国王阴谋败露,王子乘机用毒剑刺死了克劳狄斯,自己也倒地而亡,临死时,王子要他的朋友霍拉旭将此事告诉后人。

《哈姆雷特》表现了人文主义理想在担负扭转社会的历史乾坤上所遭遇阻碍上的脆弱性。哈姆雷特在留学期间深受人文主义思想的影响,回国之后所面临残酷现实使他感到人文主义的空幻性,这使他的精神倍感压抑以至忧郁,使他在完成为父报仇过程中犹豫不决,错失良机,险遭毒手。从一个侧面反映了克劳狄斯统治势力的强大稳固,使哈姆雷特对改造社会的前途信心不足。他多次想寻机完成父亲的遗愿,又匹马单枪缺乏足够的力量,因为他父亲在世时的大臣都已趋炎附势,成了克劳狄斯的左右手,他虽然最后还是刺死了仇人克劳狄斯,但这只是为个人恩怨画上了句号,无力改变整个社会现实,这正是哈姆雷特悲剧性的命运所在。这种悲剧不是哈姆雷特个人的悲剧,而是反映着当时整个时代与人文主义命运发展所遭遇阻碍的悲剧性命运,这正是莎士比亚想通过此剧要解决的复杂社会命题而感到迷惘困惑的地方,即理想与现实的矛盾问题。莎士比亚通过此剧为我们塑造了一个具有多面性而又充满魅力的人物形象,从而有了一百人就有一百个不同的哈姆雷特的解释,就有一百个哈姆雷特形象在人们的心目当中,使哈姆雷特成为最具争议而又最让人迷恋的永恒话题。

莎士比亚以他卓尔不凡的戏剧创作才华,为我们塑造了众多的令人难忘的艺术形象,再现了广阔的社会舞台,描写了丰富的社会世相。他富有启迪的人生哲理,使他的戏剧成为文学史上不可逾越的高峰。我们每次重读他的剧本都会获得一个新的发现。正如他同时代的诗人本·琼生所言,莎士比亚不是属于一个时代,而是属于所有的世纪。他的剧本被翻译成70种语言,在世界上广泛传播,受到全世界读者的喜爱。莎士比亚成了跨越时空的巨人而光照千秋。

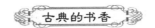

对骑士小说的幽默讽刺

——塞万提斯的《堂吉诃德》

  如果用一句话来概括塞万提斯的一生，那么"身世坎坷，著作不朽"应是作者的真实写照。塞万提斯一生很不走运，倒霉的事一桩桩在他生命中出现，终生在贫困中度过，很不得志。直到垂暮之年，才写出伟大惊人的名著《堂吉诃德》。尽管《堂吉诃德》在当时已经成了畅销书，但作为伟大作家的名声却是在他去世后才确立的。

  塞万提斯生活在 16 世纪西班牙强盛时期，但自从西班牙的"无敌舰队"败给英国之后，就开始走向衰落，社会现实趋向黑暗。坚信理想信念的塞万提斯在生活中却四处碰壁，债务缠身。不仅丢掉了手上的工作，还饱尝牢狱之灾。他一生干过多种职业，当过兵，打过仗，干过苦力，还当过军需官，收税员，走投无路之时，开始从事青年时期的梦想——写作。他写诗，写剧本，都不成功。不曾料想他模仿骑士小说文笔极尽讽刺之能事的小说《堂吉诃德》第一部就取得了轰动性的成功，社会上甚至出现假冒的《堂吉诃德》续集。为了正本清源，塞万提斯又抓紧写出第二部《堂吉诃德》，一上市，又获得同样的成功。作者在完成最后一部小说之后，患水肿病去世。多难的作者安详地合上了他的眼睛，他的《堂吉诃德》获得了全欧最伟大小说的声誉，可惜他却看不到这一天的来临。

  1547 年，塞万提斯生于西班牙中部的一个小镇，确切生日不详，只知道他接受洗礼是 10 月 9 日。祖上是没落贵族，父亲是江湖郎中，1561 年迁居马德里，家中有 7 个儿女需要抚养，生活贫困艰难。1568 年，塞万提斯被父亲送到马德里中学就读，1569 年被红衣主教相中带到罗马。这使他有机会遍游意大利的佛罗伦萨、米兰、帕尔马等城市，接受意大利文艺复兴运动的洗礼和人文主义思想的熏陶，并从主教私人藏书中饱览文化典籍。在当时，一个青年人出人头地的最好机会是参军,经人介绍,塞万提斯投身军界,成为"侯爵号夫人"战舰上的一名士兵。1571年10月7日,塞万提斯作为西班牙驻罗马的联合舰队与土耳其海军在雷邦多发生激战。塞万提斯当时还发着高烧,但仍坚持要求参战。战斗中表现非常英勇,身中两发子弹,左臂受伤。雷邦多海战以西班牙联合舰队胜利而告终,伤势痊愈后的塞万提斯却永远地失去了左臂,被人称为"雷邦多的独臂英雄"。此时生活仍无着落,只好重返部队,又参加了1573年出征突尼斯的战斗,迅速获胜。两年后他回防那不勒斯,遇到了亲弟弟,两人互诉思乡之情,于是告假回家,携带着舰长堂·胡安与西西里总督塞萨公爵的"保荐信"。如果不发生什么意外的话,塞万提斯谋个稳定的职业应不在话下。

天有不测风云,正当塞万提斯与弟弟兴高采烈地乘坐"太阳号"返回西班牙途中,船至马赛港附近海岸,被土耳其海盗劫持至阿尔及尔。海盗头子玛米从塞万提斯身上搜到了那两封面呈西班牙国王的信件,断定塞万提斯非等闲之辈,于是命令他向家人写信以索取赎金。塞万提斯和他的船友全部成了海盗的奴隶,被罚做苦役。塞万提斯曾两次组织难友逃走的计划均因事泄失败。1577年塞万提斯父母好不容易凑足300克朗托两名教士去赎塞万提斯,玛米认为塞万提斯不止这个价,把他弟弟放了,而他仍留下来做苦工。阿尔及尔总督哈桑抓到了越狱出逃的塞万提斯及难友,对他们施以重刑,塞万提斯带头站出来承担了一切责任,哈桑为他的勇气所感动,不愿他重回玛米之处,花500克朗将他买下。1580年通过西班牙教会的积极奔走,筹得钱款,才把他赎了回来。

回国之后的塞万提斯前景依然暗淡,雷邦多海战光荣历史已经成为陈迹。许多退伍老兵无人问津,他又一次回到部队,驻扎在葡萄牙的里斯本,又旋即离开。因为对一个残疾士兵来说晋升军官的希望微乎其微。

回到马德里后,塞万提斯到处奔走找工作,无果而终。昔日写作梦想在心中像火炬燃起。他的第一本小说《伽莱苔亚》为他带来了一定名声,但仍未改变窘境。他又投入戏剧创作,先后写有 20 多部剧本,大部分已散失,留给后人的只有《奴曼西亚》和《阿尔及尔风习》,其中《奴曼西亚》更为有名。

戏剧失败,塞万提斯暂时终止了创作,经友人举荐,当上了军队征粮官,由于生性耿直,秉公办事,多次遭到诬陷,甚至还被关进监狱,后来虽然取保释放,但此事却使塞万提斯心灰意冷。1594 年,他当上了收税员,又因税款存入银行,银行倒闭,部分税款无法收回,他再次入狱,直到 1603 年他才从这场纠纷中脱身。这些事情使他进一步认识到社会的黑暗。

他迁居到瓦雅多利德后,胸中充满了对社会的愤懑,创作欲望高涨,据说他曾在狱中就开始构思这部奇特的小说《堂吉诃德》,如今他要把它写在纸上。我们很难想象这样一部伟大著作却是在一个下边是酒吧上面是妓院,还经常有家人进进出出的吵闹声的破屋里诞生的。

1605 年 1 月,《堂吉诃德》历尽艰难终于出版,立刻轰动全国,当年就再版了 6 次,西班牙、英国、法国一共再版 16 次,总计不下 15000 册,这在当时识字率不高的情况下算是一个惊人数字。此后他笔耕不辍,写了大量短篇小说、诗歌、喜剧和幕间短剧等。

1616 年,塞万提斯走完了他人生的最后历程,终年 69 岁。尽管我们既不知他生于何年,也不知他葬于何处,但堂吉诃德那种永不言败的精神是塞万提斯精神光芒所在。《堂吉诃德》那种"含泪的笑",在读者心中强烈回荡。它幽默、诙谐的风格,夸张、讽刺的笔法,使之成为世界文学史上无人比肩的最伟大的小说。马克思、海涅、拜伦、菲尔丁、福楼拜都曾阅读过他的作品,并给予了很高的评价。堂吉诃德成为文学史上不朽的艺术典型。

《堂吉诃德》全书以模仿骑士小说的方式叙事。描写西班牙拉曼却地方的穷绅士堂吉诃德因酷爱骑士小说,走火入魔,在已过天命之年,准备出外冒险,干一番惊天动地的伟业。他戴上祖辈留下的破头盔,骑一匹劣马,挎着盾牌,拿着长枪,将一个丑陋的养猪女子当意中人,取名为杜尔西内娅,开始了行侠仗义的冒险生涯。

他干的第一件事是被授"骑士"封号。他将一家客店视为封建城堡,客店老板自然成了城堡主人。他将老板叫到马房,双膝跪下乞求老板封他为骑士。老板把他当成疯子,为了尽快打发他走,假装将账簿当《圣经》口中念念有词,在堂吉诃德颈上击了一掌,用他的剑使劲拍了一下,然后命两个妓女为他佩剑。"受封"仪式就这样完成了,但堂吉诃德却兴奋异常,他终于可以开始从事"骑士"的一连串冒险活动了。

他第一次冒险是营救一个被地主毒打的牧羊小孩,他对地主举枪就刺,逼地主偿还孩子的工钱,吓得地主一一照办。等他一走,地主又把小孩重新绑在树上,狠抽了一顿。

堂吉诃德又来到一个十字路口,遇到一伙商人,他强迫商人承认他的意中人举世无双,商人不买账,他认为这是亵渎他的绝世美人,怒气冲冲向商人开战,结果被打得遍体鳞伤,被一个经过此地运麦子得老乡抬回家里。

在家养伤期间,他对游侠事业念念不忘。他说服贫苦农民出身的桑丘做他的侍从,并许诺当他征服了一座海岛之后,让桑丘做海岛总督,于是桑丘抛家弃子随他上了路。

他们来到郊外,远远望见三四十架风车,堂吉诃德将风车当成巨人,不顾桑丘的劝阻,拿枪向第一架风车冲去,结果刺中风车翅膀,风轮将长枪折为几段,一股劲将他连同马匹直扫出去,堂吉诃德翻滚在地,狼狈不堪。事后他始终不愿承认他刺的是风车,硬说魔法师与他作对,将巨人变成风车,剥夺他胜利的光荣。

一天夜里,主仆二人投宿一家客店,店主将他们安排与骡夫同住。夜间骡夫与店内女仆幽会,女仆摸错地方摸到堂吉诃德床边,堂吉诃德以为是一个美丽女神,揽入怀中,对她诉说情话。骡夫听见醋意大发,叫来一伙人与堂吉诃德扭打在一块,直到巡逻队长闻讯赶来才撒手溜走。倒霉的堂吉诃德被打得动弹不得。

主仆二人辞别客店继续前行,忽然前边烟尘滚滚,堂吉诃德认为遭遇敌群,桑丘定睛一看,根本没有什么军队,只是两队羊群扬起的尘土。堂吉诃德不听桑丘的劝阻,冲向羊群举枪就刺,牧羊人大声叫喊见他仍不住手,只得解下弹弓,将石子打来,他头皮被打破,牙齿被打掉几颗。牧羊人自知不妙,集合羊群,将七八只死羊扛到肩上跑了。堂吉诃德吃了亏,反认为这是天晴风定的征兆,表示时势就要好转。他安慰着桑丘,话还没说完,前面路上来了十一二个被押解到海上做苦工的犯人。行侠仗义的使命再次召唤着他,他打倒了押送士兵,解放了犯人。犯人不领情,用石子把他打倒在地,把他和桑丘

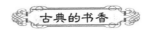

的衣服分光，四散逃走。堂吉诃德灰溜溜地回到家中。

堂吉诃德听说萨拉果城举行比武，不顾家人反对，带着桑丘又一次出门。遇上了"镜子"骑士向他挑战，结果被堂吉诃德刺于马下，"镜子"骑士只好认输而去。骑士是受堂吉诃德家人的请求由大学生加尔拉果乔装的，想把堂吉诃德骗回家中。

接着堂吉诃德又见一辆装有两头狮子的大车，他让赶车人把狮笼打开，要与狮子一决高下。凶猛的狮子不肯应战，打了一个呵欠，转身卧倒。

主仆二人又上路了，途遇一伙人，听说财主要拆散一对相爱的年轻人，逼姑娘嫁给自己，堂吉诃德感到很是不平。在婚宴上，青年用剑刺透胸部，流出很多血，声言要在临终前与姑娘成婚，财主也没有异议，于是在神父的主婚下，两个青年人举行了婚礼。不料青年拔出自杀的剑，那流出的血不过是灌血的铁管子，财主认为受到愚弄，想拼命，被堂吉诃德阻止，并平息了财主的怒气，人们都称颂堂吉诃德是个有胆识的正直人。

堂吉诃德主仆决定不再去萨拉果萨参加比武，改向巴塞罗那前进，又遇到了大学生加尔果拉装扮的"白月"骑士，要求与堂吉诃德决斗。这回堂吉诃德输了，只好服从命令，结束了游侠冒险旅程。

回到家中的堂吉诃德，很快忧郁成疾，开始醒悟骑士小说的危害，他立下遗嘱，将财产留给侄女，条件是嫁给一个没有读过骑士小说的人。三天后，堂吉诃德在亲友的悲悼声中离开人世。

《堂吉诃德》在西方长篇小说发展史上具有重要的里程碑作用，虽然本书在情节结构上有些松散，但作者将一个个冒险故事写得妙趣横生，书中许多闹剧性场面夹杂着滑稽性人物，为本书更多地涂上了一层层喜剧色彩，令人为之捧腹。作者亦庄亦谐、幽默讽刺的艺术手法达到了前所未有的高度。作者对中世纪遗风的骑士精神进行了无情嘲弄，对怀抱理想主义信念又脱离实际行为进行了清算，同时在一定程度上对黑暗的现实给予了暴露。所以它又是西班牙第一部现实主义长篇小说。由于历史条件的限制，作者并没有找到现实的出路来解决自己的精神危机，只是借小说传达了作者失意的回声。我们读这部小说为堂吉诃德怪诞、荒唐的行为感到可笑的同时，又对他的思想深刻肃然起敬。作者一方面通过对堂吉诃德性格矛盾的悲剧性描写，另一方面又赋予了他更多的喜剧化色彩，使这部小说艺术形象更加丰满，《堂吉诃德》是一部让没有读过此书的人心生遗憾的世界名著。

令人捧腹的滑稽故事
——拉伯雷的《巨人传》

这是一部用超级语言写成的滑稽小说。小说的结构太松散,既缺情节也不统一,人物形象分配也不匀称。乌托邦祖孙三代(祖父高朗古杰,儿子高康大,孙子庞大固埃)的传奇经历,闹剧似的场景,各种奇闻异事,插科打诨,都在这部奇特的小说中向读者和盘托出。时而鄙俗,时而典雅,上至王公贵族,下至平民百姓,社会各阶层人物在这部喜剧风格的小说中得到淋漓尽致的展现。夸张的人物、荒诞的情节、极富笑料的故事、机智的谈吐,诙谐、幽默,让人为之捧腹,但作者的用意却并不在此。在看似轻松、逗笑取乐的故事中,包含了作品极其丰富而严肃的主题。作者对视为神圣的经院哲学极尽挖苦嘲笑之能事,对那些宣扬迷信、胆小怕事的僧侣嘴脸进行了辛辣的冷嘲热讽,对封建司法制度下贪赃枉法、徇私舞弊、残害百姓的行径进行了深刻的揭露。作者在全部作品中自始至终贯穿着人文主义热爱知识、追求真理、主张现世的享乐生活的新兴资产阶级人生观。

这部小说的作者就是法国16世纪大名鼎鼎的拉伯雷,法国文艺复兴时期呼唤巨人时代而产生的伟大作家,人文主义学者,被列为世界上少数对文化做出重要贡献人物之一。由于新中国成立前《巨人传》没有翻译过来,新中国成立后不久出了节选本,名为《卡康都亚与庞大固埃》。五卷本的全译本是1981年由成钰亭翻译的,所以国内读者对拉伯雷不是很了解。

拉伯雷一生经历丰富,游学、传道、行医、写作构成了他多样人生的主线,交游非常广泛。作为神职人员,他又怀有异教思想,对僧侣没有表示多少敬意,相反更多的是尖锐的讽刺;作为医生,他有高超的医术,到处替人治病,甚至曾一度担任红衣主教的侍医,还曾陪同国王弗朗索瓦一世会见西班牙王。他广闻博见,积累了丰富的创作素材;作为作家,他学识渊博,想象力丰富,对人性洞烛幽微,对生活充满热爱,乐天知命,幽默旷达,极其健谈,词锋犀利,既悲天悯人又有济世情怀。他用横扫千军的笔力,在他不朽的《巨人传》中,向封建统治的司法、教会、刽子手们射出一发发子弹,张扬着人文主义大旗,吹响推翻黑暗王国的进军号。

《巨人传》是一部卷帙浩繁,洋洋 80 万言,分五部出版,前后花了作家 20 年的时间。尽管人们对后两部真假尚存疑义,最后一部是在作者去世后出版的残章,由别人整理完成。《巨人传》的影响是深远的,这种影响来自世界范围内。英国的斯威夫特很有可能是在他的影响下才写出杰作《格列佛游记》。当然从法国小说来看,很少有作家继承了拉伯雷的传统,他与他们的小说很少有什么直接的血缘关系,伏尔泰的小说在幽默讽刺上依然可以找到拉伯雷影响的痕迹。《巨人传》是法国文学史上第一部长篇小说,它在文学史上的地位牢固而经久不衰,与《堂吉诃德》《格列佛游记》同为世界文学史上三大幽默讽刺小说。从语言的鲜活上来看,拉伯雷创造了一个绚丽多姿的语言世界,作品中有许多民间文学的丰富色彩,这是《堂吉诃德》与《格列佛游记》所不及的。塞万提斯、斯威夫特很难有拉伯雷那样乐观的开怀大笑。与拉伯雷比起来,斯威夫特显得老成、凝重;塞万提斯显得天真烂漫,拉伯雷则具有入世的智慧,这使他在世事中左右逢源。作为医生的拉伯雷也许会被人遗忘,而作为《巨人传》的作者一定名垂千古。

有关拉伯雷的身世不详。据史料研究,他大概出生于 1494 年前后法国中部都兰省希农城。父亲是一名律师,家有田产、庄园。如画般的乡村田野风光使拉伯雷童年生活快乐幸福,但 10 岁时被送到教会学校去接受死气沉沉的宗教教育。教会的高墙深院使原本活泼好动的拉伯雷深感压抑,他对古典神学异常厌倦,而对古希腊、罗马文化心神向往,最后终因轻慢神学的罪名被迫转入圣本笃会的德马伊修道院。

圣本笃会是个学术自由教会,德马伊修道院有一个开明的主教,一个古典文化爱好者。拉伯雷在这样一个宽松环境中学习,如鱼得水,他的人文主义思想有了自由驰骋的天地。

1528 年,拉伯雷开始遍游法国中部各大城市,访问高等学府,广泛接触社会各阶层人士,这增加了他对社会的了解。

1530 年,拉伯雷进大学攻读医学时年已 36 岁,令人惊讶的是,他两个月就获得了学位,当上了医师,并在里昂行医。里昂是法国文艺复兴时期的中心城市,工商业非常发达。1532 年他开始了《巨人传》第二卷《庞大固埃》的写作,小说出版后空前畅销,非常受市民喜爱,2 个月的发行量竟超过了《圣经》9 年的销售量。第二年,作者又出版了第二部小说《高康大》,出版盛况超过了第一部,却遭到来自教会的敌视。经过 10 年的沉寂,1545 年,在获得法王特许之后,拉伯雷以真名出版了第三卷,却没有前卷的幸运,巴黎最高法院下了禁书令。拉伯雷好友、出版商埃季艾母被判处火刑。拉伯雷出逃到日耳曼帝国统治下的麦茨,直到 1550 年法王亨利二世得子后有人劝他写一首贺岁诗才邀宠回国。1552 年《巨人传》第四部出版。

晚年的拉伯雷为生计所迫,在过了一段无拘无束的世俗生活以后,重又回到宗教领域,担任两个小教堂的神父。1553 年 4 月 9 日拉伯雷在巴黎病逝。这位博学多才的巨人把他的笑声永远地留在了人间,正像他自己所说的"拉幕吧,戏演完了"。

1562 年,也就是作者去世后的第 10 年,他的第五部残章出版。1564 年经人整理,完整的五部全书首次面世。

《巨人传》是在充分吸收民间文学养料的基础上,用无比丰富的想象力

完成的旷世杰作。小说中祖父高朗古杰只有一个粗线条,主要是高康大与庞大固埃的传奇经历。里面有许多夸张的描写,为该书涂上了一层神话色彩。如高康大的出世,是高朗古杰娶了蝴蝶国的公主,高康大从公主的左耳里钻了出来。他的身材巨大无比,有 18 层下巴,仅做衣服的布料就需要上万尺,饮食要用 17000 多头牛的奶来供应。高康大御敌时更是神奇,仅他坐骑一泡尿就淹死了大部分敌军。他拔下一棵大树就将敌军军事设施全部摧毁,能把巴黎圣母院的钟当成坐骑风铃拿在手中玩耍。他的儿子庞大固埃也不示弱于父亲,在与渴人国

的敌军交战之时，不等坐骑撒尿，自己先撒了一泡尿，结果敌军都被这尿的"洪水"卷走了。他亲率大军讨伐渴人国，途遇暴雨，他伸出半个舌头就为他的军队遮住风挡住雨。

作者对中世纪视为神圣的经院哲学极尽挖苦和嘲笑，如高朗古杰为太子高康大请教师的情节。他请来的第一个教师是举世闻名的诡辩学大博士土巴大师，他的教学法可谓空前绝后，他教太子认卡片上的字母，用了5 年零 3 个月的时间，不幸患花柳病一命呜呼。随后又请了一位同样举世闻名的若卜兰·布立德（意为愚蠢的鹅），他用了若干年时间教太子念完十几本名著，总算不负皇帝厚望，把太子教成堪称万世典范的昏庸、傻乎乎的好学生。皇帝不满足于此，还把他送到巴黎进一步深造，他此去在巴黎却学到了各种实用技术。从这些情节来看，作者显然表示了对经院哲学的轻蔑，它们只是一些唬弄人的学问，并不能经世致用，从而否定了整个经院哲学体系。

作者把高康大与庞大固埃都当成巨人神一样赞颂，他们的形象集中体现了作者人文主义的理想。他们不仅有巨人般身躯，而且体力上力大无穷，智力上超群拔萃，更有神话般魔力。他们在决策上英明果断，体现了作者对贤明君王的理想。

庞大固埃的好友巴奴日也是作者浓墨重彩描写的人物，他身上集中反映了作者对新兴资产阶级的歌颂。他足智多谋，富有进取与冒险精神。他的世俗性和对金钱的追求，反映了资产阶级发财的梦想和对未来充满希望的憧憬。

书中描写的特来美修道院也是值得注意的。修道院的院规"随心所欲，各行其是"是有深意的，它体现了作者关于人的个性解放的思想。幻想人与人之间平等，彼此和睦相处。同时也表达了作者的资产阶级自由竞争、自由发展的思想。作者借此反对宗教对人们精神上的束缚和各种清规戒律，协调人与社会的矛盾，同时也体现出作者乌托邦幻想的局限性。

　　作者通过高康大出世时一反常态的现象，即没有婴儿正常的啼哭声，而是大叫了三声，连喊了三个"喝"字。在书的结尾，庞大固埃、巴奴日和约翰一同去找神瓶，神瓶的启示也是一个"喝"字，显然这个"喝"字不是一个简单的字，而是深藏要义。正如法国著名作家法朗士所揭示的，这"喝"字表达了作者全书的主题，就是要人们"畅饮真理，畅饮知识，畅饮爱情"这一人文主义精神谜底。

　　如果说嬉笑怒骂皆成文章，那么拉伯雷的这部巨著就是最经典的反映。我们从中可以看到一个博学多才的拉伯雷，看到一个幽默滑稽的拉伯雷，看到一个16世纪法国社会生活的全貌，看到文艺复兴的曙光在法国上空的弥漫，看到人文主义的旗帜在高高飘扬。

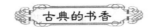
人生与社会"思维的花朵"

——《蒙田随笔》

　　把蒙田与培根做比较是恰当的，两人有诸多的相似也有不少的差异。两人都生活在文艺复兴接近尾声的时期，一个在法国，一个在英国。两人都擅长写短小精悍的散文而名扬四海，对人生都有犀利的眼光与独到的见解，但两个人的气质完全不同。蒙田沉稳、冷静，喜欢思辨；培根则洒脱、活跃、眼光敏锐、看透世情。蒙田对功利不那么热衷，对官场极为厌恶，对哲学较少建树；培根对功利却心存高远，对官场较为迷恋，对哲学则终身探究，对科学则追求不懈。两人都具有广博的学识，也善于引经据典，信手拈来毫不费力。培根终生被多种事务分散精力，很难有闲暇写他的散文，因此他的《随笔集》总计也只有58篇。蒙田则悠闲地在他庄园里精心写作《随笔集》，总计107篇，几乎是培根的两倍，内容也广泛得多，天文地理、花草虫鱼、政治伦理，无所不谈。蒙田注重品味生活；培根则注重解决人生难题。虽然他们散文都富有哲理，启人智慧，但他们散文中所包含的判断却是不同的。培根对人性的洞烛幽微是蒙田不及之处，蒙田对自我的认识又是培根笔下所缺的。蒙田注重人生修养，培根则让人明察秋毫。两人对知识都具有怀疑论气质，都具有非凡的理智判断。培根入世，蒙田超脱。蒙田有种人文情怀，培根则有出众口才。他们各自以自己的才情在文坛上占有一席之地。

　　蒙田生于1553年2月28日，父亲皮埃尔·埃康是波尔多市的政府官员，后任市长。在这样一个贵族家庭中长大的蒙田，自然受到良好的教育。蒙田出生的时候，意大利文艺复兴运动已成燎原之势。蒙田的文学活动，被看成法国文艺复兴运动卓越的代表人物。他的散文直视人的心灵，将一种坦率的自我直接与读者对话。他勇于解剖自己，字里行间表现出一种悲天悯人的人文关怀。对古典学问流露出大胆怀疑的眼光，发出"我知道什么"的诘问。他最终结集出版的《随笔》，大都经过了深思熟虑，是他关于自己、关于人生、关于社会生活沉思后的"思维花朵"。

蒙田曾两度在官场上任职。第一次是在法院里充当顾问，起初他很想在政治上有所作为，但很快感到失望。1570年他辞职归隐田园，潜心思考，两年后开始写作他的《随笔集》，同时阅读塞内格和普鲁塔克的作品。1571年他受封为圣米歇尔骑士，王室贵族。1574年曾应公爵之邀担任波尔多法院的法官。但他厌恶官场，再次回到家乡的城堡塔楼隐居，继续他的《随笔集》创作。这部《随笔集》可以说是作者的心血之作。整部作品娓娓道来，质朴无华，又如水银泻地，亲切感人，发人深思。作者学识渊博又毫无卖弄成分，整部作品都像是与读者促膝谈心，漫无边际，有时游离主题，但又被他深含哲理的话语所打动。面对蒙田，你如同面对一个智慧的老人，他有一双炯炯发亮的眼睛照彻心灵，但又保持着一种谦虚谨慎向你进言忠告。

1575年，《随笔集》第一版问世。1589年他到法国、德国、意大利著名温泉治疗他的结石病与痛风症。路过巴黎时，他把《随笔集》题词献给亨利三世。在罗马期间，他曾受到教皇格里戈瓦十三世的召见，并成为"罗马公民"。

1588年《随笔集》第二版出版，蒙田又补充了许多内容。此时正处内乱之际，他在巴黎险遭天主教联盟袭击，被监禁了数小时，差点丧命。

完整的《随笔集》共分3卷107章，记录了蒙田整个思想探索历程，是一部无与伦比的散文作品。

大约1576年，蒙田接受了新的哲学思想，反对人的"自然法则"，也反对偏见。强调人的本能，认为这是人的明智基础。他认为只有怀疑才能判断与论定，表达了作者反对盲从思想和对事物先入为主的观念，认为一切观点应经过自己思考最终确定的理性抉择。

蒙田的随笔变化多端，有时平缓，有时奇峰迭起，漫不经心又犀利、机智，你必须静下心来，聆听他的智语警言。

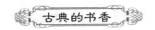
对人性的洞烛幽微

——《培根论人生》

说到"知识就是力量"这句至理名言，很多人并不感到陌生，但说到它的作者培根，就不那么广为人知了。培根是 17 世纪英国涌现出来的一位最聪明睿智、才华横溢的哲学家，也是经验主义和实验科学的鼻祖。他的哲学思想是唯物主义，他以怀疑论勇气横扫当时弥漫学术园地的唯心主义气息，被视为"近代的亚里士多德"和"物理学的伟大复兴者"。培根的思想深深地影响了西方科技的发展。

不仅如此，培根洞穿人性，对历史与人生颇有研究。他的 58 篇随笔就是一部谈论人生的不朽佳作。文笔犀利、机智，格言警句比比皆是。人生的困境、难题在他手上迎刃而解。没有丰富的学识和对人情世故的练达，写不出这类耐人寻味、令人豁然开朗的非凡作品。掩卷而思，那些难忘的格言警句深印脑海，成为读者人生的座右铭。培根的《论人生》可以说是愈品愈香，愈品余味无穷，余音绕梁。语言精练，文采斐然，难怪有人称他的散文"堪与莎士比亚的诗歌并负盛名"。

培根与莎士比亚生活在同一个时代——伊丽莎白时代。培根受过良好的教育，文笔灿若锦绣，曾经有人认为莎士比亚戏剧是培根所作。但培根一生并没有写过任何剧本，显然这种观点是站不住脚的。

弗兰西斯·培根，1561 年 1 月 22 日生于伦敦约克府邸的新贵族家庭。他的家族显赫，祖父曾是寺院管家，父亲尼古拉斯·培根毕业于剑桥大学法律专业，并成为受人尊敬的大法官，后来又担任伊丽莎白的掌玺大臣。亨利八世进行宗教改革时，他父亲得到了爱德蒙斯寺院所属的几处庄园。母亲是名门之后，精通希腊语、拉丁文，有良好的文化修养。培根在这样的环境中长大，自然深受影响。

1573 年培根进入剑桥大学三一学院学习，3 年后未等毕业，就作为英国驻法大使的随员赴巴黎供职。1579 年培根父亲病故，他辞职回国，父亲留给他的遗产并不丰厚。同年他进入格雷律师学院攻读法学，1582 年取得律师资格，从此步入仕途。先后任过国会议员、英国民事法院书记。这一职位薪俸不薄，大大缓解了他的困境。1593 年首席检察官职空缺，他曾求姨父伯利伯爵举荐，遭到拒绝，姨父害怕培根的才华影响到他儿子的升迁。培根转而求助于艾塞克斯伯爵向伊丽莎白女王引荐，女王又以他年轻、缺乏经验为由拒绝了他，而实际是他曾因津贴问题得罪过女王，女王一直耿耿于怀。

1603 年，伊丽莎白女王去世，詹姆士继承了王位。培根又从詹姆士身上看到了晋升的希望。他对詹姆士赞颂有加，并将自己的著作献给詹姆士来博取欢心，终于官运亨通，不仅顺利提升为检察长，还转任掌玺大臣。1618 年加封为英格兰大法官兼议院议长，多次受封王室封号，此时的培根已达到了仕途巅峰。

在追求仕途方面，培根并没有放弃他对学术的探讨，他竭力主张用科学发明与发现来增进与改善人类生活处境的新工具与新技术，这些思想无疑刺激了英国工业革命的发展。

培根在学术思想上的前卫并不意味着他在政治领域上也是如此。在英国王权与议会矛盾的斗争中，培根因为站在了詹姆士一边，从而成了议会要去除的眼中钉、肉中刺。他们借打击培根来削弱詹姆士的势力。在当时的英国宫廷，收受贿赂可以说是司空见惯的事情。培根因为与议会在改革专利权法案上意见相左，议会以培根收受贿赂为由要求罢免培根大法官一职。1621 年，上诉法院判处培根罚金四万英镑，将他监禁在伦敦塔内听候处置，惩罚他永远不得入宫担任官职和入选国会议员。

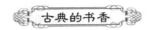

在审理培根一案中,詹姆士坚决阻止议会对培根的攻击,要求培根亲自挑选人员来组成审判委员会进行审理,但遭到议会拒绝。议会在宣判了对培根的惩处后,詹姆士没有强令他交出罚金。培根在伦敦塔内关押了4天后被释放了出来,但再无重返官场东山再起的希望,于是潜心从事科学研究,著书立说。

1626年,培根乘车前往伦敦的海盖特,途中突发奇想,希望用雪来防腐。于是亲自做冷冻防腐实验,偶遇风寒,引发支气管炎去世,终年65岁。

作为近代哲学家的培根,他的哲学思想集中表现在《伟大复兴》这部极富雄心写作计划之中的第二部《新工具》之中。作者原打算写成六部,但只完成了前两部。第一部是1605年问世的《论学术的进展》,作者提出了关于知识分类的思想以及一个知识体系划分的标准,为我们较早展现了百科知识的全景图。《新工具》则提出了作者关于认识论的新方法,并对科学前景充满信心,认为人类掌握了自然规律就能达到控制自然、造福人类的目的。这些思想远远超出了形而上学的范围,为人类认识建立新的科学观架起了桥梁。特别是培根是归纳法最早的提出者,具有划时代意义。但归纳法也有局限性,归纳法是列举法,这种列举不可能全面,应是对本质的归纳。因此,归纳法只能看成科学发现的方法。作为哲学家的培根许多思想被后人所吸收并加以完善,因此这个就显得不那么重要了。但他第一个批判了经院哲学,为人类建立新的世界观的历史贡献却会永载史册。《培根论人生》是令人百读不厌的传世之作,使您安全航行在人生充满风险的大海之上。

下面从培根的《论求知》中摘取一段来做结尾:

"读史使人明智,读诗使人聪慧,演算使人精密,哲理使人深刻,道德使人高尚,逻辑修辞使人善辩。总之,知识能塑造人的性格。"

用几何方法写成的伟大哲学著作

——斯宾诺莎的《伦理学》

　　一个被教会所放逐，被世人所见弃，却被后人尊奉为近代最伟大的哲学家,他就是斯宾诺莎。由于他离经叛道的言论和为真理献身的精神,使他在"财富、权势、荣誉、真理"这人生四大追求面前,选择了为一般世俗不屑一顾的"真理"。因此,世人不理解他,哲学家钻研他,而神学家诅咒他。但他哲学思想所发出的理性光芒,却为人类的科学发现、发明提供了强有力的方法论。尽管他的著作晦涩难解,令普通读者望而却步,但被只读过一遍《伦理学》的歌德奉为神明,并终身保持对斯宾诺莎思想的信奉。仅凭这一点,斯宾诺莎哲学著作是有价值的。读他的著作,如同攀登一座险峻的高山,是需要付出许多精力与时间的,但收获一定不会少。我们只恨自己的学识浅薄,读不懂或懂得太少,而不会感到读他无意义。面对这样一本博大精深的书,我们还能说什么？我们所能形容的只有两个字"伟大"。对这本书阅读的最大障碍就是他用几何定理写出来,如果没有非凡的逻辑推理能力,我们几乎读不懂一页纸,这也是我再三犹豫是否将斯宾诺莎列入书单的原因。

　　斯宾诺莎的祖先是犹太人，因遭受异教裁判所的迫害,从葡萄牙迁居荷兰。17世纪的荷兰是一个繁荣的商业城市,资本主义开始走向兴盛。斯宾诺莎生于1632年的阿姆斯特丹,父亲是一个商人,但他却无意继承父业,却把毕生精力都花在了哲学思考中。早年他在犹太教堂里钻研各种古代典籍,认真学习本民族与宗教历史。笛卡尔、布鲁诺对他的思想产生了重大影响。由于怀疑上帝的存在,他被犹太教于 1656 年 7 月 27 日开除了教籍。当时的宗教远没有现在这样宽容,尽管犹太教相对于基督教来说也属于异教。但是犹太人没有建立起自己的国家,他们四处漂流,为了讨好所在国,他们不得不这样做。

斯宾诺莎勇敢地接受了这种不幸。他更加孤独,尽管他表面若无其事,内心的痛苦不言而喻。昔日的朋友一个个离他远去,他搬到了阿姆斯特丹城外的奥特德克路一条僻静的阁楼里住了下来。起初,他在一所学校里教书,后来靠打磨镜片维生。5 年以后,1660 年他随房东搬到了莱顿附近的莱茵斯堡。生活过得相当简朴,但他却自得其乐,曾有人劝他放弃理性,相信神谕,被他拒绝。他认为理性可以给他带来安宁与快乐。

在莱茵斯堡住的 5 年里,他写出了《知性改进论》和《伦理学》,但迟迟没有发表,因为当时的政治气候对于发表这种无神论的哲学著作充满风险。他生前发表的著作只有《笛卡尔哲学原理》和《神学政治论》,后者刚面世就被列入禁书。

1665 年在朋友们的劝说下斯宾诺莎搬到了海牙郊外的沃尔堡,1672 年他又搬到了海牙城。1673 年海德堡大学聘请他为教授,被他拒绝。1677 年这位伟大的哲学家患肺病去世,终年 44 岁。同年,他的《伦理学》被发表。

斯宾诺莎之所以采用几何学的方式来写这本《伦理学》,在他看来几何学是从几条不证自明的公理进行推理,这样得出的知识的结论才是可靠的。因此,他也想通过几个直觉观察得出几条公理,然后由这些公理去证明他想要达到的结论,这样就可以避免思维的任意发挥。斯宾诺莎的确做到了这一点,但同时也增加了理解他思想的难度。

斯宾诺莎远不像人们所想象的那样是一个无神论者,他其实是一个泛神论者。正因为他是一个泛神论者,才能确立世界统一性,即世界的同一性这样一个理性原则。而理性是认识世界的途径,偶然性寓于必然性之中。物质世界是一个相互

汉译世界学术名著丛书

伦理学

〔荷兰〕斯宾诺莎著

联系的世界,物质世界在必然性的作用下有规律地运动,物质与精神都是由不可分割的微粒组成的。这就是斯宾诺莎的唯物主义精神。在斯宾诺莎看来,物质与精神是辩证统一的矛盾关系。空间与时间是无限的,它们是物质的存在方式。仅凭这几点,斯宾诺莎几乎说出了哲学上的许多真理,他超越了形而上学的范畴,不愧为近代最伟大的哲学家。

为了更好地理解书中的内容,我们要弄清斯宾诺莎这样几个反复出现的术语:实体、属性、样式。实体不是指构成物质的实际材料,而是物质的内在本质,也就是现实。属性是指事物本质的东西,它从属于实体,离开了实体,它也就不存在。在无限多的属性中,有两种基本属性,广延属性与思维属性。斯宾诺莎把这两种属性归结为同一实体,或自然的两个属性。样式是指单个事物与事件可以有的各种各样的形式,它并不是永恒存在的,而是短暂存在于现实中。身体、思想、团体、种族、星球等,都是样式。用一个比较好理解的词来表达,那就是指事物应有的"结构"。斯宾诺莎认为世界是由实体与样式组成的。必须注意的是,斯宾诺莎的实体是一种永恒不变的存在。从某种意义上说,就是"永恒的秩序"。因此,斯宾诺莎实际阐述了时间与空间是物质存在方式。斯宾诺莎把实体看成"自然"与"上帝"的代名词,同时认为事物运动的原因不应该到事物的外部去寻找,而在事物的内部。在"自然"与"人"的关系中,"人"从属于"自然",而不是相反,因为"人"是"自然"的产物。在"自然"中是不存在"善"与"恶"这样的观念的,它们都听从于自然律令的支配。由于人类喜欢以自我为中心,将自身的好恶强加于这个客观世界,从而形成了"恶的问题"。

让我们牢记斯宾诺莎这样一句至理名言:"自由是对必然性的认识"。这可以看成是对他的哲学的全部概括。

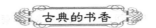

充满反叛气息的长诗

——弥尔顿的《失乐园》

作为资产阶级精神的代言人，欧洲自人文主义运动向启蒙运动过渡时期最重要也是最杰出的诗人、革命家弥尔顿，深刻地影响着后世。他出生在17世纪的英国，但整个一生却与克伦威尔1640年的英国资产阶级革命密不可分，可以说他一生把主要精力献给了英国的资产阶级革命，代表了英国资产阶级上升时期的思想。在革命失败处于低潮时期，他被查理二世赦免，过上了隐居者的生活，却开始完成青年时期立下的宏愿，创作出可以与荷马史诗相提并论的作品《失乐园》。《失乐园》的风格有些类似于但丁的《神曲》，充满了奇特的想象、瑰丽的色彩，庄严、肃穆，饱含哲理与政治寓言，也与但丁的《神曲》一样难解。这常常使普通读者退避三舍，但在欧洲文学史上却享有崇高地位，仅次于莎士比亚。而究其学养的丰富性又是莎士比亚望而却步的。弥尔顿曾花费大量精力钻研过各种学问，文学、历史、哲学、政治是用力最多的，对宗教神学他更是了如指掌。弥尔顿赢得了欧洲评论界的普遍赞誉，不仅因为其《失乐园》史诗所蕴藏的丰富的思想内容，也为其史诗庄严的结构、恢宏的气势、色彩的纷呈、充满激情的淋漓的宣泄、悲剧性的英雄人物等，都让人为之惊叹。

急性的读者常常很难下咽弥尔顿的作品，因而弥尔顿常常遭到莫名的排斥，弥尔顿在本国的声誉远远高出其在国际的声誉，这种影响主要在读者的拥有量上，因为他的无韵英雄史诗是需要一定的文学修养和一定西方文化背景知识的读者才能品尝得了的一道精美的菜肴。

弥尔顿不仅写得一手好诗，而且是一位优秀的散文家。他的散文犀利、雄辩，逻辑性强而又极富战斗性。他的政论在散文史上同样占有重要位置。

弥尔顿的文学成就主要是靠诗奠定的,特别是他的《失乐园》,被看成可以与《伊利亚特》《神曲》《浮士德》相媲美的作品。由于作品本身的复杂性,加上没有普通小说惊险曲折的情节,作品很难讨大众读者的喜爱,但却是文学史上的扛鼎之作,是无法回避与绕开的巨大的存在。一份阅读外国文学作品的书单,如果弥尔顿的作品被遗漏,会被人视为浅薄。因为真正的文学要看它的语言表达、作品思想内容、反映时代精神以及题材的重大性、描写人物的深度、反映社会生活的广阔性以及创新精神,而不会单纯看作品的销量。所以弥尔顿理所当然要占一个重要位置。《神曲》《浮士德》是最伟大最重要的作品,而不能欣赏这类作品的读者,只能视为文学趣味的低劣,文化修养的不充分。文学修养的高低也正是看他对复杂文学作品的理解程度。当然欣赏有一个由浅入深的过程,谁也不会一开始就对伟大作品迅速感应,很快就能理解,马上结成知音。我们为什么要阅读这类作品?与通俗小说相比,他们有时显得趣味不足。因为这类作品深刻反映了人类的本质,人类的情感,社会发展的规律,以及政治生活与历史面貌。我们阅读这类作品可以正确地把握生活,把握人生,品尝人类语言的生动性、丰富性,品尝作品给人带来的无限美感。

作为长诗,弥尔顿除《失乐园》外,尚有《复乐园》与《力士参孙》。《复乐园》是弥尔顿精神妥协的作品,思想与艺术性较为逊色。《力士参孙》虽评价不俗,有弥尔顿自传成分,但成就都未超过《失乐园》。《失乐园》使弥尔顿享有欧洲第一流诗人的称号,并被许多评论家所研究。早期的诗作虽写得清新脱俗、灵气飘逸,主要抒发自然感受,但成就伟名却需要大气磅礴的作品,所以弥尔顿的声誉是靠《失乐园》鹊起于文坛。欧洲文学史上我们无法绕开的巨灵神一样伟大作家就是弥尔顿。他的《失乐园》是资产阶级革命产物,是资产阶级精神的集中表现。从某种程度上说,《失乐园》是在宗教题材中注入了资产阶级革命因素的一部政治抒情史诗。这是它有别于其他史诗的地方。

失乐园
PARADISE LOST

[英] 弥尔顿 著

金发燊 译

弥尔顿有光明的前半生,后半生却是在黑暗中度过的。他的主要生命又是在暴风雨中度过的。年轻时的俊秀晚年时的失明,幸福与痛苦,矛盾与彷徨,成为他一生的写照。他于1608年12月生于英国伦敦富裕的清教徒家庭,父亲是一家金融机构的公证人。颇有文学修养和音乐才华,政治上拥护宗教改革,于是被正统的天主教会逐出了教门,独自来到伦敦进行闯荡,成了一名收入丰厚的公证人。弥尔顿在这样一个优越的家庭环境中成长,受到了良好的教育。他天资聪慧,笃信宗教,以学习为乐趣,倾心于培根的理性主义。1604年,年满16岁的弥尔顿进入剑桥基督学院学习并开始写诗。其中《圣诞晨歌》被哈拉姆评为"英语文学中最美丽的作品之一"。1632年他获硕士学位。原本打算在国教会中任职,因不满教会的贪污腐败和日益向反动天主教会的转变,便毅然放弃了教职,回到了自己的霍顿别墅潜心自学了6年,广泛地阅读了文学、历史、哲学等方面的著作,成为一名博学之士。对希腊文、拉丁文都能运用自如。《快乐的人》《幽思的人》《利西达斯》被看成是这一时期短诗的杰作。1638年弥尔顿为增长见闻,到欧洲旅行,主要是法国与意大利,拜访文人志士。在佛罗伦萨,他对遭受天主教迫害的伽利略深表同情,对伽利略在逆境中捍卫科学真理的精神深表钦佩。正当他准备前往西西里岛与希腊之际,英国爆发了反对君主专制的革命,于是他毅然返回祖国,开始献身于革命事业。担任克伦威尔的拉丁文秘书,写了许多政论性的小册

子。《论出版自由》和《为英国人民声辩》是两部影响较大的政论性散文,使他名声大震,成为资产阶级革命史上的重要文献。从1640至1660年期间,他日理万机,劳累过度,终至双眼失明。王政复辟后,他的同党许多都叛变革命。他因名气较大,侥幸逃脱,等待他的却是风烛残年的亡命生活。青年时期的雄心抱负开始有了施展的余地,一部伟大的史诗《失乐园》就这样在艰难困苦的环境中诞生了。

17世纪西方开始的宗教改革,是为了发展资本主义而发生的一场宗教变革。这场变革与英国出现的产业革

命与新航路的开辟有关。弥尔顿的
长诗《失乐园》在宗教神学中注入了
反叛气息，歌颂上帝的反叛者撒旦，
把他塑造成一个坚强不屈、意志坚
定、智勇双全的英雄人物。这个人物
显然是一个新形象，他已经更多具有
人间性的色彩，是资产阶级形象的隐
晦表达。弥尔顿用原罪学说表达了
人类始祖亚当夏娃因为吃了上帝禁
吃的智慧果，从而被上帝赶出伊甸
园，注定了今后不幸的悲惨命运。即
夏娃终生饱受分娩的痛苦，亚当终身
要服苦役来养活自己与家人。劳动
与智慧既是文明之源，也是人类纷争

与悲剧之果。人类从此踏上了一条与天庭抗争之路。

　　《失乐园》全诗题材取自《圣经》，又加入了许多神话色彩与作者想象，着
力点不是美化上帝，而是上帝的叛逆者撒旦。把撒旦塑造成为一个英雄人
物。他敢于挑战上帝的权威，为捍卫自由不惜与上帝决战，虽败犹荣，其精神
成为资产阶级革命的一面旗帜。撒旦与上帝的矛盾，是因为上帝要传位于他
的儿子基督，做上天诸神的主宰，从而引发了酷爱自由、具有民主个性撒旦
的不满。他不惜纠集天庭上三分之一的天使与上帝为敌，并开始了与上帝的
战争。虽然他和他的部下全都被上帝打入了地狱的火湖，但当他醒来之后，
胸中却燃烧着复仇的火焰。他把部下重新聚集起来，冲出火海，来到硫磺的
土地上，筑起了雄伟的万魔殿，并在大殿上与部下商讨对付上帝的办法。他
听说上帝创造了一个新的伊甸园与人类，于是自告奋勇地去打探。当他看到
亚当与夏娃在伊甸园里过着幸福生活时，心中情不自禁地发出一丝感叹。当
他偷听了亚当与夏娃的谈话，得知智慧树上的果子是上帝的违禁品，认为这
是上帝企图让人类永远地愚昧无知下去，于是他就想出了一条毒计，诱引亚
当夏娃去吃那树上的果子，从而背叛上帝，以便联合他们共同反抗上帝。机
会终于有了！夏娃不顾亚当的反对，坚持要单独劳动，撒旦托身为蛇引诱夏
娃吃那违禁果，夏娃不知是计，吃了智慧树上的一个果子，又带回一个给亚
当吃。亚当知道后大惊失色，但他深爱着夏娃，宁愿和她一起共赴劫难，也把

夏娃给他的果子吃了。智慧果让他们聪明了起来，他们开始为自己的赤身裸体而不安，于是用树叶编成裙子遮羞。

上帝知道后决定惩罚人类。他在人世制造了一年四季代替了那永恒的春天，还制造了狂风暴雨、冰雹严寒、洪水地震，让生物相互侵凌，永世不得安宁。亚当夏娃也被逐出了伊甸园，开始到人间过着男耕女织的生活。

乐园已失，撒旦和他的众部下也受到了上帝的惩罚。

《失乐园》通过宗教寓言展示了人类从何而来、往何处去的人生难题，揭示了人类为恶的原因。把恶魔化身的撒旦描绘成为自由而战的战士、英雄，赋予他鲜明的个性、理想的性格和不屈不挠的意志，成为一部颂扬资产阶级革命具有历史意义和政治色彩、气势雄浑的长诗。面对如此繁复多变、内容奇特、具有风琴般交响的史诗，人们不能不拜倒在这位双目失明而内心深受创伤的巨人身下。

具有划时代影响的有限权利的政府宣言

——洛克的《政府论》（下篇）

洛克的名字是与 17 世纪的英国革命联系在一起的。他是世界宪政理论最早的创始人。洛克的《政府论》在资产阶级法制思想史上占有重要的地位，被译成多种文字广泛的传播。《政府论》为英国的资本主义发展扫清了障碍，成为英国宪法的思想来源，并直接影响了美国宪法的制定。由杰斐逊起草的《独立宣言》，主要参考了洛克的这部书。法国大革命遵循分权原则制定的宪法，也是从洛克的分权学说中寻找依据。孟德斯鸠的《论法的精神》中的分权学说是对洛克的分权学说的补充与完善。作为哲学家的洛克是经验主义的主要代表，他的思想影响了休谟等以后的哲学家，他的《人类理解论》对唯理论提出了质疑，但他主要依靠他的政治思想获得不朽的名声。两个世纪过去了，他的学说并没有过时，仍然是政府有关学说的经典文献。我们可以不同意他的某些观点，如他所说人类最早的自然状态是完全自由、平等的，这缺乏历史的根据加以佐证。他认为人具有"天赋人权"，这种权利来自自然，不能被剥夺。我们享有一切与自然有关的权利，生命权、自由权、财产权等应当受到法律的保护。为了保障人的这些权利，我们制定契约，立定法律，组织政府，来消除分歧，进行司法与执法，维护公民的基本权利不受侵犯。并强调财产的私有性，私有财产神圣不可侵犯，不管以什么名义，都不能随意地剥夺。这些原则已成为制宪的基本原则。

约翰·洛克 1632 年生于英国的灵顿，父亲是一名律师，是他最早的思想启蒙者。父亲在英国革命时期坚决站在议会的一边，曾参加克伦威尔军队。洛克 14 岁就读威斯敏特中学。1652 年进入牛津大学的基督教会学院，认真

学习了哲学、物理学、化学、医学。1656年取得学士学位。继续深造,于1658年获硕士学位。青年时代的洛克对科学怀有浓厚的兴趣,36岁就成为英国皇家学会会员。著名化学家波义尔、物理学家牛顿是他的挚友。他偶尔行医,还获得过医学学士学位。洛克接触自然科学对他哲学思想的形成具有一定作用。1666年,洛克认识了莎夫茨伯里伯爵,并成了他的私人秘书兼家庭医生。莎夫茨伯里对他的思想产生了重大影响。莎夫茨伯里代表着当时自由政治思想,曾遭到查理二世两次囚禁,但依然我行我素,并于1682年流亡荷兰,第二年在荷兰去世。洛克因与莎夫茨伯里交往,从而遭到了当局的通缉,也在第二年流亡荷兰。1688年英国议会取得光荣革命,洛克回到了祖国伦敦,并在新政府中担任重要职位。1704年去世,终身未婚。洛克的不寻常经历,使他成为英国资产阶级的辩护人。他撰写《政府论》的目的是为新政府的建立寻求理论根据,为英国君主立宪制国家提供法律保障。

洛克的《政府论》分上下两篇,副题是《论政府的真正起源、范围和目的》。上篇是针对他的论敌菲尔麦而写的,主要驳斥菲尔麦的"君权神授"与"王位世袭"的观点和《圣经》的观点。他富有建设性的内容主要是在下篇,所以下篇是全书的重点。

洛克认为在人类尚未建立法律之前,有过一段自然状态,人类完全处于自由、平等并有自己财产的阶段,但自然状态缺乏公共裁判所,因此任何人都可以按照对自己有利的方式为已辩护,从而导致了相互纠纷与争夺,结果是战争。为了结束战争状态,人们通过订立契约的方式,制定法律,建立公民社会。公民社会并不是剥夺人的一切自然权利,相反它的目的是保护人的自然权利不受侵犯。与自然权利有关的是这样一些权利:生命权、自由权、财产权。他交出的只是法律的解释权和执行权。正如洛克所说:"人们联合成为国家和置身于政府之下的重大的主要的目的,是保护他们的财产;在这方

面，自然状态有着许多缺陷。"洛克继承了格劳秀斯的思想，认为自然法是符合理性与人性的法律，也和格劳秀斯一样认为法律是用来保护私有财产的。公民社会和建立法律是人类步入文明社会的重要前提，是城市经济与工商经济发展所不可缺的条件。

那么怎样才能建立政府呢？洛克认为，第一，必须经过公民同意，经过选举，由议会来立法。只有当人民确信政府能够保障他们的自然权利时才具有合法性，一旦政府不能保证他们的自然权利时，他们可以废除政府。第二，政府不具有无限权威，它的政治权利必须受制于明确的目的。政府只有忠实地履行这些目的，才有权接受服从。第三，政治之所以必要，是因为它在保护个人的权利上发挥着重要的无法替代的作用，这种重要作用不是以牺牲个人的独立性来达到的。洛克以他的社会契约论的观点，建立起了自由主义的堡垒。

为了使政府能够实现这个目的，防止权利的滥用与专断，洛克提出了他最早的三权分立的政治学说。他把国家的权力分为立法权、行政权、对外权，由三个不同机构担任与实施，不能集中在君主和政府之手，否则就会发生许多争执。立法权高于其他两权，但立法权仍要受到限制与约束，即它对人民的生命和财产不能是绝对的专断。立法者的权力，"在最大范围内，以社会的公共福利为限"，最高权力不能侵犯财产权。立法机关不能将立法权转让给他人。洛克主张行政权由国王行使，但要根据议会的决定。立法权由民选的议会行使；对外权与行政权联合在一起，都要以武力为后盾，所以对外权应由国王来行使。

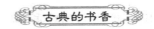

影响深远的法律全书

——孟德斯鸠的《论法的精神》

　　《论法的精神》，是自亚里士多德《政治学》以来产生的有关研究政治法律方面最重要的一部著作，作者是法国启蒙运动的杰出思想家孟德斯鸠，成书于 1748 年，是孟德斯鸠集 20 年研究、思考写成的一部具有划时代意义的巨著。此书的出版，轰动了整个法国，连续印刷了 22 版，产生了极其广泛而深远的影响，适应了资本主义生产方式在西方的发展，对西方的政治宪政与立法制度都产生了不容忽视的作用。

　　在中国，随着资产阶级民主革命运动的高涨，西方的法学思想也对中国思想界产生了重要影响，其中影响最大的有两部著作：一部是卢梭的《社会契约论》；另一部则是孟德斯鸠的《论法的精神》。孟德斯鸠以其思想的深刻性、论述的广泛性为学者们所称赞。康有为、严复、孙中山和毛泽东等，都深受其影响。它对中国的法制建设起到了重要的参考作用。

　　孟德斯鸠的《论法的精神》是一部最值得进行多方面探讨、研究的集大成的政治法律著作，它几乎囊括了西方近代以来法律思想的精髓，并进行了一次全面、综合性的阐述，提出了许多独到见解，并对各种政治思想进行了辨析。由于他立论的广泛性，即重在法的"精神"，使这部著作已经远远超出了法律学的狭小范围，成为一部同时具有社会价值和历史价值的重要文献。正因如此，孟德斯鸠无法对他所提出的问题进行面面俱到的、深入细致的研究。但他提出问题的勇气和所涉及的问题，却是较少地被纳入法学家思考的范围。法学家对法律的研究，多半集中在政体、立法、司法的理论与原则之上，考虑的是普遍、抽象的法的理论，而较少关心这些政体、立法、司法的条件,也就是法律的"特殊性"。历史渊源、环境条件、地理状况、经济因素对制定法律的影响,也就是书中常常谈到的土壤、气候、人口、民族、贸易、宗教的影响。这些虽然并不是立法的决定性条件,但也并非是无关宏旨的因素。我们看看每个国家的法律,看看每个时代的法律,看看每种政治制度的法律,千差万别,并没有一个一成不变的法律。法律总是随着经济的生产方式而变化,总是不断地适应经济的发展状况而改变,是经济的生产方式决定法律的形式,而不是法律形式改变经济的生产方式。法律作为一种社会的意识形态,是不断适应与满足经济发展的需要。对法律的特殊性的研究,孟德斯鸠对这些问题做了虽不深入却发人深省的研究。我们如果苛求作者为什么不写得更细致一些,还不如说这远远超出了一个人学识要求的范围,具有博学多才的孟德斯鸠已经尽力而为了,那些剩余的空白点为后来的研究者提供了一个更多施展自己才能的舞台。《论法的精神》在资产阶级法制思想史上以其新颖、深刻的观点而独树一帜,占有重要的一席地位,是每一个研究政治法律和社会问题的人员都必须进行认真阅读、思考的重要著作。

孟德斯鸠于 1689 年 1 月 18 日生于法国波尔多附近的拉柏烈德庄园,那时他的名字是查理·路易·德·色贡达。色贡达是一个贵族世家,一直效忠于纳瓦尔朝廷。后来纳瓦尔 17 世纪初并入法国的版图,他的高祖购买了"孟德斯鸠领地"。法王亨利四世酬谢其先祖有功于朝廷,将领地升为"伯爵辖地"。孟德斯鸠的祖父任波尔多议会的议长——这是一个可以买卖的世袭爵位,后由其伯父继承。他的父亲拒绝担任教士而选择了军人职业,母亲很早就去世了。孟德斯鸠 19 岁就获得了法学学士学位,并出任律师,与一位有钱的军官女儿茵·德·拉特丽格结婚。1713 年他父亲去世。1716 年他继承伯父职位,担任波尔多议会议长的职务,并依照遗嘱承袭了"孟德斯鸠男爵"的尊号。事隔不久,他将这一职位出卖,由此获得巨额财产,并靠利息过着衣食无忧的富裕生活,开始长途旅行,周游了奥、匈、意、荷、英等诸国,结交许多社会名流和文人学士。孟德斯鸠博学多才,除了专攻法律之外,还研究了历史、

汉译世界学术名著丛书

论法的精神

上 册

[法] 孟德斯鸠 著

哲学和自然科学。曾先后当选为法兰西学院院士、英国皇家学会会员以及德国柏林皇家科学院院士。1721 年,他化名为"波尔·马多"发表了《波斯人的信札》,假托两个波斯贵族旅行欧洲时的通信,对法国封建制度进行了无情的揭露。此书一经出版,很快风靡一时,孟德斯鸠一跃成为全国瞩目的人物。1734 年他发表了《罗马盛衰原因论》。1748 年,他发表了《论法的精神》。

《论法的精神》全书可以分为三个部分:第一部分研究政体;第二部分研究法的社会条件,包括地理、气候、民族、习惯和贸易,也可以视为法律实施的外延条件范围,是孟德斯鸠最新颖、独到的部分;第三部分是法律历史研究,主要研究了奴隶社会、封建社会的法律起源与变化。这三个部分构成了孟德斯鸠关于法律的完整的思想体系。

在政体部分,孟德斯鸠认为处于自然状态的人类进入社会状态以后,为了调整人们之间的关系,法律也就应运而生,如刑法、民法、国际法等。随着政府形式的建立,又相应产生了宪法。孟德斯鸠这种说法比较符合资产阶级法律制度在西方部分国家建立的情况, 至于在东方诸国以及封建体制下的国家,法律情况并非如此。资产阶级法律并不是自然而然建立起来的,正如孟德斯鸠所言法律作为人为法,其建立也有人为因素在里面,它的前提是资本主义生产方式在该国建立并有了一定的发展。资产阶级为了从封建贵族手中夺取政权后,制定一系列有利于本阶级发展的法律体系,以维护本阶级的利益,促进本阶级的发展。孟德斯鸠的《论法的精神》正顺应了这一历史条件而产生,自然而然成为资产阶级进行斗争的理论武器。

孟德斯鸠继承洛克的分权学说,提出了立法、司法、行政三权分立的学说。三权分立是容易做到的,但这三权是一个相互独立而又平行的机构,制约平衡却并非容易做到, 因为他们上头并没有一个更加权威性的机构进行协调,制约又从何产生?所以,这部分也是孟德斯鸠论述的最薄弱之处。三权分立的目的,是希望做到司法的公正,但凡是由人来操作,无论怎样分权也是无法做到绝对公正。调查取证并非易事,每个诉讼程序都是漫长耗时的行为,其中都有资金的消耗。如果当事人认为这是一件非常破财与不划算的行为,他们宁愿选择私了而不是走上法院等候宣判。希望法律没有感情,这即使做得到但对人的本性却是一种背离,法律的胜利并不等于人性的胜利,因为法律是由人来制定的,人们可以制定它,也可以破坏它。

总而言之,孟德斯鸠学说开创了资产阶级法学新的里程碑,他的思想给人们以更多的智慧和启发,成为许多国家在法制建设上一部重要的参考文献。

对各国宪政产生重要影响的法学著作

——卢梭的《社会契约论》

　　18 世纪法国启蒙运动的主要领导者让·雅克·卢梭，也是法国浪漫主义文学运动的旗手，以才思文藻震撼了欧洲。他家境贫寒，身世坎坷，到处流浪，饱受政治迫害，但多才多艺，主要靠自学成就了一生的伟业。虽然他思想矛盾复杂，不被世人理解，却在世界上产生了极其广泛而深远的影响。《社会契约论》是卢梭著作中较为严谨的一部，该书对 1789 年的法国大革命产生了重要影响，并直接影响了法国人权的制定和美国独立宣言的起草。

但是，卢梭对公民权利做了形而上学的分析，使这部著作又存在许多问题，主要是卢梭的法权即"主权"和"公意"的问题。法权不能超越财产权来加以空谈，否则按照这种政治模式建立的政治制度只能是一种"贫血的政治制度"，而卢梭的缺点正是如此。他的社会契约论完全摒弃了财产内容和经济关系，美化了古罗马的民主制度，使社会契约找不到一个有效的实现方式。在他的笔下，公意法理被完全抽象化了。但卢梭这部著作在世界政治思想史上仍有它的重要地位，并被世人广泛地加以研究。

　　卢梭 1712 年 6 月 28 日出生于瑞士的日内瓦，祖先原籍是法国的蒙莱里，为了躲避法国政府对新教徒的迫害，于 1549 年逃难到日内瓦定居。父亲是钟表匠，母亲因难产在他出生 10 天后遽然去世，姑妈担起了抚养卢梭的责任。卢梭从小喜爱读书，特别爱和父亲一起读普鲁达克的《希腊罗马名人传》，那些成就了一番惊天动地伟业的英雄们在他的脑海里留下了深刻的印记。然而不幸的是，他 10 岁那年，父亲因打猎时用剑刺伤了一个当过军官的牧场主,只身逃离了日内瓦,于是卢梭的生活开始由舅舅照料,孤苦伶仃地度过少年时光,把家里仅有的藏书全部读完了。1728年,16岁的卢梭离开了日内瓦,四处漂泊,以打短工为生,干过多种职业,学徒、随从、家庭教师、乐谱抄写员、秘书、作家和乐师等。并系统地学习了历史、地理、天文、物理、化学、音乐和拉丁文。其间发生过几起风流韵事,和华伦夫人同居达10年之久,还和洗衣工泰雷兹·勒瓦瑟有过一段罗曼史,他俩生了5个孩子,但卢梭无力抚养,将他们全部送进了孤儿院。这段经历遭到原是朋友后成政敌的伏尔泰的匿名小册子《公民的情操》的攻击。为了回击伏尔泰的指责,卢梭写了坦白惊人的自传体回忆录《忏悔录》,成为世界文学传记小说类最伟大的著作。直到他56岁时才与勒瓦瑟正式结为夫妇。

使卢梭名闻遐迩的是他30岁时写成的另一部著作《论科学与艺术是否败坏或增进道德》,这是当时第戎科学院开展的一次征文活动。卢梭以论证科学与艺术发展的最终结果将扼杀人性,无益于人类的完善而获得一等奖。1755年第戎科学院再次征文,卢梭写下了《论人类不平等起源》应征,这次虽然没能得奖,但却使卢梭名声大震。从1756到1762年,卢梭隐居在巴黎近郊的蒙莫朗西森林附近专心著述,一部部著作在他笔下诞生。影响较大的有这么几部:《新爱洛依丝》(1761)、《爱弥尔》(1762)、《社会契约论》(1762)。他的《新爱洛依丝》于1761年在巴黎出版,引起极大的轰动,这是一部书信体浪漫小说,抨击了封建社会的门当户对,书中洋溢着对自由爱情的热烈追求。故事缠绵悱恻,动人心弦,很快传遍欧洲。卢梭优美的散文风格发展到极致,开创了浪漫主义情感小说的一代先河。歌德的《少年维特的烦恼》写于1774年,比卢梭晚了13年,显然歌德的这部书是受了卢梭的影响。卢梭是浪漫主义文学大师,他对欧洲的整个浪漫主义文学运动产生了极其重要的影响,在世界文学史上占有一席牢不可破的重要地位。他的《爱弥尔》是一部

世界大文豪卢梭传世名作
中文首译本

两情人
——新爱洛缔丝
〔法〕卢梭 著
韩中一 译

LIANGQINGREN

教育性小说，主张按自然的方式对人类进行教育。由于书中提出对儿童不必过早地接受宗教教育的观点，被视为异端邪说，遭到国会查禁。卢梭风闻当局下令逮捕他，立刻逃到瑞士，藏身于沃德山村。这时日内瓦也开始查禁《爱弥尔》和《社会契约论》，卢梭又逃到了普鲁士的纳沙特尔公国的莫蒂埃，又遭到莫蒂埃的驱逐。他到处东躲西藏，最后被英国哲学家休谟邀请到英国，但没有几个月两人发生争吵，相互写小册子指责，伦敦与巴黎的舆论界都非常关注这场争吵。1767年英王乔治三世同意给卢梭每年一百英镑的

年金，卢梭离开了英国伍顿，从此行踪不定。1770年卢梭回巴黎住下，手稿《忏悔录》在密友中传阅。1776年他的另一部散文作品《孤独散步的遐思》第一卷写成，此时的卢梭体力不支，于1778年7月2日病逝，葬于杨树岛，1794年遗骸迁葬于巴黎先贤祠。

卢梭一生的最后20年基本上是在悲惨痛苦中度过的。虽然法国启蒙运动中自由作家狄德罗、达朗贝尔等都曾是他的好朋友，但卢梭的情感主义倾向最终和这些朋友身上的理性主义特征产生分歧，从而导致了分手。他与伏尔泰之间的分歧主要是坚决反对伏尔泰在日内瓦建一家剧院的计划。1762年，卢梭因写政论文章为当局所不容，一些原和他合作的朋友都纷纷疏远他，长期的逃难生活，使他疑心病加重，患上严重的偏执狂，这是他与休谟关系恶化的主要原因。卢梭最后在贫困生活中孤独地走完了他的一生，但他留下多部著作却像熊熊燃烧的火炬一样散发着永不熄灭的光芒。

《社会契约论》（又译为《民约论》），又名《政治权利的原理》。开篇就提出了这样一个著名论断："人是生而自由的，但却无往不在枷锁之中。"他认为维护自身的生存是人性的首要法则，强权并不能使人民服从。他说放弃自由就是放弃做人的权利。由于人类遇到不利生存的障碍，需要维护自身的同时聚集全体的力量，这就需要每个人把自身的一切权利全部转让给整个集体，

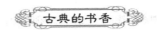

并成为全体中不可分割的一部分。人类虽然丧失了天然自由,但却获得了社会的自由。

卢梭区别了公意与众意的不同。认为众意是个别意志的总和,着眼于私人利益;公意是共同意志的总和,着眼于公共利益。主权是公意的应用,因而不可转让与分割。他认为要把权利与义务结合起来,就需要法律与约定,而法律只能是公意的行为。卢梭把立法权看作是人民主权的主要形式,因而法律应由人民来制定。

在论述政府方面,卢梭对政府下了一个定义,认为政府就是臣民与主权者之间的中介,它负责执行法律,保障公民的政治自由。政府可分三种形式,即民主制、贵族制、君主制,这和西方自柏拉图以来对政治形式的划分是一致的。他赞成民主制,但又认为真正的民主制是从来不曾有过的,也永远不会有。

在选举上,他认为人生而自由,自己就是主人,未经本人同意不能奴役别人,不能剥夺公民的投票权。卢梭介绍了罗马的人民大会,论述了选举平民担任保民官制。在紧急情况下采用独裁制和从退役的执政官中选出监察官。最后论述了公民宗教,认为公民宗教服从本国的神及其教义,把对神明的崇拜与对法律的热爱结合起来,君主就是教主,因而这种宗教全是谬误和谎话,是欺人之谈。

最杰出的自传体回忆录

——卢梭的《忏悔录》

　　每个人都希望自己的一生过得精彩，都希望在垂暮之年回忆自己所走过的人生旅程。因此，世界上的回忆录多得难以计数。而真正有价值的，能够传之永久的，则少得可怜。让·雅克·卢梭的《忏悔录》则是被公认为自传体最伟大的回忆录。他写这本书的目的，并非是为自己树碑立传，而是为了向攻击他人品的那些人讨还一个公道。他要为自己进行辩护，愿在世人面前展露一个赤裸裸的自我，无论好坏，由世人评说。正如他所说的："不管末日审判的号角什么时候吹响，我都敢拿着这本书走到至高无上的审判者面前，果敢地大声说：'请看！这就是我所做过的，就是我所想过的，我当时就是那样的人。'"卢梭大声疾呼："万能的上帝！请你把无数的众生叫到我跟前来！让他们听听我的忏悔……然后让他们每个人在您的宝座面前，同样真诚地披露自己的心灵，看看有谁敢于对您说：我比这个人好。"

　　卢梭写《忏悔录》时，心情已经悲愤到极点。他写《爱弥尔》时希望为人类找到通向至福的路。他在书中阐述了自己的自然教育方法，没想到却触怒了宗教界的人士，遭到政府的查禁。他到处东躲西藏，四处流浪。昔日的朋友都纷纷离开了他，还遭到不明真相的攻击谩骂。他有太多的话想要说，要倾诉，要让世人看到一个真正的、有血有肉的卢梭。

　　《忏悔录》从 1762 年开始颠沛流离的逃亡生活至 1770 年 11 月才写完，断断续续写了 8 年多。而他的《孤独的散步的遐思》可以看成是《忏悔录》的续篇。卢梭以一种极其真诚的态度将他所做过的事，以及他的内心世界想法

向读者和盘托出，对自己的恶德败行也丝毫不加掩饰。正如他所说的："这是世界上绝无仅有，也许永远不会再有的一幅完全依照本来面目和全部事实描绘出来的人像。"这是难能可贵的。许多人在传记中或多或少要为自己涂脂抹粉，让形象高大起来，把好的一面多写一些，而将不好的一面加以掩饰或委过于人。因此，他们的虚荣、虚伪又怎么能与卢梭相比呢？他们的传记又怎么能打动人心呢？真实性，才是传记的生命！人非圣贤，谁能无过。把自己打扮成道德高尚的正人君子，这似乎使他的形象很高大，很完美，但总缺少了血肉之躯，总少了一点人味。卢梭这部著作的永恒魅力就来自于它是一部坦白惊人的自画像。而且卢梭用一种抒情的笔调，娓娓道来，令人百读不厌。

《忏悔录》从卢梭 1712 年写起，一直写到他 1765 逃亡到比安湖中的圣比得岛，前后经历 53 年。全书是在卢梭去世后才出版，而此前已有手稿流传。卢梭于 1778 年病逝，其间相隔了 13 年。该书描写了卢梭的成长经历，他在极其艰难的环境中求学，奋发有为，由一个穷孩子成长为一名震惊世界的学者。再现了 18 世纪法国社会各阶层的生活，剖析了卢梭个人的内心世界。无论其动机是崇高或渺小，都使我们能够全面地认识本书的作者，同时也为我们提供了一个研究人的复杂范例，并且为读者了解法国启蒙运动提供了珍贵的历史资料。《忏悔录》具有多方面的价值。它的叙事极其生动，内心情感描写得真挚动人。作者在书中描绘了大自然的美以及对这种美的赞叹，表达了作者对自由、平等的美好热爱与追求，代表着个性解放的新声。

对人生永不止步的追求

——歌德的《浮士德》

德国的文学泰斗要数歌德。歌德在欧洲文学中占有一个重要地位，为世界所瞩目，他的文学创作活动使落后的德国文学有了生机。作为诗人歌德踩着地球幸福地生活了83年，他多彩多姿的一生，横跨了欧洲两个世纪，经历了西方资产阶级反抗封建势力矛盾斗争最为激烈时期。这种时代的矛盾，也伴随歌德一生，并成为他探索资本主义发展出路的自我追寻。歌德远没有莎士比亚易于亲近并受到大众读者的欢迎，因为他用60年创作完成的《浮士德》有太多让人难以理解的迷宫，并常常成为争论的焦点。与但丁的《神曲》相比，《浮士德》象征性隐语更不明晰。但这部令人惊叹的反复多变的诗风和人生咏叹调，却包含有太多丰富的思想内容而令读者却步，反让做学问的戴上一顶顶博士帽而享受尊容。他们努力钻研歌德思想的微言大义而兴奋异常，但普通读者要是抱着这种思想去欣赏，那肯定会失望得空手而归，因为《浮士德》整个就是一部幻想的诗篇，其中写实的部分正好是世俗生活情节。浮士德思想构成了全书的经纬，没有一个完整的故事情节。《浮士德》所表现的是一部近代资产阶级精神的发展史，反映了16至19世纪初意大利文艺复兴以来近300年的文化发展，是歌德人生探索的心灵史。这样一部奇书，读它的理由是什么呢？智慧，歌德智慧。入世与超脱，独立而完善地过自己的人生，歌德智慧老人堪为最佳领航员。你不必费尽心机去领会他的全部思想，只需为那汪洋恣肆、绚丽多彩的诗章而欢欣鼓舞就足够了，歌德文采足以让人为之倾倒。

歌德1749年8月出生于德国莱茵河畔的法兰克福，家境优越，父亲是皇室参议，母亲为市长女儿。他的文学兴趣秉承了母亲。歌德先后在莱比锡和斯特拉斯堡大学学习法律。对他思想比较清晰影响的是荷兰哲学家斯宾诺莎的唯物论和辩证法，法国卢梭的自然主义与浪漫主义，本国的赫尔德尔的思想的指引。这些思想在歌德思想中注入了反叛气息，使他不满足于充满等级制度束缚的沉闷无变化的封建宫廷生活，渴望资产阶级追求革新变动的自由生活。他兴趣广泛，擅长绘画，但仅仅是兴致所为。他钻研自然科学并有所建树，但始终未成为他兴趣的中心。他学的是法律，但只做了短暂的律师。

他曾在魏玛皇宫担任公职达 10 年之久，但对宫廷事物感到厌倦与失望，于是改名换姓逃到意大利。他为意大利南国的旖旎风光所吸引，为古典艺术优美、和谐而陶醉。意大利之行治愈了他精神的消极沉闷，他重又回到魏玛，将主要精力放在文学创作中，为后人留下了一笔丰厚的文学遗产。

歌德作品虽多，但很多作品渐渐在被人遗忘。在他那个时代，他的作品缺点并不十分明显，但今天看来却赫然触目。尽管如此，歌德的抒情诗、早期的《少年维特的烦恼》和用毕生心血写成的《浮士德》，却奠定了歌德作为全欧乃至世界最伟大的诗人称号。无论岁月怎样流逝，这些作品都会在读者心中长久回荡，留下深刻的印记。

《少年维特的烦恼》(1774)是德国狂飙突进运动中掀起的第一朵浪花，也是使歌德获得世界声誉的第一部小说。歌德创作这部小说时才年仅 24 岁，这本薄薄的小书把曾企图自杀的歌德拯救了出来。始料未及的是在欧洲卷起了一股"维特热"，许多青年因为有维特类似的遭遇而自杀了。后来歌德在书的卷头附诗一首，告诫青年们"请做一个堂堂的男子哟，不要步我的后尘"。这本小说前半部取材作者经历，后半部取材于他的朋友。描写绝望的维特无力反抗封建的强大势力，在恋爱失望、才华无处施展的情况下开枪自杀了。这本小说洋溢着青春与激情，作者以卓越才华描绘了大自然的美好风光和维特的细腻丰富的思想感情。读后让人心灵有一种颤抖感，并为维特的不幸命运深表惋惜。拿破仑非常喜欢这部小说，曾读过多遍。

《浮士德》是歌德一生政治思想与艺术的总结。歌德最初萌生写这部诗剧是早年在家乡看了浮士德的木偶剧。浮士德是德国民间传说中的人物，是一个魔术师，一生充满了奇特经历。歌德将这个题材加以改造，并赋予了此剧许多新鲜的内容，其中许多情节是歌德自身经历与思想的改头换面，似隐若现的写照。这是一部只能读不能演的诗剧，但色彩纷呈，主题复杂深邃。

《浮士德》主要内容是魔鬼魔菲斯托与上帝打赌，决定引诱浮士德。浮士德此时年过半百，过着书斋乏味的生活，毕生钻研了许多学问，却在进入垂暮之年感到一无所用，虚度了此生。痛苦之中想去自杀，复活节钟声响起，使他走出城郊，为大自然的欣欣向荣与欢乐人群所吸引。浮士德打消了死的念头，和魔鬼订立契约，条件是浮士德一旦感到满足，灵魂便由魔鬼收回。魔鬼把他带到魔女之前，让他饮下魔汤后化成翩翩少年，他与平民少女葛丽卿发生了恋情。葛丽卿为了和他幽会，按照他的授意给自己母亲服用了安眠药。由于用药过多，她母亲去世了。葛丽卿的哥哥找到浮士德，双方发生争执，结果她的哥哥也死在

了浮士德的剑下。葛丽卿因溺婴罪被关进了牢房，浮士德前去探监，竭力劝说葛丽卿一起逃走，遭到她的拒绝，浮士德只好含恨离去，上帝宽恕了葛丽卿。

美丽的大自然疗好了浮士德心灵的创伤。魔鬼又把他带入罗马皇宫，但此时王宫一片混乱，百姓啼饥号寒，浮士德建议皇帝发行纸币度过财政危机。皇帝又异想天开，要浮士德召来希腊美女海伦以供观赏。魔鬼施展魔法让海伦与特洛伊王子帕里斯从烟雾缭绕中现身，浮士德对海伦一见倾心，面对帕里斯与海伦的拥抱醋意大发，用魔钥去触帕里斯。幻影消失了，浮士德被魔鬼拖出皇宫。

　　浮士德从空中看到了汹涌的大海,激发了征服大海的雄心。他帮助皇帝平定了叛乱,得到了海边的一块封地。他命令魔鬼驱使百姓填海造陆,变沧海为桑田。而此时浮士德已步入百岁老人,忧愁使他双目失明。魔鬼驱使鬼魂为他掘墓,浮士德听到锄锹之声,还以为百姓开沟挖河,他终于发出感叹"你真美啊,请停一下",结果倒地而亡。魔鬼来收他的灵魂,时逢天降玫瑰花雨,天使将浮士德接到天上,见到了圣母和赎罪的葛丽卿。

　　浮士德是一个象征,象征着从封建营垒中冲杀出的资产阶级勇于探索、自强不息、永不满足的精神个性。他们是思索的一代,探索的一代,实践的一代,创造的一代。他们希望通过行动来实现自己的人生理想,创造出地面的乐园。尽管有些地方存在着虚幻的色彩,但是它的积极意义是肯定实践。理论是灰色的,生活之树常青。此外,本诗充满了辩证法。总体上代表了上升的资产阶级积极进取的乐观精神。有些地方流于空想,应引起注意。

"看不见的手"把社会引向繁荣

——亚当·斯密的《国富论》

政治学从来不是孤立的，法律是政治学的重要内容。提倡人生安全、天赋能力不受侵犯，实际是对人们的求利行为进行规范，保护人们自由追求幸福的权利不被剥夺。因此，我们从中发现，经济学才是政治学的基石。经济学与政治学联姻，构成了政治经济学的内容。经济学研究对象主要是财富，是有关社会财富的生产、交换、分配与消费。这一系列都与劳动、商品、资本、生产资料、生活资料相关联，而市场是对这一切要素资源进行配置。第一部有价值的研究市场资源的配置的巨著，就是亚当·斯密的《国富论》（全称是《国民财富的性质和原因的研究》）。他继承配第的劳动价值论观点并进行了深刻论述，形成他关于资本积累的思想。马克思的《资本论》主要吸收了他和大卫·李嘉图的思想。我们甚至可以说，没有亚当·斯密就没有马克思。如果要列举世界上最有价值的 10 部书，亚当·斯密榜上有名当之无愧。《国富论》自 18 世纪问世以来，其影响从来没有消失过，几乎所有的自由派经济学家都奉亚当·斯密为鼻祖。可以毫不夸张地说，市场经济理论是从亚当·斯密开始的。他用了一个极其形象的话将市场形容为"看不见的手"。在《国富论》中，他为自私行为进行大胆辩护，认为每个人的自私行为最终会促进社会财富的增加。这样，他把经济学建立在了伦理学的上面，人性成为推动经济发展的动力。当然，这种求利行为要以正当的方式去获取，要符合正义的标准，如果损人利己，就会造成社会秩序的紊乱。

亚当·斯密 1723 年生于苏格兰爱丁堡附近的科卡尔迪小镇，父亲是一名海关官员，斯密出生不久就去世了，母亲把他一手抚养成人。母亲出身于

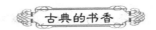

一个受人尊敬的富裕家庭,知书达礼,教子甚严。斯密从小酷爱读书,在家乡读完中学,1737 年 14 岁进入格拉斯哥大学,学习哲学和数学等学科。由于成绩优良,于 1740 年被推荐到牛津大学学习,在那里他学习了希腊语和拉丁语、外语、文学和哲学。1746 年他返回家乡从事学术研究。

1748 年,斯密应爱丁堡大学之聘,讲授修辞学及文学。1751—1764 年间,他在格拉斯哥大学任哲学教授,并发表了第一部著作《道德情操论》,从而确立了他的地位。1764 年他辞去教职,担任年轻贝克莱公爵的私人老师,并陪同贝克莱公爵漫游了欧洲大陆。在旅居巴黎期间,他结识了一些农业方面的代表人物,思想受到影响。1766 年返回国后,开始埋首写著名的《国富论》。经过 10 年的辛劳,终于完成了这部经济史上划时代的著作。他的余生是在荣誉与鲜花中度过的,国会讨论法案时都要以《国富论》为依据。

1778 年,斯密被任命为苏格兰海关总监。工作之余,主要对他的两部著作《道德情操论》和《国富论》进行修订,仅《国富论》就修订了 5 次。他把毕生的主要精力都奉献给了学术事业,终身未婚。1787 年,他被推荐为格拉斯哥大学校长。1790 年在家乡去世。

《国富论》以它深邃的思想,对前人经济思想进行了一次卓有成效的系统综合,成为一部政治经济学方面的权威经典。他的后继者无不从他的著作中吸取智慧的源泉。亚当·斯密以他经济学的成就名垂史册。

英国是最早出现大机器生产的国家,资本主义制度也是最早从这个国家建立并传播开去,广泛影响着世界经济的发展。亚当·斯密的生活时代,正是英国由传统的手工业向着大型机器工业转型时期。虽然重商主义和重农主义盛极一时,但斯密敏锐地感觉到一个自由竞争时代的到来,市场在通过一种"看不见的手"自动调节着社会财富的生产、交换、消费和分配。英国需要一种经济理论来指导这种发展。《国富论》正为英国的资本主义制度发展开辟道路。

斯密在《国富论》中首先对英国工厂制进行深入探讨,提出劳动分工对提高劳动效率的重要性。他认为劳动是衡量交换价值的真正尺度。劳动价值论显然是从配第那儿继承过来,但斯密有所发展,表现在论述的广泛性上。不仅如此,斯密还指出货币产生于人们交换劳动产品,即商品。商品的价格是由工资、利润和地租三部分组成的,它们都具有交换价值。他将商品分为自然价格和市场价格,认为自然价格和自由竞争的价格是最低的,而垄断价格是最高的。利润斯密认为是一个波动价格,它来自于原料加工所增加价值的扣除部分，也是雇主和资本家所拥有部分。由于投资风险，利润通常要能弥补意外损失又略有盈余，他称这为毛利。

影响利润因素：一是财富增加，引起投资增加，因竞争而导致利润降低；二是增加资本，提高工资也会降低利润。他最早看到产品在低工资国家生产、在高消费市场出售所能带来的利润增长。

地租既可以是土地使用价格所构成的利润与利息，也可以是地主为改良土地所付出的资金。

劳动分工既是劳动效率提高的原因，也是资本积累的条件。资本积

国民财富的性质和原因的研究

上 卷

〔英〕亚当·斯密 著

累有利于分工细化。机器的应用使操作得到简化，有利于生产率的提高，从而加速资本积累。斯密第一个看到机器生产对劳动效率的提高，以及对资本积累的意义。科学技术重要性在他的著作中有了经典意义。他又对固定资本与流动资本、生产性劳动和非生产性劳动进行了论述。这是斯密最新颖的部分。

市场调节生产与分配是斯密理论最具特色的部分，他把这看成一只"看不见的手"。商品短缺低于平均利润时，人们就会增加生产，从而获得平均利润或平均利润以上的利润。随着需求的增多，利润就会降低到平均利润或平均利润以下的价格，从而又会增加生产。市场无意识地调节人们的生产行为，使商品生产与商品消费取得平衡。市场自动调节生产的数量，从而使资源获得最优配置。竞争是导致利润趋于平均化的因素。

资本主义是怎么发展起来的呢？斯密认为资本是发展的重要推动力。资本组织分工，雇佣劳动，通过机器生产，大幅度提高劳动生产率，使商品的利润增加。利润积累起雄厚的资本，资本除掉工资、地租外，为资本家所持有。资本家不是把资本全部用于个人消费，而是节约支出，把个人生活以外的资本进行重新投资，这样资本积累就会增大。亚当·斯密对资本用途进行了分析，概括为农业、制造业、批发业、零售业，它们互相依存。资本作用有二：一是推动本国生产性劳动；二是增加本国土地和劳动年产物的价值。斯密据此

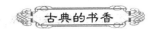

逐一进行分析,结论是,农业贡献最大,其次为制造业,再次为商业。

《国富论》全书共五篇,主要内容在第一、二篇。后三篇主要是经济史与经济政策方面的内容,运用前两部分原理加以说明。

亚当·斯密的《国富论》是对他以前经济思想的批判总结,以全新的条理性和论述的广泛性对经济学进行系统化的研究与整理,构成了完整的经济理论。提出了许多新颖独到的见解,以分析的深刻,理论的独到,开创了经济学研究的一代先河,是古典经济学集大成与终结者。经济学在他的手上变成了完整的科学,为资本主义发展奠定了坚实的基础。当然,随着资本主义经济发展,也渐渐暴露了一些问题,这就是导源于他的自由放任的市场经济思想,即反对政府对经济的干预政策,主张完全由市场来进行自我调节。由于自由竞争导致垄断,市场中又存在欺诈性行为,生产信号的失灵,资本转向的艰难,创新生产的乏力,投资风险的增多,公共产品的减少,使市场存在这样或那样的缺陷,从而导致生产的过剩,失业增加,经济危机,通货膨胀。他为马克思、凯恩斯等新的经济学派的崛起创造了条件,其经济学对社会生产的发展与繁荣功绩是不容抹杀的。《国富论》仍是经济学中一部伟大的著作,它包含的丰富思想和开创性的研究方法,是后继者学习的榜样,也是每个研究经济学者的必读书。如果要对社会经济运作有所了解,这部书应是最好的教材。

美丑之辨

——雨果的《巴黎圣母院》

　　丰富的想象，生动的情节，奔放的情感，这是浪漫主义文学最常见的特征。雨果是法国 19 世纪涌现出来的浪漫主义文学大师，创作才华是多方面的，诗、戏剧、小说、评论，都留下了无与伦比的杰作，不愧为法国浪漫主义文学的旗手。雨果一生经历了法国历史上最为动荡也最为斗争激烈的历史事件：从波旁王朝、拿破仑第三、巴黎公社、普法战争到资产阶级第三共和。创作生涯达 60 年之久，为后人留下了一笔极为可观的文化遗产。

　　雨果充满对人性的深刻理解，对人类怀有一种同情心与仁慈心肠，他的作品处处闪烁着人道主义光芒。通过对人物内心世界冲突、矛盾的描写，给读者心灵一种强烈的艺术震撼，回味无穷。

　　雨果 1802 年 2 月生于法国的贝桑松城。父亲是拿破仑麾下的一名军官，后在西班牙王手下任陆军总监，授封伯爵，上将军衔。西班牙王丢失王位后，其父也跟着倒霉，以少将军衔在法军中服役。波旁王朝复辟之后，因拥戴有功，官复原职。虽效忠于王党，但思想却倾向于共和。母亲则是一个虔诚的天主教徒、保王党。由于父母政见分歧，终致离异。雨果跟随母亲生活，自然在政治上受到母亲的影响，是个保王派。直到 20 岁时母亲去世，雨果才与父亲和解，政治开始转向自由主义。

　　雨果较早表现出诗人天赋，10 岁就写得一手好诗，被誉为神童。14 岁立志成为一名夏多布里益那样的贵冠诗人。1822 年，雨果《颂歌集》出版，其中有一篇诗感动得法王路易十八老泪纵横，并赐给年金一千法郎。雨果有两位哥哥也爱好文学，他们合办《文学保守者》刊物。25 岁以前的雨果是古典文学的守护神。

1826 年以后，雨果开始转变立场，主要精力放在了戏剧创作。他的《克伦威尔》序公开向古典主义文学宣战。反对模仿古人，反对墨守成规，主张文学应随时代变化而有新的表现形式，这被后世的评论家认为是浪漫主义文学投向古典主义文学的一枚炸弹。而 1830 年雨果的《欧拉尼》上演，则是浪漫主义戏剧向古典主义戏剧堡垒发起的又一次冲锋。

1831 年，雨果的第一部小说《巴黎圣母院》出版。雨果创作这部小说前后花了 6 个月时间，翻阅了大量历史文献。小说背景放在中世纪 15 世纪，此时是路易十一统治时期，以法国最著名哥特式建筑巴黎圣母院为主要描写场所，通过对吉卜赛女郎爱斯美腊达、敲钟怪人卡席莫多、圣母院副主教克洛德·弗罗洛三个主要人物的塑造，展现了一幅色彩绚丽多姿、对比强烈、充分体现雨果美学原则和充满悲剧色彩气势恢宏的画卷。这是一部想象的杰作，激情的杰作，诗的杰作。崇高与滑稽、美与丑、夸张与怪诞、灵与肉的分裂，被雨果强烈的艺术效果渲染得淋漓尽致。它时而令人毛骨悚然，时而风和日丽，时而刀光剑影。紧张刺激而又舒展自如。故事虽然纯属虚构，但又让人感到全在情理之中。需要特别指出的是，雨果的创作原则不是现实主义原则。因此，他笔下的人物并不具有

现实的真实性，而是被作者对人物性格某一方面的抽取然后进行艺术对照。这对浪漫主义创作原则无关宏旨，但放在现实中去就显得荒诞可笑。现实中没有一个人物像卡席莫多那样丑到极点，也没有一个人物像爱斯美腊达那样从灵魂到外表都美到无以复加的地步。显然这是被作者完全的理想化了。现实中的人，善恶美丑是浑然一体的。它们矛盾交织，相互斗争，所以没有必要拿到现实中去对号入座，我们读的是艺术作品，欣赏的也是艺术作品，而不是历史。艺术写成历史就缺乏了趣味，成了不堪卒读的枯燥乏味的教科书，这是必须清醒认识到的，也是正确评价这部作品的尺度。与自然主义左拉比较起来，雨果塑造的人物确实不够真实，但作品比左拉在艺术上的感觉却充分显示了艺术的独特魅力。那种艺术感染力对心灵的强烈的震撼效果使左拉作品相形见绌，望尘莫及。雨果的浪漫主义风格对后世的新浪漫派、超现实主义都产生了重要影响。可以毫不夸张地说，雨果是他们的开山之祖。

《巴黎圣母院》故事并不复杂，但相当具有戏剧性，节奏紧凑，描写生动。雨果充分展示了叙事诗的雄浑、教堂的巍峨与辉煌。展现了一幅中世纪古老建筑、格雷勿广场的四通八达以及众多人群的宽敞的画面。

全书故事是这样的：

卖艺女郎爱斯美腊达生活在一群乞丐中间，圣母院主教弗罗德因垂涎她的美貌命钟楼怪人卡席莫多去劫持，不料巧遇王家卫队长英俊的孚比斯解救没能得逞。卡席莫多被罚在广场上绞架旁受刑，口渴难耐，爱斯美腊达主动上前为他舀水喝，令卡席莫多感动万分。爱斯美腊达爱上了孚比斯，前去旅店与他幽会，被闻讯赶来的弗罗洛刺伤，随后逃之夭夭。爱斯美腊达被捕，屈打成招，判为死刑。在解往刑场途中，遇到了受伤痊愈的孚比斯。他本可以为她作证洗尽冤屈，却策马而去。卡席莫多冲出教堂将爱斯美腊达抢进圣母院保护起来。不明就里的乞丐群前来营救爱斯美腊达，深夜攻打圣母院，遭到卡席莫多的殊死抵抗。国王以为民众造反派兵镇压，丐帮腹背受敌，圣母院外尸横遍地，血流成河。混乱中，弗罗洛命人将爱斯美腊达带到绞架旁，逼她就范。爱斯美腊达宁死不屈，弗罗洛命警官对她施行绞刑。愤怒的卡席莫多见状将弗罗洛从钟楼上推下来摔死。卡席莫多失踪了。若干年后人们在一个墓穴中发现了两具奇特的尸体，男的紧紧抱着女的，通过形状辨认可以认定那是卡席莫多与爱斯美腊达。人们试图将他们分开，尸体立即化成了灰烬。

《巴黎圣母院》为雨果赢得了广泛的声誉，随后他就被任命为法兰西文学院院士。1851年因参加共和党起义失败后，开始了漫长的19年的流亡生涯。他的《悲惨世界》《海上劳工》《笑面人》都是这个时期完成的。《悲惨世界》也是他的重要代表作，描写苦役犯冉阿让的传奇经历，特别是描写了滑铁卢的战争场面。刻画了妓女芳汀的悲惨的遭遇，以及她的女儿珂赛特感人至深的形象。由于雨果在这部小说中所表现的抽象的人道主义思想又显示出这样与那样的不足，比较而言，《巴黎圣母院》应是雨果最好的作品。他对封建社会统治下的弗罗洛主教和卫队长孚比斯的虚伪进行了揭露，歌颂了善良、美丽的吉卜赛姑娘爱斯美腊达的敢爱敢恨，对敲钟怪人卡席莫多的无私行为进行了细致刻画，使人们在这样一位形象丑陋而心地美好的人身上发现了人性的光辉。雨果的艺术匠心在小说中发挥到极致，而且非常具有创造力与想象力。小说不仅具有史诗性雄浑，而且色彩浓烈，语言富有力度，在世界文学名著之林中堪称杰作。

物竞天择，适者生存

——达尔文的《物种起源》

在达尔文之前，人们坚持"物种不变"的信念，认为物种是神创的，因此，它也将继续以这种不变的方式保持下去。达尔文通过多方面搜集来的生物证据，对"物种不变"信念予以摧毁性的打击。因此，他的著作刚刚出笼，就遭到宗教人士的唾骂与诅咒。因为长期以来，人们一直相信人这种生灵是上帝的产品，怎么可能在一夜之间让人相信人由动物演变而来，猴子是人类的祖先？这一切未免太神奇了。于是围绕着达尔文理论，掀起了轩然大波。宗教界与科学界展开了一系列激烈论战。

"人是由动物而来"并不是达尔文首先提出的。早在达尔文之前，拉马克就提出了与达尔文相同的观点。但他将这种变化主要归因于生物的物理条件变化，并没有提出像达尔文那样具有颠覆性的理论。因此，还是在宗教能够容忍的范围内。达尔文的《物种起源》则直接把矛头指向"上帝创世"宗教理论，上帝对人间的主宰和合法性直接受到了挑战。因此，达尔文坚持科学信仰道路要比拉马克艰难得多，曲折得多，遭受的压力要大得多。然而达尔文不是孤立的，在他四面楚歌的谩骂声中，一个年轻的生物科学家赫胥黎站在了他这一边，到处发表演说，支持达尔文的学说，捍卫科学的神圣性。终于达尔文学说逐渐被人们广泛接受，划时代巨著《物种起源》成为迄今为止科学史上堪与牛顿并肩而立的伟大著作。

达尔文 1809 年 2 月 12 日生于英国茹斯兹伯利。祖父也是一位生物学家，曾研究过生物演化。父亲是医生，希望他子承父业。16 岁就送他到爱丁堡大学学习医学。可达尔文对医学毫无兴趣，一心想成为一名牧师。无奈之下，父亲又把他送入剑桥大学改学神学。然而幼年时期养成的对大自然现象好奇心使他痴迷于大自然事物，结识植物学家基威克后，他的兴趣再次发生了转移。

1831 年，达尔文从剑桥大学毕业，经老师亨斯洛推荐，以博物学者的身份参加英国海军贝格尔号的环球考察。这艘军舰穿越了大西洋、太平洋，经过澳大利亚，越过印度洋，绕过好望角，于 1936 年 10 月回到英国。达尔文带回许多生物标本，通过仔细研究，发现物种之间并没有天然鸿沟，它们之间是可以相互转化的。神学上的"物种不变"的信念开始在他心中慢慢动摇。但物种变化是怎么发生的呢？于是物种起源奥秘成了他的研究对象。他决定从动物与植物育种工作中发现产生的原因。通过研究，他发现同一种个体之间，在品种上也存在很大差异，这种变异在他看来是形成新物种的基础。通过对家鸽饲养，达尔文发现创造新物种的关键是选择，也就是对变异的选择。依据人工选择原理，结合自然界生物之间斗争现象，达尔文开始形成了他的"自然选择"理论。

无独有偶，达尔文正着手《物种起源》前十章写作时，收到英国生物学家华莱士的来信和论文，提出了与他类似的观点。达尔文起初想单独发表华莱士的论文，但熟知达尔文研究的赖尔和植物学家胡克坚决主张将华莱士的这篇论文和达尔文 1844 年原稿的摘要以及 1857 年致爱沙克雷教授讨论物种起源的信一同发表。达尔文同意了这一建议。1858 年，伦敦林奈学会上，达尔文和华莱士的论文同时发表。1859 年《物种起源》一书终于面世，初版 1000 多册当天就告售罄。此后，达尔文又花费 20 多年时间搜集资料，更详尽地论述进化论的各个问题，写成《动物与植物在家养下的变异》

（1868）、《人类起源及性的选择》（1871）、《人类和动物的表情》（1872）等论著，丰富与完善了他有关"物种通过自然选择进化"的学说。1882年达尔文因病与世长辞，终年73岁。

《物种起源》贯穿着"物种可变"这一自然选择思想。达尔文吸收了马尔萨斯关于人口的繁殖是按照一种几何级数增长方式进行着，而为人口提供土地产出是按照算术级数增长的理论，即欲望与资源的矛盾是制约人口发展的重要因素。达尔文提出了生物繁殖是按照几何级数增长方式进行，而为生物提供的食品和空间却相对有限，这样生物之间为生存而争夺食物与空间的斗争不可避免地进行着。只有那些朝着有利于环境方式发展的生物，才能在弱肉强食的社会中获得生存与增长的机会，这就是生物种群的生存规律。环境制约着生物数量的发展，使食物数量与种群数量趋于平衡。生物斗争是造成生物变异的原因，变异的结果是新物种的形成，新物种都是由老物种遗传并进化而来。"物竞天择，适者生存"是生物进化发展的普遍规律，优胜劣汰是生物进化的前进动力。生物进化的思想在人类思想史上产生了强烈的震撼力量，严复有感于达尔文思想的深刻性，将赫胥黎的《进化论与伦理学》导言与有关章节翻译成《天演论》，成为近现代以来在中国思想界最具震撼力的一部名著，极大鼓舞了弱国子民救亡图存的爱国热忱。

达尔文《物种起源》远远超出了达尔文对生物科学研究的范围，使他在人类思想史上和哲学家拥有同样重要的地位。"我们从何处来，我们将往何处去"，他给出了一个全新的科学答案，这是传统宗教与哲学所不能给予的。对于我们正确认识自然、认识社会都具有重要的启迪作用。因此，我们可以把它当成一部科学哲学读物来照亮前行的人生旅程。

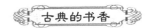

一个水手的复仇故事

——大仲马的《基度山伯爵》

大仲马是一位深受全世界读者喜爱的作家，以擅长写冒险小说赢得众多读者的青睐。100多年来，他的小说《三个火枪手》和《基度山伯爵》盛行不衰。小说虽然没有多少广泛的社会意义，这是大仲马文学地位不高的主要原因，但读后却能带来欢乐、自信和勇敢。他的小说通常都具有引人入胜的故事情节，读来会感到特别轻松。

大仲马是小说家中最会讲故事的能手，这一点让司格特为之汗颜，也是司格特现今少有读者的原因。大仲马的故事通常惊险、曲折、富有悬念，情节跌宕多姿，时常有高潮突起，生动有趣。塑造的人物形象性格鲜明。那些富有传奇色彩的故事娓娓道来，让人爱不释手，废寝忘食，不读完全部故事就食不甘味。这就是充满魅力的大仲马。

大仲马是为了区别他儿子小仲马而得名，本名为亚历山大·仲马，1802年7月出生于法国巴黎北部的维莱科特雷小城。其父为贵族后裔，但拥护共和，在大革命中累建战功，很快跃升为将军。1798年随拿破仑远征埃及，因与拿破仑政见不合，失宠回国，途遇风暴，转入那不勒斯海港，被捕入狱，受尽折磨。1801年回到法国已近残废，44岁就去世了，留下了仅有4岁的大仲马。大仲马的父亲没有留下任何遗产，拿破仑视其父为叛党不愿为他们母子生活提供抚恤金，这使大仲马童年和青年的生活非常艰难。他母亲是一个黑奴，因此还经常受到来自种族方面的歧视。他主要靠母亲开小店的微薄收入抚养长大。

　　大仲马住地有一片大森林，他从小就喜爱在森林中玩耍，并喜欢上打猎和武术。10 岁被送到中学去读书。拉丁文和语法只掌握了皮毛，但书法上狠下了一番苦功。为了让大仲马有个好的前程，母亲节衣缩食为他请小提琴师，但他却毫无兴趣。又让他到神学院去供职，他也无法专心此途。1820 年，有一个剧团到尚松演出《哈姆雷特》，引起了他的强烈兴趣。他靠打猎凑足路费，专程到巴黎去看戏。莎剧为大仲马提供了丰富的想象力，他几乎为莎剧的艺术魅力所倾倒，决心成为一名剧作家。1823 年，经他父亲生前好友介绍，他到奥尔良公爵手下当了一名抄写员。工作之余，开始大量的阅读文学、历史、哲学、自然科学等方面的书籍。他自学成才，并开始发表诗歌和短篇小说。

　　1827 年英国著名演员到巴黎演出莎士比亚的戏剧，大仲马看完了全部演出，领悟到：只有让古典主义幕后激情被发掘出来，才能打动观众。他开始了第一个戏剧剧本《克莱斯蒂拉》写作。由于古典戏剧当时占有上峰，他的这个剧本没能如期公演，但这并没有使他气馁，又开始了第二个剧本《亨利三世及其宫廷》的写作（1829）。这个剧本获得了空前的成功。剧院里到处是欢呼的人群，人们奔走相告。此剧首次打破了古典戏剧"三一律"教条，成为法国第一个浪漫主义剧作，比雨果的《欧拉尼》还早了一年。好评如潮，大仲马一夜成名。

　　1830 年，法国暴发了推翻波旁王朝的"七月革命"。大仲马政治上是一名共和派，他背起双管枪，在街上发表演说，投入巷战，还亲自把 3500 公斤的炸药从尚松运到巴黎，因此受到即将就任新国王奥尔良公爵的接见。他冒着生命危险到旺岱去考察，回来后向国王谈治理旺岱的建议。没有想到的是，国王嘲笑他不懂政治，要他继续去写自己的诗。幻想破灭了，他向奥尔良公爵提出辞呈，参加了共和观点的炮兵部队。接着又在历史剧《拿破仑·波拿巴》序中公开了与国王的分歧，被指控为共和份子。为安全起见，从 1823 年起他先后到瑞士和意大利去旅行，写了大量的游记，为他的小说搜集素材。

　　1851 年大仲马曾两次参加竞选，失败后流亡到比利时，在那里撰写《回忆录》。1860 年，他到西西里岛与加里波第汇合，走私军火，在那不勒斯住了 4 年，回到巴黎。1872 年，他病死在小仲马家里，葬在了先贤祠。

　　大仲马是一位高产作家，作品数量惊人，有 300 多卷，其中历史小说数量最多，有 150 多部。他的小说多是与人合作完成的，查理曼中学的历史教师马凯是他最得力的合作者。他们从 1839 年合作到 1845 年。今天的读者只看他 19 世纪四五十年代写的小说。

大仲马以写历史小说闻名于世，但他并不忠实于历史。历史用他的话来说，是用来挂他故事的"钉子"，也就是便于叙说故事的背景，而他真正的用意是历史之外的故事。以妙趣横生的故事来吸引读者，使大仲马成了最早通俗文学的代表，成为20世纪通俗文学大行其道的一代宗师，这为他的写作带来了滚滚财源。当然，大仲马的通俗文学作品让人读得津津有味，余味无穷，常读常新，具有不朽的魅力，这使其他通俗作品望其项背。

《基度山伯爵》是大仲马唯一一部以现代题材写成的小说。创作于1844年，以七月王朝为背景。当时欧仁·苏的长篇小说《巴黎的秘密》在报刊上连载后，受到读者的广泛欢迎，于是报社约请大仲马写一部小说供报社连载。大仲马欣然同意，开始了《基度山伯爵》的写作。小说在《辩论报》上连载了130多期，耗时一年多才载完。巴黎轰动了，全巴黎为这部小说如痴如狂。许多读者打通报社关节，为了一睹翌日的刊载内容。这部小说成了市民们茶余饭后的谈资，它的精彩情节让人津津乐道，成为有史以来最受读者欢迎的畅销书。大仲马成为靠写作致富的通俗文学最成功的作家。

为了写好《基度山伯爵》，大仲马1842年曾到地中海游历，对厄尔巴岛附近的基度山岛发生了兴趣，于是他开始构思与这个小岛有关的故事。他有幸读到一本发表在1828年的《关于路易十四以来巴黎警察局档案回忆录》中《复仇的金刚钻》的故事，内容是巴黎有一个制鞋匠将要结婚时，被嫉妒的朋友诬告而入狱7年，出狱后得到米兰教士的照顾，并在教士死后获得了一个金刚钻和各种金币的秘密宝藏。他化装回到巴黎复仇，最后自己也被人杀死。大仲马研究了这份资料，和他的写作伙伴马盖商定了《基度山伯爵》的写作计划。

《基度山伯爵》描写一名水手爱德蒙·邓蒂斯复仇的故事。邓蒂斯原是"埃及王号"船上的一名大副，因船长病故，由他临时接替船长的位置，将船从意大利那不勒斯顺利返回到法国马赛，并带回了一封拿破仑给巴黎亲信的一封密件。摩莱尔船长非常赏识邓蒂斯的才干，准备提升他为船长，这引起了同僚邓格拉斯的嫉恨。他伙同邓蒂斯的情敌费南向当局诬告邓蒂斯为"拿破仑党"，在邓蒂斯订婚宴上将他逮捕。审理案件的代理检察官维尔福发现邓蒂斯所带密件涉及他父亲，怕因此影响到自己的前程和生命，将邓蒂斯打入死囚，秘密关进伊夫堡——一个地中海囚禁犯人的小岛。

邓蒂斯在死牢里度过了 14 年的囚徒生活，精神崩溃，几乎绝望。不料一天发现有挖地洞的声音。原来住在隔壁的法利亚神父挖通了邓蒂斯牢房的墙壁，于是两人相见。邓蒂斯将自己奇特的经历告诉了法利亚神父，神父帮助他分析了他的不幸遭遇，并教给了他许多知识。神父临终前告诉了邓蒂斯一个秘密，基度山岛上埋有一笔巨大的财宝。神父去世后，邓蒂斯迅速钻入装神父的麻袋中，被狱卒扔入海中。邓蒂斯用刀割破麻袋，囚渡逃了出来。按照神父的指点迅速获得了巨额财富，化名返回故乡。他父亲已饿死，恩人摩莱里正面临破产的危机，昔日的仇人一个个飞黄腾达。邓格拉斯成了银行家，有男爵身份，费南将他的未婚妻占为己有，并成了陆军中将莫锡尔伯爵，维尔福成了首席检察官，他们全都移居到巴黎。

邓蒂斯替摩莱里还清了债务，送给他一艘新的"埃及王号"，送给他女儿一笔丰厚的嫁妆。然后精心准备了 8 年，带着阿里总督的女儿海蒂，以基度山伯爵的名义进入巴黎上流社会实施他的复仇计划。

巴黎的上流社会来了一名不速之客，他行迹神秘，非常富有，化名为基度山伯爵，此人不是别人正是邓蒂斯。他在报上揭露费南勾结土耳其人的丑闻，使费南的妻子隐居乡下，儿子投军，费南开枪自杀。他迫使邓格拉斯的银行倒闭，身败名裂，无奈之下，贪污公款 500 万法郎。邓蒂斯又命强盗范巴将其绑架，将 500 万法郎款如数交出，只给了他 5 万法郎让其谋生。邓格拉斯得知邓蒂斯所为，在饱受惊吓中，头发全白了。他用更加残酷的手段报复了维尔福，利用维尔福的家庭矛盾，使他的亲人接二连三地遭受毒杀，维尔福本人又因谋杀私生子的罪行遭到起诉。维尔福在丧失亲人、名誉、地位后发疯而死。

邓蒂斯大仇已报，然后告别巴黎，扬帆远航了。

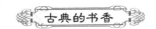

于连个人奋斗的象征意义

——司汤达的《红与黑》

生前寂寞，死后殊荣，这凄凉的写照，却成了法国伟大作家司汤达真实的一生。他自信与乐观地预言"我将在一八八零年为人理解"，还说"我看重的仅仅是在一九零零年被重新印刷"，又说"我想做的是另一个抽签比赛，那里最大的赌注是，做一个在一九三五年为人阅读的作家"，这一预言被他言中，但他生前却看不到这一彩票被兑现的兴奋。与他同时代的雨果、福楼拜都不看好他的作品，歌德、梅里美却发现司汤达作品的闪

光点，这就是对人类心理的理解与对现实的细致观察，梅里美寄希望于未来的评论家能重新发现司汤达的作品，并公正地对待它。确实如此，司汤达今天的名望与日俱增，被公认为少有的天才与最杰出的作家，可以与巴尔扎克、福楼拜并肩而立。他开创了文学作品中的对人物心理的细致描写，反映内心冲突，伴随大量内心独白的手法，成为意识流这类小说最早的先驱。在他那个时代所遭受的冷遇，与他前卫性的艺术观点，以及不善为人们所熟知的大量的内心描写，是他没有得到同时代读者喝彩的原因。一个世纪过去了，司汤达的《红与黑》已被翻译成了多种文字广泛地流传，而且深受中国读者的喜爱，被译成的中文版本就有 10 种之多，这与昔日的冷清场面已不可同日而语，可以说，司汤达的声望与日中天，璀璨辉煌。

司汤达于 1784 年 1 月生于法国东南部小城格勒诺布尔，本名亨利·贝尔，父亲是一位律师，但思想保守，这很不合司汤达的气质，母亲早丧。他的童年主要是和外祖父在一起，外祖父是一名医生，伏尔泰的信徒。受外祖父

的影响,他阅读了大量启蒙大师的著作和古典文学作品,思想倾向于自由。

1796 年他进了本城一所综合学校。毕业后,在表兄介绍下,他投身军界,随拿破仑军南征北战,横扫了意大利、俄国等欧洲大陆。拿破仑垮台后,他侨居意大利米兰,专心从事写作。1801 年期间,他曾休闲一年,阅读了大量哲学、历史与文学。

司汤达多才多艺,兴趣广泛,曾研究过意大利艺术,著有《意大利绘画史》,还出版了游记《罗马、那不勒斯和佛伦萨》。由于与意大利烧炭党人来往密切,受到当局的驱逐。1821 年他离开米兰,移居巴黎,除到外省和国外短暂旅行外,他大部分时间在此度过。直至 1830 年七月革命以后,迫于生计,他向新政府谋求职务,被任命为法国驻意大利海滨小城外交官,该地属教皇管辖,他在此度过了寂寞的晚年。1841 年底他回巴黎度假,第二年 3 月中风去世,被安葬在巴黎蒙马特公墓。碑上镌刻着他生前拟好的墓志铭:"米兰人,亨利·贝尔长眠于此,他生活过,写作过,恋爱过……"显然意大利米兰是他生命最有价值的地方,他的许多著作都是在这里完成的,这里曾有过他刻骨铭心的恋情。

司汤达生前写有大量的著作遗存于后代,他的文艺观点主要反映在《拉辛与莎士比亚》这部著作中。他用犀利的词峰对古典主义顽固不化的保守倾向给予了针砭,主张文学应反映时代和当前的现实生活,这被看成是现实主义文学的宣言书,而司汤达自己却将它称为浪漫主义。

司汤达不仅将这艺术观点诉之理论,而且亲身实践,许多作品中都忠实地履行了这一艺术观点。他的文学作品中,长篇小说《红与黑》与《巴马修道院》是最杰出的作品。司汤达被公认为现实主义文学之父。

《巴马修道院》(1838)是作家晚期作品,也是作家生前唯一受到重视的一部。其中有关滑铁卢战场的描绘受到巴尔扎克称赞,也启发了托尔斯泰创作《战争与和平》中战场

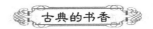

描绘的灵感。这部厚达 600 页的小说，作者仅用了 52 天时间创作完成。小说描写伦巴底青年法布里斯，因参加滑铁卢战役遭到警察当局的通缉，又因失手犯命案被囚，与镇守监狱的孔提将军之女克莱莉亚双双坠入情网，幸有巴马王宫的姑姑营救才无罪获释，并出任巴马大主教。此时克莱莉亚已嫁人，但两人却保持着暧昧关系，所生孩子夭折了，这对恋人伤心而亡，姑姑也去世了。小说某些情节与《红与黑》类似，被看成《红与黑》的姐妹篇。小说广泛地反映了拿破仑失败后的欧洲风云变幻的政局，描写了"神圣同盟"时代欧洲各封建王国的倒行逆施，具有鲜明的时代特色和感人的艺术形象。虽然后面的结局写得草率，令人难以置信，但全书故事紧凑，富有传奇，具有激动人心的一面。

《红与黑》是作者 1830 年完成的一部思想性与艺术性都堪称代表性的一部政治小说。对《红与黑》书名的解释有多种，最有可能的解释是一种反映时代的象征寓意，揭示主人公于连的人生追求。为什么说是"时代"而不是"军服"的颜色？"军服"这种解释看是似其实并非如此，因为司汤达反复强调小说应反映时代，替时代树碑立传，而小说《红与黑》很好地体现了司汤达的这一思想，他本人就生活在这种时代之中。

小说的灵感来自作者在《司法公报》上看到的一则报道：某家庭教师谋杀了与之相爱的女主人公而被判处死刑。司汤达将这一事件作为全书的框架与主要线索，敷演成一部汪洋恣肆、充满时代气息与浪漫色彩的政治抒情史诗。

小说副题名为《一八三零年纪事》，实际写的却是 1825—1829 年 4 年内法国的现实。波旁王朝在拿破仑垮台后执掌了大权，资产阶级在政治上失势，但经济实力却仍掌握在资本家手中，他们急需在政治上寻找其阶级的代言人。

小说主人公于连·索黑尔为平民青年，小资产阶级出身，唯一能够爬上政治顶层的手段，就是穿上教士的黑道袍，依附于教会的势力。于连作为复辟时代有才华的青年，记忆力过人，能将拉丁语的《圣经》倒背如流。他进军教会，把当上主教作为他的政治理想，因为主教大人的收入是拿破仑麾下将军收入的 3 倍，这足以鼓起富有进取心的于连的奋斗志向，况且，他又是那样的聪明。小说从于连 19 岁到德·瑞那市长家里担任家庭教师时起，到 23 岁因枪击旧情人德·瑞拉夫人而判处死刑，写了于连在波旁王朝统治下的 4 年生活。

于连在 14 岁以前，是在拿破仑英雄时代渡过的，他的思想与精神是属于资产阶级的，因此，他与死气沉沉毫无生机的复辟王朝格格不入。为了实现愿望，他装扮成波旁王朝的拥护者，这使他的灵魂形成了双重人格：既厌恶当时社会又不得不讨好这个社会，在这个社会允许的范围内，最大限度地实现自己的人生理想。由于缺乏背景，在等级森严制度下他必须借助关系才能平步青云，他希望通过对女人的征服来实现自己的政治目的。于是，于连先追求德·瑞拉市长夫人

后追求德·木尔的女儿，作为他实现政治理想的前奏。当他几乎离胜利只差一步之遥时，最后还是被贵族社会逐出门外，演出了一场人生悲剧，因为贵族社会并不允许这个平民青年来分享他们财产的一杯羹，这就是于连悲剧性命运所在。小说正是通过于连爱情生活的描写再现复辟时代的阶级斗争，表现贵族阶级与资产阶级的政治搏杀，反映以于连为代表的资产阶级强烈要求参政的愿望，描写个人奋斗的悲剧性英雄。《红与黑》成为一部具有里程碑意义的经典性世界名著。

《红与黑》主要内容是：锯木厂老板的儿子于连·索黑尔经西朗神父的介绍来到市长德·瑞拉家里当上了一名家庭教师，美丽的德·瑞拉市长夫人钟情于这个清秀聪明的小伙子，在于连的追求下委身于他，很快于连与市长夫人私通的消息在小城传开，于连被迫进入贝德尔松神学院。彼拉院长因受教派倾轧而离职，他把于连介绍给巴黎德·拉·木尔侯爵，于连当上了侯爵私人秘书。侯爵对于连非常赏识，他的女儿玛特尔是一位美丽姑娘，于连认为这个少女可以为他带来好处，又展开了对她的进攻。为了让玛特尔彻底委身于他，他又开始追求元帅夫人，赢得了元帅夫人的芳心。玛特尔终于投入于连的怀抱，不久有了身孕，她告诉父亲，请求他原谅于连，并答应他们的婚事。

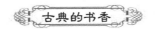

侯爵恼羞成怒,为了玛特尔腹中的孩子,他只好做出让步,授予于连一笔财产、一个贵族头衔和一个军官职位。眼看荣华富贵就可以让于连如愿以偿,此时的于连有些飘飘然,但一封署名德·瑞拉夫人的检举信送到木尔侯爵手中,于是侯爵取消了女儿与于连的婚事。愤怒的于连赶回家乡,向正在教堂做祷告的德·瑞拉夫人连发两枪,于连被关进了监狱。没有被击中的德·瑞拉夫人前来探监,告诉于连那封信是别人代她所写,于连感动得泪流满面。玛特尔为营救于连四处奔走,也来监狱探望于连,但于连拒绝上诉与营救,法庭以畜谋杀人罪将于连处以死刑,玛特尔抱着于连的头到墓地埋葬。第二天,德·瑞拉夫人在家中亲吻了自己的孩子,伤心而亡。

《红与黑》通过对外省的市长家、令人压抑的贝德尔松神学院、巴黎的富丽堂皇的侯爵家等等场景的描绘,反映出政治人物和他们的明争暗斗,于连的爱情故事成了整个画布上最为鲜艳夺目的色彩。司汤达对人物心理活动进行了细致深入的描绘,使小说成为一部具有震撼力的"心灵史诗",这种由外而里艺术手法的应用,使《红与黑》成为世界名著中一颗熠熠闪光的宝石。

以寻偶为题材的喜剧作品

——奥斯丁的《傲慢与偏见》

奥斯丁常常遭到不应有的忽略。人们常问奥斯丁能真正算得上一位伟大作家吗？这些疑问主要是针对奥斯丁描写题材比较狭窄上。

奥斯丁对自己的写作才华也相当不自信。她的写作都是在她自认为相当隐蔽情况下开始的，采取匿名、署假名方式发表。通常是她干完家务活后躲进房间里进行写作，一旦有人来就赶紧将稿纸收起。虽然作品数量不多，却像她所言的"三寸象牙雕刻"一样经受得起时间的推敲。她在小说中所表现出来的戏剧天才与喜剧风格，幽默

诙谐的语言，使她在评论界受到交口称赞，成为 20 世纪最有影响的女作家。著名小说家司格特、毛姆、福克斯都对她的小说推崇备至。其中司格特对她的评价尤具代表性，他写道：

> 这位年轻的小说家在描写日常生活、内心情感以及错综复杂的琐事方面，确实具有才能。这种才能极其难能可贵，我从来也没有见过。说到这些规规矩矩的文章，我也像一般人那样，能够动笔。可是要我以这样细致的笔触，把这些平凡的事情和人物刻画得这样惟妙惟肖，我实在做不到。

的确，奥斯丁具有这样一种才华，她能将自已敏锐观察到的事物加以细针密线的描写，将看似平淡无奇的日常生活，织成一幅一波三折、具有戏剧化情节的人物画廊。她对人物心理世界的细腻把握，为我们提供了栩栩如生的人物形象。而且，奥斯丁尤其擅长对人物性格的描写，使每个读过《傲慢与偏

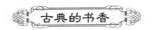
见》的读者都能留下一个难忘的、深刻的印象。

奥斯丁对读者来说没有距离感，这一点她似乎具有跨时空性，任何一个时代的读者都能对她的作品倾注理解。对她的故事保持一种新鲜感，因为她作品深入人性深层结构，人物性格鲜明得跃然纸上，表现出了女性视角对她熟知的男女世界的打量，代表了大多数知识女性的婚姻观与价值观。奥斯丁小说特别受到来自女性世界的欢迎。她对女性形象描写更为成功，男性形象在丰满性上有所欠缺。从整体上来说，她主要以描写中产阶级绅士淑女们的婚姻、爱情和家庭生活而独树一帜，以机智、俏皮、优雅的语言为人们津津乐道，这是她魅力不衰的原因。无论时光如何飞逝，奥斯丁所描写的男女世界总有一种动人心弦的力量，让喜爱她作品的读者依依不舍。

漂亮、聪慧的奥斯丁终身未婚，这似乎与她作品中"有情人终成眷属"的大团圆结局的喜剧色彩迥然不同。她生活在 18 世纪末 19 世纪初的英国南部闭塞的乡村汉普郡的史蒂文顿，交往的人群十分有限。她生活时代正经历着 1789 年法国大革命和拿破仑执政时期，以及英国对法国的开战。但这些重大事件似乎并没有打破乡村生活的宁静，我们几乎在她的小说中看不到欧洲事变的惊雷一丝一毫的影响，而是乡村风景如画、充满田园生活中的男女情爱的相互追逐。尽管如此，奥斯丁还是反映了她那个时代的家庭财产关系、阶级地位、妇女权益、婚姻风俗等等重要的社会问题。奥斯丁敏锐地探讨了这些问题，并对生活中愚蠢可笑的一面进行嘲讽。书中洋溢着无与伦比的幽默感和俯拾即是的俏皮对话，充满机智诙谐的喜剧色彩，使奥斯丁小说艺术倍受赞誉，并成为一部深受读者欢迎的世界名著。特别是在传统价值观日益崩溃的时代，奥斯丁重新唤起了人们对生活严肃性的追求。

奥斯丁生活在启蒙运动开始式微、英国浪漫主义文学正在取代传统文学地位的时代。特别是英国诗歌正开始繁花似锦兴盛，一大批浪漫诗人在文坛上大放异彩,如拜伦、雪莱、济慈、华尔华兹、柯勒律治、司各特等。这影响了奥斯丁小说在同时代读者群对她的关注。她小说的名声与地位是在20世纪才奠定起来的,她对人物形象塑造的艺术手法使她在文坛上占有一席重要的地位,她作品的经典意义使她成为超群拔萃闪耀的明星。自她文学地位奠定以来,就从未在读者群中暗淡过。人们总能从她作品中发现新鲜语言,汲取生活智慧和力量。

奥斯丁与《简·爱》的作者夏洛蒂·勃朗特一样,出生在一个牧师家庭里。奥斯丁家庭生活环境比勃朗特相对要好一点。母亲是名门望族,并有很高的文学造诣。这使奥斯丁虽没有受到正规教育,却在家庭指导下博览群书。奥斯丁很早就表现出写作天赋,从13岁起就开始模仿与编写一些小故事。17岁时就开始创作长篇小说。《傲慢与偏见》是她22岁时的作品,原名为《第一印象》,发表则在《理智与情感》之后。这部小说已经没有英国当时流行的哥特小说的神秘性,通篇是以乡村现实生活为背景,以宴请、喝茶、打牌、跳舞、散步为情节素材,通过男女寻偶反映出18世纪英国乡村政治、经济与社会生活面貌。小说通过男婚女嫁富有悬念故事情节,使全书洋溢着喜剧色彩的世情风俗画。金钱与爱情是全书的主题。作者既反对门第相当而无爱情的婚姻,也反对缺乏财产基础的爱情的婚姻,同时作者把道德看成维系爱情婚姻的基石。

奥斯丁一生创作了六部长篇小说。《傲慢与偏见》是她拥有最多读者的一部。评论界一般看好她的另一部作品《爱玛》,认为是比《傲慢与偏见》创作技巧臻于成熟的一部作品。她创作分为前后两个时期:前期作品是《理智与情感》《傲慢与偏见》《诺桑觉寺》;后期作品是《爱玛》《曼斯菲尔庄园》《劝导》。后期作品在创作成熟性上略高一筹。但要举一部最能代表奥斯丁作品思想风格的,还是首推她的《傲慢与偏见》。这部作品以四对男女婚恋为线索,展示了一幅无比广阔的英国乡村的世情生活画卷,给予我们更多的生活启迪与智慧。奥斯丁细腻、精确的心理分析,对人物性格与形象逼真的描绘,主要人物感情的波澜起伏与场景对事件的烘托,特别是充满机

智、幽默与诙谐语言,使这部作品具有了一种永恒的魅力,让人常读常新。

《傲慢与偏见》写的是四对男女婚恋,但集中描写是达西与伊丽莎白之间极富戏剧化情节与喜剧色彩的爱情故事。

班纳特有五个女儿待字闺中。为了把五个女儿嫁出去,举行了盛大舞会。有钱的单身汉彬格莱先生与班纳特大女儿吉英一见钟情,二女儿伊丽莎白却被晾在一边。达西先生因对班纳特一家怀有偏见,不屑于邀请伊丽莎白共舞而成为这家不受欢迎的客人,他们尤其无法忍受达西先生的傲慢不逊、高高在上的态度。当第二次舞会如期举行,彬格莱与吉英已经是幸福的一对,而达西主动邀请伊丽莎白跳舞遭到拒绝,这对傲慢的达西的自尊是一个打击。

班纳特先生的侄儿子、家财合法的继承人柯林斯牧师专程前来向伊丽莎白求婚,遭到伊丽莎白的断然拒绝,转而向伊丽莎白的女友夏洛蒂求婚,如愿以偿,夏洛蒂很快成了牧师太太。

一次偶然的机会,伊丽莎白与小镇民团联队军官韦翰相识,伊丽莎白很快堕入情网,并听信了韦翰对达西的谗言,说达西剥夺了韦翰应得的一份财产。

在柯林斯家里做客的伊丽莎白和达西不期而遇。达西为伊丽莎白活泼开朗的个性、顾盼生辉的双眼、幽默机智的谈吐所吸引,主动向伊丽莎白求婚,遭到拒绝,并被指责剥夺了韦翰的财产,离间她姐姐与彬格莱的婚事。达

西震惊之余,开始反省自己傲慢的个性,给伊丽莎白写了一封长信,说明吉英与彬格莱婚事主要是不满意班纳特太太所表现出来的无知与愚蠢。他并没有剥夺韦翰财产,而是韦翰将钱财挥霍一空还诱骗他妹妹与之私奔。伊丽莎白读完信后,觉得对达西存有偏见与不公平之处。

第二年夏天,伊丽莎白应舅父舅母之邀去拜访彭伯里庄园,庄园主人却是达西,使伊丽莎白感到惊奇的是这里人都称赞达西是位好庄主。回家路上又和达西碰了个正着,达西不仅一反常态没有了以前的傲慢,还带着妹妹在当天下午主动拜

访了伊丽莎白的旅馆。伊丽莎白收到姐姐吉英的来信，得知五妹丽迪娅与韦翰私奔的消息，这让她颜面扫地。她这时感觉已经爱上了达西，害怕这件让她家蒙羞的事情影响她与达西的爱情进一步发展。

怀着痛苦心情的伊丽莎白匆匆回到家里，家人分头去找失散的丽迪娅。不久，舅父舅母在伦敦找到了丽迪娅，她和韦翰成了家，丽迪娅与韦翰一起从伦敦启程回家探望，全家才松了一口气。事后，从丽迪娅口中得知是达西帮了大忙，达西不仅帮助韦翰还清了赌债，还给了韦翰一大笔钱才使韦翰愿娶她为妻。此时伊丽莎白百感交集，对自己拒绝达西非常懊悔。

韦翰夫妇刚走，达西与彬格莱又来到这里。彬格莱与吉英正式订婚，全家沉浸在欢乐之中。伊丽莎白希望达西能主动向她求婚，可他却迟迟未开尊口。凯塞琳夫人赶到班纳特家，想阻止达西与伊丽莎白订婚，遭到伊丽莎白当场回绝。此事传到达西耳里，断定伊丽莎白对他已回心转意，于是诚恳地再次向伊丽莎白求婚，这次这对有情人经过多种磨折，终成眷属。

富有悬念和戏剧化情节，细腻的心理活动描写，通过对话与行为来刻画人物性格，幽默诙谐的语言，具有白描的形象描绘，构成了全书主要的艺术特色，使之成为深受读者，特别是女性读者喜爱的经典世界名著，并被多次搬上银幕。

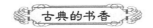
描写贵族公子冒险经历的叙事长诗

——拜伦的《唐璜》

拜伦的才华往往被他的风流韵事所遮盖，许多人并不真正理解拜伦，常常用道学家的标准去评价他，特别是拜伦与他同父异母的姐姐奥古斯塔的恋情，更为世人所指责。拜伦的婚姻也曾经闹得满城风雨，其中的是是非非又有谁说得清。甚至有人对他进行无端的诋毁谩骂，竟导致保守的英国没有他容身之地，拜伦不得不去异国他乡，漂泊流浪，最后在援助希腊的战场上病逝，终身也未完成他最伟大的史诗《唐璜》。《唐璜》以其博大的思想，无与伦比的天才想象，雄浑多变的诗章，充满异域色彩和浪漫风情的故事，成为欧洲文学史上最伟大的叙事长诗。拜伦对近代欧洲文学的影响可谓空前绝后，可以毫不夸张地说，他身前身后许多大大小小的诗人没有一个不受到他卓越的诗风影响。同时代的雪莱、意大利的曼佐尼、俄国的普希金、莱蒙托夫也都是受其影响才写出他们的杰作。所以说拜伦诗作是欧洲文学史上一座高耸入云的丰碑，欧洲文学史上少了拜伦的名字，将会显得暗淡无光。拜伦是值得英国为之骄傲的诗人，但英国人却被偏见蒙住了双眼。

提到拜伦的大名，中国读者并不陌生，拜伦是最早被介绍到中国的诗人。"五四"时期，西风东渐，马君武、胡适将拜伦的《哀希腊》长诗译介到国内，在青年中传颂一时，而这首著名的长诗就出自拜伦的《唐

璜》(第三章第 1–16 小节)。

> 希腊的群岛呵,美丽的希腊群岛!
> 火热的莎弗在这里唱过恋歌;
> 在这里,战争与和平的艺术并兴,
> 狄洛斯崛起,阿波罗跃出海波!
> 永恒的夏天还把海岛镀成金,
> 可是除了太阳,一切已经消沉。
> …………

(查良铮译)

这种美妙绝伦的描写,夹叙夹议的风格,略带伤感而又浓浓的抒情的歌调,让你不能不为之动容,纵使铁石心肠的人,也会被他的诗句所融化掉。

拜伦并不是因为《唐璜》成名的,而是另一部抒情长诗《恰尔德·哈洛尔德游记》。这部长诗的前两章写于 1812 年。是他 1809 至 1811 年旅行葡萄牙、西班牙、阿尔巴尼亚、希腊、土耳其等国后断断续续写成的。诗章一发表,立刻引起了英国诗坛的轰动,4 个星期内,连续印刷了 7 版。在这首长诗中,作者已开始摆脱古典、传统诗风的影响,用一种亲切、平易近人的语调生动地叙事。没有了以往的矫揉造作,没有大量采用神话、传说的题材。贵族公子哈洛尔德的形象,其实是作者自身思想的代言人。在这部诗作中,拜伦对欧洲的风土人情进行了生动的描绘, 对历史事件评头论足, 自然风光与作者浓郁的诗情融为一体, 使作者拥有了一大批读者群。在这里我们看到哈洛尔德的忧郁不仅在拜伦身上存在, 而且是整个时代的忧郁。拜伦所经历的时代,正是法国大革命失败,拿破仑篡夺了革命果实,启蒙运动所描绘的"理性王国"并没有如期到来。正如恩格斯所说"和启蒙学者的华美约言比起来,由'理性的胜利'建立起来的社会制度和政治制度竟是一幅令人极度失望的讽刺画"。(《反杜林论》,人民出版社,第 255 页)

作为贵族社会杰出代表的哈洛尔德找不到自己的精神出路，又看不到群众的力量，从而陷入了悲观失望的境地。作者通过哈洛尔德之口，把他内心的痛苦倾诉了出来，从而打动了具有同样心理的青年读者的心弦，引发了强烈的共鸣。《恰尔德·哈罗尔德游记》无疑是拜伦一部重要的代表作，但让拜伦声音响遍全世界的作品却是他未完成的作品《唐璜》。它在拜伦诸多作品中最经

久不衰，思想最成熟，也是最耐读的作品。这是一部经过拜伦深思熟虑、构思宏伟、充满异域风光和浪漫奇遇、瑰丽想象的冒险小说。里面有许多作者对现实的沉思与评判、幽默讽刺，也是一部具有丰富思想内容的小说。遗憾的是，这部杰作作者只完成了十六章就倒在了希腊战场上。我们只能依稀通过作者的自述了解这部小说残局的构思：即作者原打算让小说主人公再经历一番战役，最后在法国大革命中献身。但这个心愿成为作者永久的遗憾。尽管如此，这部未完成的巨著还是为拜伦获得了广泛的世界声誉，奠定了拜伦作为世界上最伟大的诗人的地位。

拜伦出身于 19 世纪（1788—1824）英国的贵族家庭。在哈罗中学和剑桥大学完成学业。10 岁那年，他继承了伯父的遗产而成为拜伦勋爵。广泛地涉

猎了哲学、历史、文学。这个早慧的天才，由于父母的不和而深受影响，母亲时常把怒气发泄这个孩子的身上，使拜伦的身心过早地受到创伤。他一直徘徊在理想与现实的矛盾的边缘，对社会充满一种愤世嫉俗的"英雄品格"。这种"英雄品格"在他许多作品中重现。他卓尔不群，思想深刻，才华横溢，使他不愿与俗人为伍。他独立不羁、我行我素、不愿迁就社会习俗的清高本性，不能为当时社会所宽容，从而加剧了社会的敌意。最终因为一场婚事成为攻击的把柄。他郁郁寡欢，形单影

只,身边只有几个好友陪伴。在他最孤寂的时候,只有他同父异母的姐姐奥古斯塔给予了他精神上的许多温暖。奥古斯塔是拜伦唯一能够一诉衷肠的伴侣,因为只有她最能理解拜伦。

在举国的谩骂声中,拜伦 1816 年离开了他的祖国,从此在异乡度过漂泊无依的生涯。忧郁与愤怒充满了心间。他先居住在瑞士,与另一位流亡诗人雪莱相遇,共同的兴趣爱好把他们紧密联在一起,他们一起游玩,一起探讨诗艺,度过了一段美好时光。1817 年至 1823 年,拜伦移居意大利,最初的两年是在威尼斯度过的。这里的狂欢节把他带入另一种生活情调。在国内的压抑情绪一扫而光,他开始享受一种无拘无束的生活。在这里,他与拉瓦那一位年轻的贵妇特莉莎·吉西欧里相识,并过从甚密,最后成为拜伦的理想伴侣。吉西欧里的兄弟彼得罗·甘巴是一名年轻军官,同时又是意大利烧炭党人成员,拜伦通过他加入了这个组织,并提供钱财资助购买军火。1821 年 2 月该党起义失败,拜伦受到警察的监视。

拜伦写信求助于雪莱,雪莱劝他和吉西欧里一起到比萨避难,他照做了。但他还是未能摆脱警察的迫害,又与次年九月迁往热那亚,在那里度过了最后的十个月。1821 年希腊人民掀起了反抗土耳其的统治。拜伦决定去援助希腊。1823 年 7 月他从意大利动身前往希腊,1824 年初抵达希腊。并出资组建一支军队。他被任命为征利潘杜远征军总司令。由于军务繁忙,再加上遇雨受寒,拜伦一病不起,1824 年 10 月与世长辞,时年 36 岁。全希腊人民深感悲痛,为他志哀 21 天。他的遗体被运回英国,家属请求下葬威斯敏特教堂却遭到当局的拒绝。同年的 4 月诗人被埋在纽斯泰德附近的教堂的墓地中。

在旅居国外期间,拜伦完成了《恰尔德·哈洛尔德游记》的第三、四章(1816—1817),故事诗《锡雍的囚徒》等,诗剧《曼弗雷特》等,奇迹剧《该隐》,长诗《贝波》(1817)和《审判的幻景》(1822),而《唐璜》(1818—1823)是拜伦诸诗作中最沉雄、伟大的作品。

唐璜是欧洲古老传说中的一个登徒子的形象。拜伦将这个形象加以改造并赋予了他新的内涵。唐璜不仅是一个多情的翩翩俊美的公子,而且是一个正

直、善良、行侠仗义的热
血青年。他因与贵妇朱丽
亚恋爱不为上流社会所
容,于是出国远游。船至
意大利,途遇风暴,船行
将下沉,水手们准备弃船
沉入海底,遭到唐璜的拒
绝。他强迫他们修好船,
并奋力救上来一个落水

的侍从和父亲遗留下来的小狗。船继续在海上漂流了 12 天。饥饿中,唐璜不忍
心食生人肉,跳入大海,游到了一座小岛上,被一位美貌姑娘海黛救起。两人产
生了纯真的爱情。然而姑娘是海盗头子的女儿,海盗头子不允许女儿与唐璜恋
爱,于是将唐璜作为奴隶在土耳其君士但丁堡贩奴市场上出售。唐璜被土耳其
王宫的黑人太监选中,高价买下,让他装扮成妇女,敬献给苏丹王后享用。唐璜
不愿受辱,心中思恋着海黛,想方设法从王宫逃走。辗转来到土耳其伊斯迈尔,
正赶上俄军与土耳其军交战。唐璜因帮助俄军立有军功,被派到彼得堡去报
捷,得到女王卡萨琳的宠幸,留在了后宫。久住深宫的唐璜因身体虚弱被送往
意大利南部疗养,此时沙皇准备与英国结成政治、军事同盟来抵挡拿破仑的扩
张,急需一名使者前往英国谈判。于是唐璜被派往了英国,结识了英国的上流
社会。长诗到此戛然而止,许多遗味让人产生无尽的联想,顿生感叹。

　　《唐璜》是诗人一生思想的总结,诗人的诗艺已臻于炉火纯青的境界。优
美的自然风光,汹涌奔腾的大海,浪漫的奇遇,给人一种绚丽多姿的画面感。
战争、爱情,使画面时而舒展时而紧张。舒展时如山花烂漫开放;紧张时如万
马奔腾尘土飞扬。作者夹叙夹议,不时抒发出款款深情,不时流淌出嬉笑嘲
讽。机智俏皮的句子如珠落玉盘一样嘀嗒作响。作者谈天说地,融政治、历
史、艺术于一体,使小说多姿多彩,令人回味无穷。虽然拜伦一向被看成浪漫
主义文学的伟大代表,但作者现实主义对待客观事物的态度又使他呈现出
另一种风范。《唐璜》是散发着浪漫主义气息和色彩并融入现实主义的思考
的最辉煌的里程碑式作品。两个世纪以来,拜伦作品总是放射出耀眼的光芒
和永恒的魅力,使世界文坛充满了生机与活力,读者为之陶醉。查良铮是我
国九叶派代表诗人,笔名穆旦,与著名作家金庸(查良镛)为同族的叔伯兄
弟。翻译过大量英国、俄国诗歌。他翻译的《唐璜》被视为权威译本。

描写女性情感与成长的小说

——夏洛蒂·勃朗特的《简·爱》

1847 年 10 月，英国文坛为一部署名为柯勒·贝尔的小说《简·爱》震动了，这是该年度最好的一部小说，人们纷纷猜测这个文坛的新星究竟出自何人之手。当时已享有盛誉的作家萨克雷在致出版商的一封信中这样写道："《简·爱》使我非常感动，非常喜爱，请代我向作者致意和道谢，她的小说是我能花好几天来读的第一本英国小说。"

谜底在第二年夏天揭晓，作者是一位女性，就是后来大名鼎鼎为全世界所熟知的作家夏洛蒂·勃朗特，来自英国北部约克郡哈沃斯牧师家庭，其母生了六个孩子，除了一个弟弟外，其余均为姐妹。夏洛蒂在家排行第三，有两个妹妹均写出了让英国文坛称奇的小说，这就是艾米莉的《呼啸山庄》和安妮的《艾格妮丝·格雷》，而《简·爱》与《呼啸山庄》以其卓越的文学才华被公认为世界文学名著。杜穆里埃对三姊妹文风非常崇敬，深入研究她们的写作技巧，日后写出了《吕贝卡》（电影改名为《蝴蝶梦》）这样的优秀小说为文坛所瞩目。

夏洛蒂的一家都爱好文学，但她们受到的教育却极为有限。约克郡属于英国的偏僻山区，有一种大自然狂暴的野性美，这种风景曾在《呼啸山庄》中得到了绝妙的描绘。虽然全家依靠不多的收入维生，生活清苦，但文学却给她们孤寂的生活带去莫大的欢乐。夏洛蒂与妹妹艾米莉 1824 年在哈沃斯附近柯文桥的劳渥德慈善学校读书，两个姐姐玛丽亚和伊丽莎白先于她俩来到这所学校。由于学校条件极差，伙食也不好，两个姐姐先后患肺病去世。《简·爱》中写到的海伦·彭斯就是以玛丽亚为原型创作出来的。两个姐姐的

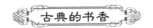

去世使夏洛蒂身心受到打击,她无法继续在那所学校呆下去,不久和艾米莉回到了家里。她们学习音乐、弹琴、唱歌、绘画。4个孩子都热衷于写作,还办了一个手抄刊物《年轻人》杂志。她们写了很多作品,写作才华不断提高。

夏洛蒂15岁到伍勒小姐在鹿头开办的学校读书。为了给弟妹挣学费,她又在这所学校当老师,并在业余时间进行文学创作。1839年和1841年她两次到有钱人家当家庭教师,但没干几个月又匆匆离去。她无法忍受家庭教师地位低下、人格所受到的屈辱,这段经历为她的《简·爱》提供了素材。

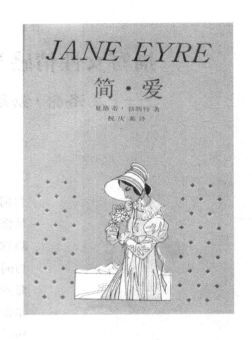

自从母亲于1821年去世,她们全家人的生活都由姨妈料理。姨妈手头稍有积蓄,就帮助夏洛蒂和艾米莉到布鲁塞尔学习法语,进了贡斯当丹·埃热夫妇办的学校。埃热是名优秀的教师,他指导她们阅读了大量法国文学名著,帮助她们分析作品的优缺点,比较各个作家对同一类人物的描述,这对她们日后的创作产生了很大影响。后来姨妈病危,她们不得不迅速赶回英国。不久夏洛蒂又回到这所学校做了一段时期教师,与埃热先生产生了微妙的感情。埃热先生聪明、富有才智但易于激动,是夏洛蒂《简·爱》中罗切斯特的原型。与埃热先生绝望的恋情给她带来很大痛苦,这段感情不仅在《简·爱》中有描述,在她1853年《维莱特》里也得到再现。

姨妈的去世,使夏洛蒂一家生活更加糟糕。为了改变生活处境,她们决定开办一所学校,但印出招生广告后却没人前来报名,最后她们决定写小说来开辟一条生路。功夫不负苦心人,《简·爱》以其个人尊严、平等、自由、独立与反抗主题,犹如妇女寻找出路的一声春雷,成为英国文坛上最耀眼的明星。

《简·爱》虽然是一部现实主义小说,绝大部分来自作者亲身经历,明显带有作者自传的印痕,却充满了浪漫主义激情。小说通过描述一个孤女的经历,对妇女在男权社会里所遭受的屈辱进行了勇敢的抗争。虽然这种抗争非常微弱,但显示了女主人公对独立人格尊严的捍卫,她甚至不愿用委曲求全来换取没有尊严的生活。作者把简塑造成一个坚毅不屈的新妇女形象,她对罗切斯特的真挚爱情丝毫也没有攀龙附凤的取媚来博得罗切斯特的欢心,而是希望和罗切斯特站在一个平等地位上争取个人幸福,这就是为什么在罗切斯特双眼失明、家财丧失情况下回到他身边,主动要求做他妻子的缘故。

《简·爱》写于英国19世纪维多利亚时期,没有反映当时英国伦敦资本主义发展面貌,主要写了一个与世隔绝的乡村所发生的故事。这里没有受到城市的污染,作者对乡村自然景色的生动描绘,极富诗意的赞美,宛如贝多芬的《田园交响曲》,令人格外赏心悦目。简与罗切斯特的爱情也描绘得极为细腻动人,充满浪漫色彩,给人留下许多难忘的画面与想象空间,让读者感情经受了一场洗礼,得到升华,这也是这部作品深得青年学子喜爱的魅力所在。它强烈的抒情风格和第一人称叙事,让你不得不为之动容。

小说主要内容是这样的:简幼年父母双亡,成为孤儿,寄养在舅母里德家里。她因个性倔强、貌不惊人而备受里德太太的凌辱。里德太太的儿子约翰也欺负她,使她过着悲惨的生活。10岁那年,她被送到劳渥德学校,这是一所慈善学校,但伙食极差,环境也不好,还时常体罚学生。这里曾经发生过伤寒病蔓延现象,简的好友海伦·彭斯就因伤寒而被夺去生命。简在这里做了六年学生,两年教师,随后在报上登广告求职,应聘到桑菲尔德府当了一名家庭教师。她的学生阿黛尔小姐是这座房主罗切斯特过去恋人遗弃的孩子。罗切斯特是一位中年绅士,表情严肃,但极富幽默感。他和她坦城相见,因而打动了她的心弦。一天夏夜,简向他表达了自己的心情。他被她的才智与勇气所感动,于是向她求婚。然而正当举行婚礼之际,简发现罗切斯特原来的妻子还活着,这位疯女人被藏在三楼。为了摆脱重婚,简离开了这个庄园,彷徨于荒郊野外,饥饿使她濒临绝境,幸遇牧师圣·约翰搭救,当了学校的教师。约翰向简求婚,要携她一同去印度传教。此时,她仿佛听见罗切斯特的呼喊,于是奔向桑菲尔德,映入眼帘的是

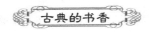

一幅惨景：罗切斯特的疯妻将庄园烧为一片灰烬，他准备救她时，她却坠楼而亡。罗切斯特失去了一只胳膊，双目失明，独自一人过着孤寂绝望的生活。简不仅没有离去，相反还向罗切斯特表明了她忠贞不渝的爱情，答应与他结婚。婚后两人过着幸福的生活。

《简·爱》使夏洛蒂在事业上达到顶峰，但并没有让她的家庭摆脱悲惨命运。她的弟弟勃兰威尔是个有才华的青年，却因工作无着、生活放荡，得了不治之症，于1848年9月去世。3个月之后，艾米莉也因肺病去世。安妮也没有逃脱这个厄运。一连串的打击并没有将夏洛蒂击倒，她用写作来忘却生活的悲哀。另一部作品《谢利》于1849年8月完成，10月出版，再次获得巨大成功。她到了伦敦，见到了曾提携过她的敬爱的萨克雷先生。她把《简·爱》题献给了他，并结交了许多文学界的名流。

夏洛蒂在爱情生活方面一直不美满，几次有人向她求婚却遭到她的拒绝。直到1852年她年已36岁，遇到了她父亲的副牧师阿瑟·贝尔·尼古拉斯，尼古拉斯向她求婚。她渐渐发现他是真正爱着自己，便说服不赞成这件婚事的老父，两人终于在1854年6月成婚。这迟来的爱情让她享受了一段生活乐趣，但好景不长，只过了6个月她就病倒在床，于1855年3月去世。

夏洛蒂一家6个兄弟姐妹，没有一个活过40岁，这是一个家庭的不幸，也是英国文坛上的重大损失。但《简·爱》与《呼啸山庄》却像两株常青树一样在世界文坛上青翠欲滴。

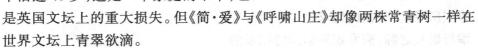

《简·爱》是三姐妹中最后一个被出版商接受的作品，却先于两个妹妹而发表。在此之前，三姐妹还写有诗集匿名发表。诗写得很美，却没有引起世人注意，仅售出2本。但这并没有使三姐妹失望，相反还激励她们进行小说创作。最终三姐妹获得了成功，各自以一部小说在英国文学史上占有了一席不容忽视的地位。《简·爱》和《呼啸山庄》以其不俗的表现对后世文学产生了重要影响。

描写法国大革命的著名小说

——狄更斯的《双城记》

一直以来，狄更斯都被看成是继莎士比亚之后英国最伟大的现实主义作家，对世界文坛产生了广泛的影响。狄更斯是否能够保持这一美誉，在今天看来却值得怀疑。狄更斯在过去时代曾经拥有广泛的读者群，今天这种读者群正在下降。他的大部分作品很难打动现代读者的心灵，因为现代读者很少有耐心去读狄更斯大部分冗长而又趣味有限的小说。把狄更斯与巴尔扎克做一番比较是耐人寻味的。狄更斯与巴尔扎克有相似的一面，对社会有深刻的了解与接触，而且都在律师事务所干过一段时间，这使他们有机会接触一些司法诉讼案件，了解到社会的黑幕。但狄更斯在描写社会深度与揭示金钱的本质上在人物形象的塑造上却远不如巴尔扎克的丰满性、多侧面性。狄更斯塑造扁平化人物居多，这常常使狄更斯人物类型化倾向比较严重。人物性格要么不变，要变也缺少说服力，有许多人物明显让人看出虚构的痕迹。狄更斯与巴尔扎克另一个相似之处，他们写作不是为爱好而写作，而是为钱写作。巴尔扎克虽因爱好而不顾家人反对投入文学活动中去，经商失败后，更多为负债而写作，为个人的虚荣与挥霍而写作。狄更斯虽不至如此，但是为了使家人生活更好一点去写作，为此他常常不顾现实而迁就读者的情感。可以说写作为他们带来了滚滚财源。因此，他们写作应与福楼拜的精雕细刻苦吟派有所区别。福楼拜作品较少但生命力较强，他的《包法利夫人》是任何文学经典作品都不能省略的一部。我们对狄更斯的作品选择却经常犹豫不定，对其代表作的评价也很不一致。狄更斯的文体不能算好，当然他不是唯美作家，我们

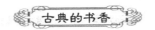

不能求全责备。他具有丰富的想象力，这常常弥补了他语言修饰的不足而显得纷繁多姿，如滔滔江河奔腾而泻。福楼拜对文学创作有一套自己的创作观念，他总是冷眼看待他笔下的人物，不对他塑造的人物进行善恶褒贬。狄更斯因袭前辈作家地方较多，对文学开拓很少。凡此种种，使狄更斯个人风格不那么明显，这妨碍了狄更斯获得更高声誉。

尽管如此，狄更斯仍然是一位英国文学史上占有重要地位的作家。他描写了英国伦敦众多典型人物的肖像而受到英语世界的普遍欢迎，这些人物是他们所熟悉的，而对于非英语国家就显得不那么重要。公允地说，法国文学比英国文学要优秀得多，在世界文坛中所占作家席位也较多，他们风格多样，叙事、抒情、描写，留下了许多让人称绝的文学作品，所以法国不愧为世界文化名城。

狄更斯在他34年来所创作的14部作品中，最好的作品应是《匹克威克外传》《董贝父子》《雾都孤儿》《荒凉山庄》《我们共同的朋友》《大卫·科波菲尔》《远大前程》和《双城记》。而最具代表性影响最大的应是《匹克威克外传》《大卫·科波菲尔》《双城记》，分别代表了三种不同风格，而且创作于三个不同时期。《匹克威克外传》是他25岁早期的成名作，通过描写商人匹克威克和他几个朋友的游历，广泛地反映了英国社会的众生相。全书洋溢着幽默、滑稽与讽刺的喜剧风格。对人性进行了初步探索，显示出作者乐观向上的态度。但整部作品结构松散，人物形象缺乏深度，不够鲜明。虽然受读者欢迎，但缺乏经久不衰的魅力。《大卫·科波菲尔》是中期一部作品，有作家自传成分，是一部成长性小说。孤儿科波菲尔在苦难的童年历经坎坷与辛酸，依靠勤奋努力，终于成为一名作家的故事，反映了英国广泛的社会面貌，塑造了许多让人过目不忘而又栩栩如生的人物形象。如那位让人印象深刻的密考伯先生，就是作者不善理财父亲的形象。小说连载获得巨大成功，书中洋溢的人情味与英国本土风格融为一体，让人有一种如沐春风的温情。但同时表现出作者幻想将社会问题转化为道德问题来处理社会矛盾的不足之处。晚期创作的《双城记》是狄更斯众多小说中最别具一格的一部。狄更斯创作这部小说时的心情已显沉郁，往日的乐观一扫而空，失望与愤懑占据了心头，我们再也难以看到狄更斯的开怀大笑。幽默、轻松、诙谐被离奇的故事、充满激情的人物、夹杂革命恐怖的行径所代替。它似乎代表了狄更斯驾驭多样题材一面，但其中虚构的情节、定型化的人物、缺乏血肉丰满人物形象又预示着狄更斯创作力的下降。长期以来，《双城记》一直是狄更斯最富争议的一部作品。这从另一个侧面反映了这部作品思想的复杂性,也表明了狄更斯内心巨大的矛盾与困惑。

狄更斯生于英国 19 世纪的维多利亚时期。经历了英国宪章运动,目睹了工业资本主义在掌握实权以后表面繁荣之下所潜藏的深刻危机与矛盾。他的童年非常不幸,父母不善理财,特别是他的父亲,收入不多而又慷慨好客,非常好面子,终因欠债而蹲监狱。12 岁的小狄更斯不得不去皮鞋厂擦皮鞋,当了 6 个月的童工。这段痛苦经历在他一生中刻下了烙印,成为他心头永远的伤痛。后来父亲意外获得一笔财产,才让他又进了一所校园读书,仅仅两年又因贫困辍学。但他写得一手好字,进了一所律师事务所当缮写员。后进报社当采访记者,走遍了伦敦的大街小巷,有机会接触社会各阶层人物,为他后来成为一名作家创造了条件。当他写出誉满全英国的《匹克威克外传》后,他才真正走上了职业化的创作道路。随后他的创作灵感像喷发的火山一样燃烧不息,一部接一部作品从他笔下诞生。他与报社老板的漂亮女儿结了婚,又因性格志趣不合而分道扬镳。他喜欢抛头露面,喜欢接受众人的喝彩。像一位社会活动家一样四处奔走,结交各种各样的人物。当他生活无忧,成为全英国最叫好的作家时,他却仍然勤勉有加,在大庭广众之下朗诵自己的作品。他的好友、著名文学评论家福斯特劝他不要把自己变成娱乐公众的人物,这样有失身份,但他充耳不闻,我行我素。白天朗诵,晚上伏案写作。长年的劳顿,终于使他心力交瘁,58 岁就辞别人世。

《双城记》是一部以 1789 年法国大革命为背景的小说。狄更斯对法国大革命的理解主要受卡莱尔的《法国大革命》的影响。他构思这部小说的目的是对当时日益恶化的工业资本主义所孕育的社会矛盾的担忧,借此向统治者敲警钟,不要重蹈法国大革命的覆辙。于是他构思了一部篇幅适中、故事离奇、紧张刺激的小说。故事在两座城市里展开:巴黎与伦敦,故而称

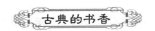

为"双城记"。

　　小说描写巴黎名医马奈特,是个外科大夫,因医术高超,被埃弗瑞蒙德召到府上看病。意外发现一起侯爵霸占农家姑娘害死三条人命的丑闻,于是向朝廷写了一封控告信,结果信落到侯爵手中,侯爵不仅没有受到应有的制裁,马奈特医生却换来了18年的牢狱之灾。由一个英俊青年到一个44岁瘦弱的白发老头出狱,心智近乎崩溃。他的妻子在他入狱前已怀有身孕,为营救丈夫四处求告无果,气绝身亡。留下两岁的女儿露西成了"台尔森银行"监护的孤儿。

　　马奈特幸有女儿在世,把他接到伦敦居住。在露西的悉心照料下,医生的心智渐渐恢复正常。露西爱上了深受民主思想影响的青年达内,而达内却是曾使马奈特蒙受冤屈的埃弗瑞蒙德的后代,他不满贵族的胡作非为,背叛家庭,放弃财产,只身来到伦敦开始自食其力的生活。医生不忍心拆散这对恋人,同意他们结合。夫妻俩共同赡养年迈的马奈特医生。一家人平静而又幸福地生活了9年。1789年7月14日法国爆发了大革命。达内为救一个无辜的管家,冒着生命危险返回巴黎。他刚一入境,就被一心向埃弗瑞蒙德家族复仇的革命军首领德发日夫妇认出。达内被视为亡命贵族投入监狱。马奈特父女为营救达内赶到巴黎,马奈特医生以当年曾在监狱度过的现身说法救出了女婿。但德发日又翻出了医生控告埃弗瑞蒙德的信来煽动公众复仇情绪,结果达内再次被判为死刑。正当马奈特父女绝望之时,一位曾经爱着露西的英国青年卡顿挺身而出,以他与达内酷似的形象,替换达内走上了绞架。

　　《双城记》提出了一个对法国大革命评价的问题。不可否认,法国大革命思想的策源地与法国的思想家卢梭有关。卢梭是法国启蒙运动的最主要领导者,他提出的"自由、平等、博爱"口号,成为法国大革命行使权利的理论根据。但是,卢梭对未来社会的描绘,是一个抽象的缺乏历史基础与丧失个人权利、违背社会经济发展的主观理想国,这种理想国并不能在现实中获得成功。这是最终导致雅各宾罗伯斯匹尔失败的原因。而法国大革命中所出现的血腥复仇,也失去了这场革命的正义行使权力,从而导致革命失败之后又陷入新一轮冤冤相报循环复仇的怪圈。最终结果是战争、屠杀,更多的无辜人死去。狄更斯对法国大革命所行使的权力持否定态度,但他又试图用人道主义方式来解决社会问题,这同样是幻想。

　　另一个导致法国大革命血腥复仇的原因是贵族的为富不仁,正像书中所描绘的埃弗瑞蒙德侯爵兄弟,简直就是残暴的化身。但埃弗瑞蒙德这样的贵族并不具备普遍性，因此，其典型意义不能成立。法国历史学家托克维尔在《旧制度与大革命》中以大量的第一手资料反映了这一点。实际上，法国为了加强中央集权制，使贵族特权丧失了许多，贵族已落入贫民化。那么，法国大革命所出现的血腥复仇的正义性又在哪里？小说中德发日妻子简直成了一个嗜血成性的女狂人，她仇视一切贵族的原因是因为埃弗瑞蒙德曾经凌辱了她。最后却在枪支走火中丧命，结束了她狂人的生涯。

法国大革命形成的客观原因仍是阶级矛盾急剧恶化的结果。法王路易十六在财政税收上与广大的第三等级，即资产阶级、城市贫民和农民在税收政策上发生了严重的分歧。法国内部资本主义生产方式已经获得了一定发展，但资产阶级在政治上仍然处于无权的地位，他们要求改变这一现实，于是他们捣毁了象征封建黑暗统治的巴士底狱。大革命取得了暂时性的胜利，却引来外国的武力干涉。路易十六勾结外国势力企图扑灭革命，导致掌权的君主立宪派斐扬派的失权，吉伦特派的当权，使国内经济陷入混乱，为雅各宾掌权提供了条件。雅各宾派领导人罗伯斯匹尔采用过激政策和革命恐怖主义，使内部出现了内讧和分裂，罗伯斯匹尔最终陷入孤立无援的困境。热月党人发动政变，成立督政府掌握了政权，但国外的封建制国家组成反法联盟企图武装干涉法国的内政。一个年轻的军官拿破仑发动雾月政变，代表法国的新政权重新执掌了大权，并肩负起了保卫法国革命的果实。这是法国大革命的全过程，其深刻教训是革命的权力不能乱用，否则它将摧毁一个国家正常的经济发展秩序，给革命事业带来毁灭性打击。站在人道主义立场上的狄更斯对这场暴力革命持否定态度，但人道主义也不是救世良方，我们必须清醒认识这部小说所体现的历史与社会价值。当然，历史的真实并不等于艺术的真实。《双城记》在制造悬念，编织引人入胜的情节，不断地运用倒叙、插叙的艺术手法，还是有可取之处的。但人物形象过于扁平化、定型化，又糅合了太多离奇、巧合的情节，显得不够真实，其艺术成就是有限的。在狄更斯系列作品中，生动的故事，象征性手法，气势恢宏，篇幅不大，人物不多，充满浪漫主义激情，确实值得特别关注。其中暴露的弱点也必须多加注意，否则我们会丧失正确欣赏这部作品的意义。

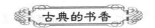

异域风光，爱的圣典

——夏多布里昂的《阿达拉》

如果我们不带偏见地评价夏多布里昂的话，应该承认夏多布里昂在重建信仰、恢复秩序上所做的努力。而他的小说《阿达拉》以绚丽多姿的文笔，为我们展现了一幅极富异域情调、充满原始古朴风貌的浪漫主义画卷。它像平地春雷一样震撼了法国文坛，人们无不佩服他的描写是如此生动，富有张力，将大自然的伟岸，古老的原始森林，纯朴的民风一一呈现在了读者面前。

夏多布里昂著述并不多，小说的篇幅也不长，《阿达拉》却显示了他不同凡响的出众才华。他对大自然如诗如画的描绘，充满激情的叙事，使他的文字掷地有声。我们仿佛被他带进了一片神奇的自然景观，宗教的神圣光环似乎照彻我们全身，我们不得不惊叹作者摇曳多姿的文笔，也为他那充满浪漫气息的异国风情和传奇故事感到心灵的震颤。夏多布里昂是第一个用文学的笔调描写北美已经绝迹的印第安民族生活状况的作家，也是法国浪漫主义文学的先驱，同时也是最早在作品中描写贵族青年"世纪病"的作者。他对法国浪漫主义文学的影响使他在文学史上占有一席重要地位。文学对夏多布里昂而言，不过是政治生活的闲来之笔，政治生活才是他生活的主流。他在政治上的飘忽不定，不愿屈就二流地位的高傲气质，又把他得来不易的政治前程轻易地断送了。

夏多布里昂的一生经历丰富，法国大革命的风暴、拿破仑的上台与垮台、波旁王朝的复兴、七月王朝的登基，他都目睹并置身其间。他的政治生活也像变幻不定的大海一样潮起潮落，极不稳定。他的《基督教真谛》显示了他对宗教研究的真知灼见。《墓园回忆》对拿破仑功过是非的分析也准确到位。作为文学家的夏多布里昂，更像一位抒情诗人，让你感觉到他身上奔放的激情和风景画大师的卓越才能。

弗朗索瓦·勒内·德·夏多布里昂于 1768 年生于法国的布列塔尼，父亲是一位船主。他的青少年是在祖居的康堡度过的，贵族家庭的出身使夏多布里昂常常引以为傲，优越的生活条件使他有了一种高人一等的感觉。这个贵族家庭在法国大革命的冲击之下，如同王冠落地一样瞬间从天上掉到了尘埃。他是家中六个孩子中最小的一个，上面有一个哥哥和四个姐姐，与他关系最密切的四姐吕西尔却在 1804 年自杀了。1786 年父亲为他在军队中谋到一个少尉军衔，经在朝廷当官兄长的引见，他有机会接触到上流社会和文学界，甚至还与法王路易十六打过猎。1789 年法国大革命爆发，他目睹了一系列事件，甚为不满，心情忧悒，于 1791 年 4 月踏上赴北美的旅途，12 月底返回。这一趟的收获是他在 1801 年发表了惊世小说《阿达拉》，尽情再现了北美密西西比河的壮丽美景。他是最早发现北冰洋与大西洋联结处"西北航道"的。他是否见到了纳契人不得而知。

1792 年 7 月他参加了保王党的军队，来到布鲁塞尔，在蒂昂维尔的围城战中腿部受伤，10 月离开军队。1793 年他来到伦敦，以教书、翻译艰难度日，这样一直待了 8 年。

1798 年 6 月他获悉母亲去世，9 月又获悉姐姐去世。接连的噩耗使他开始恢复了宗教信仰。1800 年春，他应朋友之邀返回巴黎。1802 年他出版了重要著作《基督教真谛》。在该书中，夏多布里昂收录了他的一个短篇小说《勒内》。这部带有自传性质的小说，以描写贵族青年"世纪病"成为文学史上重要典型形像。该书后来被作者与《阿达拉》合起来单独出版。《勒内》成了《阿达拉》的姐妹篇。

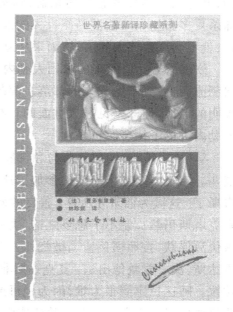

1803 年夏多布里昂被拿破仑任命为法国驻罗马大使馆的秘书。夏多布里昂因与大使不和，拿破仑又改派他驻瓦来公使。当他正准备启程赴任时，传来德·昂吉安公爵

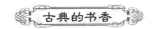

被拿破仑处死的消息。他一怒之下,向拿破仑递交了辞呈,从此开始了漫长的东方之旅,主要在中东地区游历,一直到拿破仑垮台才回到祖国。1822年至1824年,他担任驻英大使。百日时期,他成了路易十八的内政大臣。滑铁卢战役后,他成了贵族议员。1828年他出任罗马大使,不久又提出了辞呈。最后几年主要从事著述工作。1848年与世长辞。

在谈到《阿达拉》创作动机时,夏多布里昂在初版《阿达拉》前言中写道:"还很年轻,我就想写自然里的人的史诗或描写野人的风俗,把它们与熟悉的事件联系起来。美洲发现以后,我认为它是再有趣不过的主题。尤其对于法国人来说,1727年路易西安那的纳契地区殖民地发生屠杀事件,所有的印第安部落经过两个世纪的压迫,为争回新世纪的自由而暴动。我认为这件事给我的笔提供了有意义的主题。"为了写好这样的作品,他还去了北美。

《阿达拉》所描写的原始部落的生活,并非如人想象的完全没有受到文明影响的野蛮民族。作者有意安排了一曲动人的爱情恋歌来与宗教信仰发生冲突,最后又因矛盾的不可调和而让女主人公喝毒药自杀,最后显示的却是宗教的胜利。这个故事的真实性是令人怀疑的,特别令人匪夷所思的是,男主人公夏克达斯从女主人公之死震惊中由原来的异教徒很快皈依天主教徒,显得实在离奇,这是必须引起注意的地方。但作者对北美自然景色的描绘,并加入许多作者想象的元素,确实开了浪漫主义的一代先河,我们无法抹杀夏多布里昂对法国乃至世界的浪漫主义的文学的影响。没有夏多布里昂,就不会产生伟大的雨果,雨果从夏多布里昂那里学到的东西实在太多。

故事描写一位年轻的法国人勒内,为某种莫名的激情所困,沿密西西比河溯流而上,到了纳契人的部落。部落首领夏克塔斯德高望重,虽已是双目失明的老人,但却是见过大世面的。在一个金秋月明风轻的夜晚,夏克塔斯向勒内讲述了往事。

早在73年前,纳西部落与和佛罗里达强大的穆斯科居尔日发生激烈的战斗。年轻的夏克塔斯随父参加了这场交战,结果战败,被败军带到了圣奥古斯丁。这城为西班牙所建。善良的西班牙老人洛贝斯收养了夏克塔斯。但夏克塔斯仍然克制不了思乡之情,决心重新回到美洲荒原,不幸却在归途中被仇敌俘获,按照惯例应当被烧死。酋长的女儿,漂亮的阿达拉却爱上了夏克达斯,决心营救他出逃。夏克达斯非常感动,但拒绝逃走,他已经爱上了阿达拉。阿达拉感到很为难,因为她母亲临终前曾发誓要她献身天主教,她不能违背母亲的誓言与一个异教徒成婚。看见夏克达斯因为爱她而甘愿赴死,又十分感动。在执行火刑的前一个夜里，她贿赂了巫师，灌醉了看守，与夏克达斯一起逃走。他们行走在茫茫的荒原里，露宿在野外，匆匆赶了15天的路。又造了一条独木舟，两人坐上独木舟顺流而下，阿达拉引吭高歌，穿过印第安人居住的一个个村落。这时天空突然雷声隆隆，一场暴风雨就要来临，两人舍舟上岸，躲进树林。雷电交加，暴雨倾盆，在这一刻阿达拉向夏克达斯讲述了内心痛楚的秘密。

阿达拉并不是酋长的女儿，她真正的生父是西班牙人洛贝斯，即夏克达斯的恩人。母亲要她改信基督教，为的是与父母信同样的宗教。听完阿达拉的叙述，夏克达斯大惊失色，他没有想到阿达拉和自己爱情之外还添上了兄妹之情，他紧紧地把阿达拉搂在怀里。忽然远处传来了悠扬的钟声，老传教士奥布里循着狗的踪迹找到了他们，把他们带到他居住的山洞。夏克达斯随奥布里一道去传教会，当他们回到山洞时，发现阿达拉已是奄奄一息。阿达拉无法解决爱情与宗教的矛盾，喝了毒药。当她听到奥布里神父说她还有救时，她的悔恨已太迟了，三人抱头而泣。奥布里为她取来种种治病的药，但百药罔效。疲乏、忧伤、毒性最后还是夺走了阿达拉的生命。夏克达斯痛心疾首，以泪洗面，只有老教士奥布里的安慰才减轻了一点内心的痛苦。从此夏克达斯皈依了基督教。

若干年后，夏克达斯靠着一只受传教士的母鹿的指点，在乱草丛中找到了阿达拉和传教士奥布里的墓穴。

小说人物不多，主要人物就是夏克达斯、阿达拉和奥布里。爱情的悲剧描写得丝丝入扣，具有一种震撼心弦的美的力量。作者在篇章中有意渲染了宗教的圣洁与神圣，以北美原始自然风光为背景，加上奔放的激情，使小说魅力散发着花的艳丽与芳香。

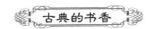

触目惊心的父爱悲剧

——巴尔扎克的《高老头》

没有一个作家像巴尔扎克那样具有旺盛的创作欲;也没有一个作家像巴尔扎克那样对社会观察得如此仔细;更没有一个作家像巴尔扎克那样终身为命运搏斗,为偿还债务夜以继日地疯狂写作。据说他饮了50000杯咖啡来振奋精神,这严重地损害了他的健康,51岁他就辞世了,至死也没有完成他宏伟的写作计划,但多达90多部的《人间喜剧》,却被公认为文学史上最为壮丽的纪念碑。

以今天的眼光观之,巴尔扎克许多作品数量惊人,而质量却良莠不齐。很少有人有兴致逐一读完他《人间喜剧》的全部作品,更不用说他早期匿名发表而并不为他所承认的作品。但《驴皮记》《欧也妮·葛朗台》《高老头》《幻灭》《贝姨》《邦斯舅舅》《幽谷的百合》和未完成的《农民》及《中短篇小说选》,却是他《人间喜剧》大厦中的精品之作,值得一读再读。它们构成了《人间喜剧》最重要的音符。巴尔扎克通过它们而获得不朽的声誉,并毫无愧色地站在了最伟大的作家行列。要举一部巴尔扎克的作品是非常费思量的难事。《欧也妮·葛朗台》确实优秀,但它的篇幅不足以概括《人间喜剧》重要的主题,守财奴葛朗台,性格上却是莫里哀早已描绘过的阿巴贡似的人物,它的意义仅仅是说明早期资产者为积累财富爱财如命的典型。《幻灭》从分量上来说的确不轻,可以说是巴尔扎克才华充分展示的一部扛鼎之作,最重要的是其中有巴尔扎克个人经历,略去《幻灭》将是重大的错误。但与《高老头》来比,《幻灭》在集中反映新兴资产者深刻形象上又有些逊色。《驴皮记》常常被人认为不重要,实际却是大错特错。《驴皮记》是巴尔扎克哲理小说中写得最好也是最深刻的一部,是巴尔扎克奠定在读者与文坛上重要作家声誉的一部。如果非要选一部巴尔扎克的作品，那么《高老头》应是恰当的选择。

巴尔扎克生前就声誉卓著，去世更被看成是法国文坛的一个重大损失。与他同时代的知名作家雨果、大仲马都曾参加他出殡的行列，场面极其隆重。在世界文坛上，巴尔扎克是与莎士比亚、歌德、托尔斯泰等齐名的对世界文化做出重要贡献的少数作家之一，并被看成是现实主义文学的奠基人，也是最早以描写工商企业界为题材的文豪。其作品在全世界有广泛的影响，读者遍布全球。

巴尔扎克 1799 年 5 月生于法国杜尔市的中产阶级家庭，中学并没有表现出过人的天资，父母希望他将来在司法界谋一个稳定的职业，因此，他在大学里修习的是法律，并在学习之余到律师事务所见习。这使他有幸接触到巴黎社会一系列有关财产纠纷的案件，为日后的创作打下了基础。

巴尔扎克最初的文学创作是从戏剧开始的，他苦心地创作了《克伦威尔》剧本念给家人听，被家人认为是失败之作，这并没有泯灭巴尔扎克的"文学梦"。为了生计，他与人合作写了大量可以看成是练笔的作品，但他羞愧地不愿以真名示人，直到他写成了《舒安党人》，他才正式以巴尔扎克署名。随后的作品，都是署上巴尔扎克的名字。

贫穷使巴尔扎克萌生了经商的念头。1822 年，巴尔扎克有幸结识了贝尔尼夫人。在她的资助下，办起了印刷所、铸字间，梦想发一笔大财。这个初出茅庐又草率决策的年轻人，结果一败涂地，欠下一笔为数不小的债务。为了还清债务，他重操旧业，开始了极其艰难的写作生活。由于饱受高利贷和出版商的催逼，因此，他对世间的人情冷暖、世态炎凉有了比常人更为深切的感受。年轻时，他曾在他的一张照片上题字："拿破仑用剑无法完成的，我可以用笔完成。"这就是他用毕生精力创作的一系列长、中、短篇小说《人间喜剧》。他计划要写 140 部，但只完成了 96 部。当他渐渐接近胜利之时，却撒手人寰。

《人间喜剧》是一幅描绘 1816 年至 1848 年法国巴黎与乡村的全景图，展现了贵族社会在资产阶级进攻下逐渐崩溃的画面，金钱主宰和人的欲望成了小说的核心。巴尔扎克深刻地剖析了这个社会与他笔下的人物。他在《人间喜剧》序言中写道："法国社会将要做历史家，我只能当它的书记。"显然，他是想通过自己的笔记录下法国一个时代中所发生的人物的故事，再现历史场景，描写这一历史过程的本质原因。我们阅读他的小说，不能不为他笔下鲜活的人物赞叹不已。

巴尔扎克情感上的经历也很不幸。他从读者的来信中认识了俄国原籍为波兰贵妇韩斯卡夫人，通信 17 年，巴尔扎克于 1849 年来到乌克兰，并于 1850 年 3 月与韩斯卡结婚。但此时的巴尔扎克已是病入膏肓，韩斯卡与他的结合及其勉强，其中同情的成分多于爱情的成分。婚后不久，同年 8 月，巴尔扎克患血热症病与世长辞。成千上万的市民为巴尔扎克举行了送葬仪式，雨果在巴尔扎克的墓前致悼词，高度赞扬了巴尔扎克的一生。巴尔扎克遗体被安葬在拉雪兹神父公墓。

巴尔扎克生活的时代，正是法国贵族阶级与资产阶级斗争最激烈的时代：拿破仑称帝，波旁王朝复辟，1830 年七月革命和第二共和国的建立等。这一系列重大的政治事件，无不在他的思想深处引起强烈的震动，引起他的思考。他站在客观立场上，用哲学、政治、经济、历史的方法去分析他笔下人物的思想、感情、动机与行为。用一种伦勃朗似的油画，去细致描绘他所处的时

代、人物与环境。这种过分细致的方法，在今天看来有些琐碎，但作为一种风格，又为我们营造了一个逼真的效果。巴尔扎克这种从现实出发，客观地描写与再现现实的艺术方法，对小说的艺术做出了新的独特的贡献。马克思、恩格斯都非常喜爱巴尔扎克的作品，对他的现实主义艺术手法给予了高度评价。认为"给我们提供了一部法国'社会'特别是巴黎'上流社会'的卓越的现实主义历史"。

《高老头》描写的时代背景是 1817—1820 年波旁王朝复辟年代下所

发生的故事,但真正的时间跨度恐怕要追溯
到更早,即 1789 年法国大革命前后时期。小
说描写了贵族阶级在资产阶级日盛一日的
进攻下开始解体、崩溃的画面,是衰落的贵
族阶级的一曲无尽的挽歌,同时也预言了七
月王朝的兴起。小说通过一个父亲对两个
女儿的父爱的悲剧性的描写,反映了金钱对
人心、亲情的瓦解所酿成的悲剧。

　　1819 年的冬天,巴黎偏僻的伏盖公寓
住进了 7 位房客,69 岁的面粉商人高里奥
先生曾是这家房客中最体面的住户。隔年的
冬天,他却要求换到次一等的、没有取暖设
施的房间里住。这引起了房客们的议论纷

纷,但大家时常看到两位衣着时髦的贵妇与他交往,他本人对大家说这是他的
女儿。又过了一年,高里奥先生要求换到更低等的房间去住,人们不再称他为
高里奥先生了,改称他为高老头,更不相信他有两个有钱的女儿。

　　高老头的谜底为同公寓的房客拉斯蒂涅所知晓。他是从外省来巴黎求
学的穷大学生,原打算凭自己的勤奋上进当一名法官,从此踏入上流社会。
但巴黎的花花世界很快动摇了他的决心,为了寻找捷径,他决定投靠远房表
姐鲍赛昂子爵夫人的门下。

　　从鲍赛昂子爵夫人口中,拉斯蒂涅得知了高老头的情况。他在大革命中
做投机生意而成为暴发户。由于中年丧妻,于是把他的爱全部倾注在了两个
女儿身上。为了让她们能进入上流社会,他让她们受到了良好的教育,出嫁
时又给了她们每人 80 万法郎的陪嫁。大女儿嫁给了雷斯多伯爵,小女儿嫁
给了银行家纽沁根。他本以为这样可以受到女儿们的尊重和爱戴,哪知不到
两年,波旁王朝掌权,两个女儿认为他早年在大革命中与公安委员会人员有
过交往,现在又做面粉生意,觉得有失体面,就对他冷落,闭门不纳。高老头
为了获得她们的好感,又忍痛卖掉了店铺,将钱一分为二给了两个女儿,他
却搬到了伏盖公寓。

　　鲍赛昂子爵夫人开导拉斯蒂涅,在这样的社会环境里,你要达到欲望的
顶峰,就得没有心肝,毫不留情地打击别人,把别人当成你手里的工具,别人
才会怕你。最重要的是去找贵妇人做你的情妇,拿到权势的锁钥。拉斯蒂涅

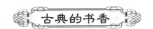

急于向上爬,决心向高老头的二女儿纽沁根太太发起进攻。

伏盖公寓的房客伏脱冷,是一个被警察追捕的在逃犯。他凭多年闯荡江湖的经验,对拉斯蒂涅进行开导。他告诉拉斯蒂涅,这儿是一个相互吞噬的社会,清白老实一无用处。如果不像炮弹一样轰进去,就得像瘟疫一样钻进去。他唆使拉斯蒂涅去追求银行家遗弃的女儿泰伊番小姐,只要拉斯蒂涅答应,事成后将泰伊番小姐财产中的 20 万法郎分给他就行。拉斯蒂涅虽被伏脱冷的言辞所打动,但并没有答应他。

经过一番接触,拉斯蒂涅发现纽沁根太太并不是他应该追求的对象,这个银行家太太的钱被丈夫控制得很紧。第一次约会,就让拉斯蒂涅拿仅有的 100 法郎去赌场为她赢回 6000 法郎来。拉斯蒂涅见纽沁根太太无油水可榨,就转向了泰伊番小姐。心想,如能成功,就会有 80 万法郎的财产。

这时伏脱冷的真面目被警察识破。原来警察买通了伏盖公寓的老处女米拉旭做暗探,就在伏脱冷让同党与泰伊番小姐的哥哥进行决斗的第二天中午,米拉旭在伏脱冷的饮料中下了药,使伏脱冷醉得不省人事。米拉旭支开闲人,在伏脱冷的肩上打了一巴掌,使伏脱冷皮肤上现出"苦役犯"的字样,从而获得了伏脱冷的真实身份,然后向警察报信。警方包围了公寓,逮捕了伏脱冷,米拉旭得到了警方的酬报。

事隔不久,高老头的小女儿跑来向父亲哭诉她的财产全部被丈夫投资到房地产上去了,投资失败,正面临破产。接着大女儿又匆匆跑来告诉高老头,她要替情夫还债,需 10000 万法郎。接踵而来的打击,让高老头气得火冒金星。两个女儿相互争吵,互相讥讽,谁也不肯相让,气得高老头要去撞墙。为了凑齐大女儿的 10000 法郎,高老头花尽了最后的血本,脑溢血病更加严重了。

两个女儿从高老头手上拿到钱后,买了漂亮的衣服,高高兴兴地去参加鲍赛昂子爵夫人家里举行的盛大舞会。鲍赛昂子爵夫人因情场失意,即将隐退。拉斯蒂涅也去了,因挂念高老头急匆匆地回到公寓。这时的高老头已经气息奄奄,盼望两个女儿能

够来看他最后一眼，可两个女儿始终未来，高老头含恨离开了人世。

高老头死了，没有人愿望出钱安葬。拉斯蒂涅为高老头张罗丧事。他在埋葬高老头的同时，也埋葬了最后的同情的眼泪。他站在高老头的墓边，仰望着苍天，发誓说："现在咱们俩来拼一拼吧！"

这是一个父亲的悲剧，同时也是对金钱至上的社会的控诉，金钱成为这个社会的价值尺度并统治着一切。拉斯蒂涅通过鲍赛昂子爵夫人、伏脱冷、高里奥给他上的三堂人生课，看清了这个社会

"现在咱们俩来拼一拼吧！"

的真正本质。人生不过是一场战斗，要想不被打败，就必须抛开幻想，适应社会，做一个生活的强者。这就是拉斯蒂涅所悟出的人生道理。

巴尔扎克一方面对那个衰落的阶级充满同情；一方面又揭示了金钱下的悲剧，同时又说明了资产阶级胜利的不可逆转。他用敏锐的眼光观察一切，入木三分地描绘了这个社会下的芸芸众生，为我们提供了一个真实的、历史的参照系。他对笔下的人物阶级本质和所反映出的财产关系的描写，为我们提供了一部生动的、形象的教材。

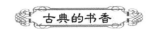

精雕细刻的艺术品

——福楼拜的《包法利夫人》

在 19 世纪法国文坛璀璨的星空中，福楼拜被看成与巴尔扎克、司汤达比肩而立的巨星。他们的创作奠定了现实主义文学的创作原则，被视为现实主义文学经典。其影响远远超出了本土的狭小范围，在世界上获得普遍赞誉，并享有崇高的声望与地位。

与一切现实主义作家相同之处，福楼拜在文学创作上遵循客观原则，题材完全取自于现实生活，不对人物进行过多的说教与褒贬，由读者通过对作品的阅读，自己去下结论。因此，他只是精心构思他笔下的人物，塑造完美的艺术形象，细致地描绘人物的心理活动，通过对事件的再现来反映人物的命运。这一创作原则影响了后世的现实主义文学走向。

尽管福楼拜被公认为是现实主义作家，但他并不以现实主义作家自居，而且福楼拜早年的文学创作活动深受浪漫主义文学影响，他的《萨朗波》也属于浪漫主义小说，但成就最高的是他用现实主义创作手法写成的《包法利夫人》与《情感教育》。

与巴尔扎克和司汤达比较起来，福楼拜创作的视野没有巴尔扎克那样富有雄心，要写一部规模宏大、包罗万象的有关法国巴黎的风俗史。与司汤达比较起来，福楼拜没有司汤达那种对人物心理秘密的深邃目光，也缺乏司汤达那种对人物充满动人心弦的叙述。但福楼拜却具有巴尔扎克、司汤达不具备的魅力。他描写人物的准确性，对语言的精雕细刻的追求，使作品有了一种诗的万种风情，从而给读者以难忘的无法磨灭的印象。

福楼拜的冷漠、不动声色的叙述以及对作品形式的精雕细刻,构成了他的总体艺术特色。那种力求观察仔细,对语言的精挑细选,用最精确的词汇去描写人物与他们的心理状态,这种认真的、一丝不苟的态度,使他的作品写得很慢,数量有限,但却像精致的艺术品,能够细细玩味。从某种角度上说,福楼拜是一个艺术家,他作品是艺术品,形象生动,语句铿锵,心理描写细腻,构成了他不多作品的艺术特色。他的作品给人一种言有尽而意无穷的深长意味,这是他保持作品永久魅力之处。从另一个角度而言,他对后世的唯美主义文学与超现实的文学都发生了重要影响。

福楼拜 1821 年出生于法国北部的卢昂医生世家,父亲是卢昂远近闻名的外科医生,1818 年接任了院长之职。从小生活在医院环境的福楼拜,医生为病人认真仔细检查的科学作风对他以后的文学创作产生了影响。18 岁那年他接受父亲的安排去巴黎法学院学习法律,后因病辍学,回到家乡开始一心一意地从事文学创作。

福楼拜的大部分时间是在乡村克罗瓦塞的别墅里度过的。其间曾到过许多国家去旅行,开阔眼界,搜集创作的素材与灵感。晚年他把自己的经历主要用来培养莫泊桑,修改自己的作品。莫泊桑可以看成是他事业的继承人,写出了许多优秀的中短篇小说为世人所瞩目。

福楼拜情感经历并不多。1836 年夏天,他与音乐出版商夫人埃利萨·施莱辛格交谈了几句就魂不守舍,产生了难以抑制的爱慕之情,这种暗恋一直持续到他长大成人,成了心中的秘密。直到 35 年后,夫人成为新寡,才给她写了第一封情书。埃利萨·施莱辛格成为他《情感教育》中的阿尔努夫人原型。

《情感教育》是福楼拜动笔较早的一部作品,但却迟至 1869 年才发表。这是一部带有自传性质的作品,书中的弗雷德里克·莫罗就是根据作者的主要生活经历塑造出来的人物。

1840 年,外省青年莫罗中学毕

情感教育

QING GAN JIAO YU

[法] 居斯塔夫·福楼拜 著
廉继权 译

世界文学名著丛书

业，在返家途中，遇到了巴黎画商阿尔努夫妇。阿尔努夫人在莫罗眼中几乎是一个完美的化身，令他神魂颠倒。到巴黎后，他想方设法与她相见，但又觉得可望不可及。他经受不住别的女人的诱惑，加上纯洁爱情的曲折，使他不能忠诚守一。他兴趣广泛，学钢琴，习绘画，还准备参加竞选，什么都想尝试，却最终一事无成。随着时间的流逝，他的精神生活也渐渐枯竭。当他步入中年的时候，阿尔努夫人又出现在了他的面前，两人激动得互诉衷肠，最后阿尔努夫人留下一绺白发离去。《情感教育》是福楼拜将政治背景下的人物命运结合得最好的一部，再现了1848年前后的社会现实和重大历史事件。莫罗的失败，性格因素是一方面，同时也是社会环境使然，使莫罗无法坚定起生活的目标。《情感教育》无疑是福楼拜最重要的一部作品。

《包法利夫人》一般公认为是福楼拜的代表作，福楼拜的成名也可以说是得益于这部小说，但它的发表并非一帆风顺。小说反映的是法国七月王朝以后的面貌。因涉及对修道院与女主人公爱玛情感越轨的描写，被法国第二帝国书报检查认为"有伤风化"而提出公诉。但受到许多作家、浪漫主义小说家的拥戴。他父亲的好友塞纳律师挺身而出为他辩护，这样福楼拜被免于起诉。他的声名不胫而走，小说成了法国文坛最重要的事件。其胜利不亚于当年雨果《欧拉尼》浪漫剧战胜古典剧的胜利。

《包法利夫人》也有一个副题"外省风俗"。显然作者希望像巴尔扎克一样，对外省平凡世界的风俗画进行描绘，塑造平凡世界中人物命运形象画廊。而小说女主人公爱玛形象最为丰满出色，令人过目不忘。

爱玛是一个来自乡村的漂亮姑娘。因为家庭没落，没有多少嫁妆，就嫁给了不要什么彩礼的乡村医生包法利。但包法利平庸、缺乏才华，不能满足爱玛精神与物质方面的需求，从而导致了爱玛的红杏出墙。

因为爱玛从小受到良好的贵族教育，深受浪漫主义小说影响，平静无波的生活让她窒息，心如枯井。侯爵家的家庭舞会,让爱玛窥见了上流社会优雅、富丽的生活,使爱玛更加不满意包法利和她周围琐屑的平凡现实。为了过上体面的生活,她借高利贷消费,并与情人们幽会。事后,债主逼债,她求助于过去的情人们,结果这些人都消失得无影无踪。爱情破灭了,债主讨债,无奈之下,她服毒自尽,她的丈夫也随之而亡。

整部小说写得生动感人,让人为之扼腕叹息。福楼拜的语言非常生动,爱玛的心理活动描绘得活灵活现。自然景观与人物形象、心理动态交织成为一个完整的艺术画面,让人如闻其声,如见其人,充分展示了作者超凡的艺术功力。

小说与其说是作者在谴责浪漫主义教育对女主人公的毒害,倒不如说是在抨击平庸的社会现实。福楼拜曾说"包法利夫人是我",显然作者对女主人的同情超越了对女主人的指责。福楼拜对一个缺乏感情生活的现实表现了他的不满。他对冷酷的现实感到一种心寒,这也是福楼拜为什么对生活产生悲观的原因。包法利夫人无疑成为福楼拜笔下的悲剧人物。她感情的受骗,是最终导致她走向绝路的真正原因,但也成了艺术典型活在人们心中。

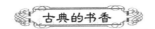
世界短篇小说之王

——《莫泊桑中短篇小说选》

莫泊桑与左拉为同时代人，也同属于自然主义文学流派，但莫泊桑对左拉的自然主义描写有所保留，他更倾向于福楼拜的现实主义。莫泊桑的写作风格可以看成介于福楼拜与左拉之间。他既不像左拉那样不善于对现实生活事实进行剪裁，又不像福楼拜那样冷漠较少抒情。虽然莫泊桑向来以短篇小说鸣世，被法国名作家法朗士推崇为短篇小说之王，但他的六部长篇小说，特别是《一生》《漂亮的朋友》(又译《俊友》)却受到评论界与读者的交口称赞，成为世界文学名著之林中最显著的常青树。

莫泊桑 1850 年 5 月生于法国北部的诺曼底，母亲是个没落的贵族后裔，有很高的文学修养。舅舅阿尔弗雷德是一位诗人，早逝。莫泊桑在文学氛围相当浓郁的环境中长大，在母亲指导下，很早就表现出文学天赋。13 岁就开始写诗，并希望成为一名诗人。父亲是一个游手好闲的浪荡公子，银行职员，喜欢拈花惹草。婚后对他的母亲冷淡，时常算计她的财产，夫妻不和终至分手。这不愉快的经历，莫泊桑在他的第一部长篇小说《一生》中有所描绘。母亲带着莫泊桑和他的弟弟搬到埃特尔达的韦基别墅里。埃特尔达是一个海滨小镇，景色优美，莫泊桑在这里度过了他无忧无虑的童年。1863 年，他进了伊夫托教会学校，深感压抑，因写了一首抒发爱情与对宗教不恭的诗，被学校开除。1868 年，他进了鲁昂中学，在该市图书馆馆长、巴拉斯派诗人布耶的指导下学习写诗。1869 年 7 月，莫泊桑中学毕业会考，获文学士。随后进入巴黎一所大学学习法律。1870 年普法战争爆发，莫泊桑应征入伍，目睹了法军在色当战役的惨败,大溃退中差点做了俘虏。战后他在海军部供职,后转入教育部。

　　1873 年 9 月,莫泊桑跟随福楼拜学习写作,每个礼拜天,都带着他的习作从巴黎长途跋涉到鲁昂福楼拜住处,请教福楼拜。福楼拜对这位弟子不仅要求严,而且视为亲儿子关心他的成长。他教导莫泊桑要仔细观察生活,找出事物之间的细微差别,用最适合的词语表达所要描绘的事物。莫泊桑在福楼拜的悉心教诲下,写作技艺日渐提高。福楼拜还把莫泊桑引荐给法国文坛,使他结交了左拉、都德、龚古尔兄弟等文学人士,以及侨居法国的屠格涅夫。莫泊桑与他们的交往,创作思想与创作方法多多少少都受到了影响。1880 年,莫泊桑在报上发表了以普法战争为题材的短篇小说《羊脂球》,获得巨大成功。福楼拜读后啧啧称赞,称之为"技压群芳"。读者方面也是好评如潮。莫泊桑称自己为"流星一般进入文坛"。事实上,他等待这一天已等待了7 年。在这之前,他写了大量的诗、故事、小剧本,没有这些垫底,莫泊桑何以能够如此之快地一鸣惊人!

　　莫泊桑的短篇小说简洁、生动、准确、明快,风格清新、构思精巧,常有出人意料的结尾。文笔幽默、抒情,感觉、心理描写细腻、真实,备受文坛瞩目。自《羊脂球》一炮走红后,他辞去公职,专心创作,一生创作了 300 多篇短篇小说,留下了许多脍炙人口的名篇佳作。他的短篇小说虽然篇幅不大,但反映的生活面宽泛,描写了众多人物形象,哲理隽永,耐人寻味,是 19 世纪末法国社会的风情画。他的现实主义风格并不是对生活进行琐碎、一览无余地照抄照搬,而是有选择地描写,赋予它完整、动人的故事情节,从而达到另一种意义上的真实。正如他在为《皮埃尔和让》所写的《论小说》序言中所说的"作为现实主义者,如果他是一个艺术家,那么他孜孜以求的,将不会是给我们看一张平淡无奇的生活照片,而是要给我们看一幅比现实更加充实、更

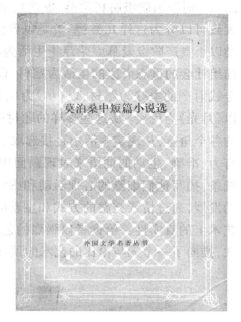

莫泊桑中短篇小说选

外国文学名著丛书

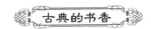

加动人、更加能使人信服的图像"。这真实地反映了莫泊桑小说的艺术观点。

莫泊桑因早期患有神经衰弱症,1891年以后搁笔休养,游历各地,然而疾病复发,医治无效,1892年曾自杀一次。1893年死于尼斯,终年43岁。

莫泊桑生活在资产阶级第三共和国时期,法国正走向帝国主义时代。资产阶级社会在政治、文化、道德上更趋没落。莫泊桑的心里极其矛盾,一方面对资本主义社会卑鄙龌龊的现实不满;另一方面又渴望个人的幸福生活,但又看不到社会前景,因此陷入悲观之中。在哲学思想方面,他受叔本华悲观思想影响相当深。这从一开始创作长篇小说《一生》时就表露无遗,整个色调都是灰沉沉的,只留下一个希望的尾巴露出一丝光亮来——约娜与自己的孙女住在了一起。正像书中所说的:"生活不如想象的那么好,也不如想象的那么坏。"他的思想是消极的,环境决定论窒息了他变革社会的主观能动性。这种悲观思想不能不在他的作品中有所反映。

莫泊桑以短篇小说蜚声文坛。他的300余篇短篇小说虽不能说篇篇优秀,但佳作却是他的小说主流。莫泊桑描写的人物非常多,他们来自社会的各个阶层,有贵族、官吏、资本家、公务员、工人、农民、乞丐、娼妓等。莫泊桑对这些人物形象做了生动、逼真的描绘,许多都属于小资产阶级中不起眼的"小人物"。莫泊桑对他笔下劳动人民的不幸命运充满同情,赞扬他们的高尚品质。对统治阶级腐朽没落、虚伪残暴进行了无情的揭露与讽刺。他的题材大致可以分为这样几类:一类是以普法战争为题材,以《羊脂球》为代表;一类以小资产阶级爱慕虚荣浮华生活为题材,以《项链》为代表;一类以生动地描绘社会的世态炎凉的生活为题材,以《我的叔叔于勒》为代表;一类以描写金钱财产的争夺为题材,以《伞》为代表;一类描写纯真的爱情生活为题材,以《月光》为代表。从这些多样的题材中,作家以敏锐的眼光投向了社会生活的各个角落,从现实生活中直接选取、提炼具有表现力的题材。然后用简洁、有力、准确、生动的词语来表现画面中的人物形象,勾勒出反映他们特征的线条,描写他们细腻的心理活动和感觉,通过对富有悬念的故事来推动情节的发展,通过情景交融的方式和生动的对话来烘托人物的个性,从而达到了艺术上的真实性,给读者以强烈的艺术效果。莫泊桑把短篇小说的艺术形式,推向了一个无与伦比的艺术的顶峰。

看似风光,实则凄苦

——左拉的《娜娜》

19世纪末,法国文坛出现了一个新的文学流派,这就是以左拉为代表的自然主义文学流派。这个流派与现实主义文学一脉相承,大胆忠实地描写现实生活,又与这个流派有所区别,更多地受到科学思想影响。左拉是这个流派的领军人物、理论的奠基者与文学的实践者。

左拉1840年4月生于巴黎,父亲是意大利威尼斯人,一名建筑工程师,曾在部队中服役,后定居法国马赛。因忙于工作患肺炎,在左拉7岁时病故。母亲是油漆商的女儿,为了丈夫的遗产而转入了一场司法诉讼,花光了手头的积蓄,从此孤儿寡母陷入贫困境地。幸有外祖父接济,才勉强让左拉读书。

左拉从小喜欢在田野上奔跑,和小伙伴一起逃学,直到进了寄宿学校才开始用功,成绩名列前茅。他的青少年时代大部分时光是在埃克斯度过的。1852年他进了埃克斯中学,并与后来的印象派画家塞尚结成好朋友。此时,他对诗产生了浓厚兴趣。1858年全家迁至巴黎,隔年,左拉参加中学毕业会考失败。生活的贫寒使他中断了学业,1860年,这个20岁刚出头的小伙子,在海关堆栈找到了一份月薪60法郎的工作。但很快又失业了,流浪了2年,穷到了甚至经常典当衣服的地步。在这样艰难的条件下,他开始写作,阅读拉马丁、雨果、缪塞的作品,写一些诗与短篇小说。1862年,他进了阿歇特书局,在发行部门当了一名打包工人。他的诗才被老板发现后,将他调到广告部,随后升迁为主任。这样他认识了许多作家与记者,并为出版社写一些散文与短篇故事。1864年,他将几篇小说汇辑成《给妮侬的故事》由一家书局出版。翌年又出版了第一部长篇小说《克洛德的忏悔》。这本书充满了浪漫色彩,但被当局认为有伤风化而遭到警察搜查。他辞去了书局工作,专门从事写作。除了创作外,还为报社《每日要闻》《费加罗报》写评论。他把发表的评论集结为《我的恨》发表。

1868年,左拉接受了孔德的实证主义哲学,泰纳的《艺术哲学》中"环境、

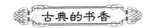

种族、时代"论点，吕卡的遗传论；克洛德、贝尔纳的实验医学等诸人的影响，形成了自己的自然主义文学创作观。他虽然推崇巴尔扎克的现实主义风格，但并不想去因袭巴尔扎克。他想写一部类似于巴尔扎克《人间喜剧》那样包含众多人物、反映急剧变革时代中典型人物的宏大场面的小说，这就是他1870年至1893年孕育并完成的《卢贡—马尔卡家族》。这部巨著包括20多部小说，从第一部《卢贡家族发迹史》到最后一部《帕斯卡医生》，耗时23年之久。从拿破仑第三到资产阶级共和，反映帝政时代资本主义垄断发展历史过程，准确地再现当时所发生的历史事件，笔力遒劲。左拉特别擅长于宏大场面的勾勒，深刻揭露社会问题，对统治阶级辛辣讽刺，对人物性格栩栩如生的再现，特别是对典型环境进行细腻再现的写实派油画风格，让人印象深刻。对各种声音感觉与人物心理活动描写令人拍案叫绝。左拉将现实主义文学朝纵深领域迈进了一大步。虽然人们对他将遗传生理学引入文学颇有微词，但左拉将人的本能提高到社会学高度予以关注，注意人物的行为动机。这有别于传统文学，使人物性格发展更加真实，为文学发展开拓出新的原野。左拉是西方文学不能绕开的重要作家。文学史与文学作品少了左拉都会显得不够真实。因为受自然主义文学影响作家实在太多，在中国就有不少作家步他的后尘。茅盾在《世界文学名著杂谈》中也提到左拉和他的小说《娜娜》，说明左拉对中国文坛的影响非同一般。左拉的作品几乎全部都有中文译本，略而不论，显然不现实。

左拉将《卢贡—马卡尔家族》的副标题题为一个家族的自然史与社会史。显然，左拉想通过对一个家族描写来烘托一个时代，从自然与社会角度来解剖他笔下人物的发迹、兴旺、衰落，他们的病态生活。并从遗传与生理的角度说明原因。实际上有很多问题是社会造成的，当然其中也不能否定含有部分的真理性。精神缺陷势必影响一个人的社会行为，而这并不是任何社会制度能够解决与替代的。

《卢贡—马卡尔家族》著名的小说有：《小酒店》《娜娜》《萌芽》《崩溃》《金钱》《妇女的乐园》。其中《小酒店》发表后盛况空前，引起读者广泛关注。《娜娜》的出版则更是巨大的成功，销量55000册，这在当时无疑是空前的成功。《娜娜》是左拉作品中拥有国内外读者最多的一部代表作，被列为《卢贡—马卡尔家族》第九卷。在这部小说中，左拉描写了一个使男性王国颠倒众生的妓女的生活史。她的屈辱与辛酸，她的红极一时、挥霍无度。她将身边男人的钱袋掏空又将他们一个个逐出门外。她也曾想金盆洗手过上一般普通的家居生活，但这个想法却被一个并不值得她爱的丰唐摧毁，使她重操旧业，过那荒唐的生活，最终辛酸地病死。

《娜娜》是左拉创作完《小酒店》后就萌生要写的一部作品。它与《小酒店》有延伸关系。女主人公娜娜是《小酒店》中青年锌工古波一洗衣妇绮尔维丝的女儿，名叫安娜·古波，乳名唤作娜娜，生于1852年，15岁时浪迹街头，沦为暗娼。18岁时被一家下等游艺剧院老板看中，出演下流剧《金发爱神》。《娜娜》第一章就是以《金发爱神》剧上演开始的。

小说主要写一个并不擅长表演的娜娜，以饰演一个"爱神"主角半裸体上台，却博得台下阵阵掌声，并成为男人争相追逐的对象。她与这些绅士们厮混的同时，仍不停地出去卖淫。老妇人拉特里贡为她充当皮条客，她开始与达盖内相好。达盖内在股票投机中破了产，她又转向了银行家斯泰因，得到了他的供养，住在为她买的"藏娇楼"别墅里。她在那里接待了贵族小少爷乔治·于贡与王室侍从缪法伯爵。斯泰因破产后，缪法伯爵接替了他的空缺。与此同时，她又迷恋上了丑角演员丰唐，与丰唐结婚后，她过上了正常的家庭生活，并将缪法伯爵逐出门外。可好景不长，丰唐不仅不拿出分文，还把放在一起的7000法郎收回，并经常虐待殴打她。不久又与意大利歌剧院的一个女演员相好，成为她的情郎，娜娜反被扫地出门，再次沦为娼妓。后经人撮合，与缪法伯爵恢复关系，她的一切开销由缪法支付，又俨然成了皇后，过着穷奢极欲的生活。但她只在规定的时间内接待缪法伯爵，享有充分的自由，于是淫徒色鬼又云集于她的门下。她挥金若土，她接待的男人都为她囊尽财空，随后被她拒之门外。那些倒霉的男人或自杀或破产或盗用公款，一个个被她踩在脚下。一次，娜娜又从巴黎失踪了，人们四处打听，纷纷猜测，突然一天她又从国外回来。此时正赶上普法战争的前夜，她去姑母家看望儿子，从儿子那里染上天花，不久在"进军柏林"的呼喊声中病死于一家旅馆里。

《娜娜》以高度的概括性塑造了妓女典型，描写了妓女生活的兴衰，给人

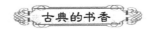

一种触摸皮肤的真实感。同时也揭露了帝政时代的腐朽以及对财富的追逐与挥霍。娜娜生活看似风光，但难掩内心的空虚、无聊。虽然玩弄男人于股掌之中，但最终也无法摆脱悲惨的命运。她曾希望过上一个普通人的生活，但命运却嘲笑了她。她报复玩弄她的男人，却自身凄苦，染疾而死。在左拉的笔下，娜娜虽然是个为人不齿的荡妇，但具有下层人常有的同情心。向往乡间健康纯朴的生活，把仅有的钱捐给穷人。污泥之中并没泯灭自己的良心。

《娜娜》的不足之处是剪裁不够集中，不必要的枝蔓过多，有些地方太琐碎。值得一提的是，左拉在完成巨著的同时，也发表了几部自然主义理论著作《实验小说论》《自然主义戏剧》《我们的戏剧作家》《自然主义小说家》《战斗》。全面阐述了他的自然主义文学观，构成了自然主义文学观的完整思想体系。尽管人们对他的自然主义文学观褒贬不一毁誉参半，但无法阻挡自然主义文学发展。左拉在世界文坛上留下了他巨大的身影。许许多多作家都从他的作品中吸取营养，写出一部部引起世人注意的作品。

令人心酸的爱情故事

——小仲马的《茶花女》

"可怜一卷《茶花女》，断尽支那荡子肠"，这是著名维新派严复的诗句，它深刻地表达了《茶花女》的主题。

小仲马告别文坛3年后《茶花女》就被翻译到中国。第一个译者竟是对法语大字不识的林纾，他让留法学生王子仁口述，由他挥笔译出，书名为《巴黎茶花女遗事》。此书一经出版，立即轰动全国，许多读者为女主人公一掬同情之泪。

《茶花女》的作者是大多数读者所熟悉的小仲马写成的一部旷世名著。小仲马是大仲马的私生子。大仲马于1824年在巴黎与缝衣女工卡特琳娜·拉贝私通后生下了小仲马。大仲马成名之后，不承认小仲马母子，把他们送到乡下。小仲马靠母亲缝衣的微薄收入养大，直到7岁大仲马才正式认领了小仲马，承认小仲马的合法身份。从此母子分离，天各一方。小仲马随父亲一起生活。大仲马把儿子送到寄宿学校读书，由于私生子的卑贱地位，小仲马饱受奚落与屈辱，这使他对父亲既憎恨又喜爱。憎恨父亲对母亲的残酷，喜爱父亲的才华。这部分经历，在他1866年写的另一部小说《克莱孟梭事件》前半部分中有所反映。《克莱孟梭事件》是小仲马晚期的一部重要小说，对研究小仲马的生平具有重要的参考价值，受到读者好评。文艺理论家泰纳和福楼拜都给予了很高的评价，只是认为书中结尾缺乏真实性，议论太多有损艺术的完美性，总的说来是部让人感动的作品。小仲马不满20岁就开始写作，并有小说、诗歌发表。父亲文艺界的朋友自然也成了他的朋友，这为他成就文学事业铺就了一条锦绣前程。

功成名就的大仲马生活风流，放浪不羁，眠花宿柳是家常便饭。小仲马耳濡目染,也变成了一名花花公子。然而 1844 年,小仲马在街上和巴黎杂耍剧院的包间里见到了绝世美女也就是《茶花女》中的女主人玛格丽特后,却开始了一段刻骨铭心的爱情。对这段爱情小仲马饱蘸笔墨,控诉了社会道德的虚伪、残酷,充满对被污辱被损害者最真挚的同情与爱恋,用字字血、声声泪,写成了这部震撼世界的文学名著《茶花女》。

　　《茶花女》获得成功后,小仲马又将它改编成话剧,于 1852 年 2 月正式公演.这次公演得来并非一帆风顺.曾被书报检查局认为"有伤风化",经过小仲马 3 年的艰苦斗争,最终获得公演。话剧公演盛况空前,观众若痴若狂,对《茶花女》给予了充分肯定。巨大的成功让小仲马兴奋异常,他将喜讯告诉父亲,大仲马说"我最好的戏剧是你写成的"。意大利著名音乐家威尔第在巴黎看了《茶花女》后,很受感动与启发,约请好友皮阿威改编成歌剧,并激情满怀地投入《茶花女》的音乐创作。1853 年 3 月,歌剧《茶花女》在威尼斯著名剧院菲尼斯剧场首演,从此《茶花女》成为世界上最伟大的戏剧在世界各地公演。小仲马的《茶花女》成了世界文学史上一部不朽的名作。

　　《茶花女》是小仲马 1847 年 6 月,也就是玛格丽特去世 4 个月后,用一个月时间写成,此时的小仲马年纪不足 24 岁。整部小说用一种平实、亲切的

文字,第一人称手法,以一种倾诉方式,通过倒叙、追叙、插叙方式展开故事情节。这种写法类似于回忆录,用亲身经历的现身说法让读者进入作者的感情生活,引起读者同悲同喜,将作者心灵、感情、思想袒露在读者面前,能够强烈引起读者心灵更广泛的共鸣,读者成了作者的知心朋友与听众,分享着作者的痛苦与欢乐。书中还引用了一些书札,更增加了小说的真实感、亲切感。小说与歌德的《少年维特的烦恼》、普列沃的《曼侬·雷斯戈》有诸多相似处。显然作者受到上述作品的影响。整部小说创作始终保持着一种文思泉涌、激情满怀、挥洒自如的文风。一段催人泪下的故事

像大幕一样徐徐拉开。

《茶花女》以法国七月王朝为背景，描写巴黎名妓玛格丽特悲惨的一生。这位来自贫寒之家的少女却有风华绝代的稀世美貌与一颗善良、聪颖、高贵的心灵。她的美艳倾倒了巴黎，许多王公贵族拜倒在她的石榴裙下，为她一掷千金，购置高级豪宅与珠宝首饰。然而过度的声色犬马的生活使她身体不堪重负，健康每况愈下，她开始咯血。一生中她最喜爱茶花，人们称她为茶花女。

税务局长杜瓦先生的儿子阿尔芒，一天夜里和朋友一起拜访了女主人公玛格丽特。他为玛格丽特惊人的美貌所倾倒，又为她的病情深深担忧。玛格丽特为他的爱与牺牲深深感动，并接受了他，让他做自己的好朋友。爱情在两个人中间悄悄产生，开始生根、发芽、长大。玛格丽特将一朵象征自己的茶花送给阿尔芒，表示以心相许。幸福使玛格丽特灰暗的生活有了生机，她决心告别繁华的交际场，和阿尔芒开始崭新的生活，但这需要一笔钱。为了筹集款项，玛格丽特让阿尔芒离开她一夜，然后又将昔日的旧情人召到家中，阿尔芒目睹了一切，恼羞成怒，给玛格丽特写了一封措辞激烈的告别信，声称自己并非百万富翁，不愿成为别人耻笑的主角，玛格丽特筹集回乡的经费落空了，她的旧情人没有一个人愿意帮助她，阿尔芒的绝交信更让她满含委屈。深爱着玛格丽特的阿尔芒无法将她忘掉，因为她是他的生命、他的希望。他对自己的行为深感痛悔，请求玛格丽特原谅自己的草率，两人又和好如初。他们在巴黎郊外租了一间住所，过着甜蜜的两人生活。玛格丽特的旧情人摩里阿克公爵知道后断绝了对玛格丽特的生活资助，昔日的债主也纷纷找上门来。为了还债，玛格丽特背着阿尔芒典当了自己的金银首饰，卖掉了车马。阿尔芒得知后，决定转让母亲的遗产来偿还玛格丽特所欠债务。为办理有关事宜，他去了巴黎。

阿尔芒的父亲找到玛格丽特，对她进行责骂。当得知玛格丽特为阿尔芒所做的一切，又显得内疚。为了阿尔芒妹妹的婚事，他要求玛格丽特离开阿尔芒。伤心欲绝的玛格丽特在万般无奈之下，给阿尔芒留下一封泣血的信，重又回到了昔日的风月场中。收到信的阿尔芒不明就里,认为玛格丽特背叛了他们的爱情,匆匆赶回巴黎,找到玛格丽特后破口大骂。他要玛格丽特和他一起私奔,被玛格丽特拒绝。愤怒的他拿出一沓钞票朝玛格丽特扔了过去,然后扬长而去。

玛格丽特受到刺激一病不起,老杜克给她的安慰信不知读了多少遍,她天天盼望阿尔芒能够来看她一眼。在最后弥留之际,她终于盼来了阿尔芒。她将自己的照片送给阿尔芒,要他找个好姑娘结婚,然后闭上眼睛,溘然长逝。阿尔芒痛哭流涕,为她守灵,向读者讲述了这个凄美哀伤令人断肠的爱情故事。

《茶花女》有相当大的一部分情节来自小仲马的亲身经历。书中玛格丽特真实姓名是阿尔丰西娜·普莱西。她来自诺曼底一个农家,15岁时来到巴黎,成了红极一时的名妓,23岁离开了人世。书中人物实有其人。进城后的阿尔丰西娜·普莱西改名为玛丽·杜普莱西,死后葬在法国蒙马特公墓。1895年小仲马去世也葬在了这里,这种安排显然是小仲马怀有深意的。小仲马虽然还写有不少其他的小说与剧本,但没有一部在思想性与艺术性上超过《茶花女》。小仲马后来被选为法兰西文学院院士,这是对小仲马所做文学贡献的充分肯定。《茶花女》也是中国读者喜爱的外国名著,翻译成中文版本不计其数。它曾20次搬上银幕,由嘉保主演的《茶花女》成为世界名片,永远驻留在观众心间。

对两性关系的大胆探索

——劳伦斯的《查太莱夫人的情人》

与传统的经典作家相比，劳伦斯显得最为离经叛道，也最为惊世骇俗。这吸引了不少读者，也吓退了不少读者。劳伦斯是一个遭受误解最深的作家。因为他对两性关系进行了最真诚的探索，其中不乏赤裸的性描写。在他看来，现代产业社会正使人类性关系变得扭曲，人性处在深深的异化之中。机械统治使人类的活力正在枯竭。他生活在英国北部的诺丁汉矿区，对煤矿工业对乡村田野的污染有更深的认识，他的小说题材也大都直接取材于他生活的故乡。他对乡村美景所遭受的工业化的摧残万分痛惜，希望人类返璞归真，重新寻回过去的田园牧歌，建立和谐的人际关系。

尽管我们不能全部同意劳伦斯的观点，但劳伦斯提出的问题却不能不引起我们深深的思索。我们不能指责劳伦斯这种批判态度是一种颓废行径，也不能就事论事地认为劳伦斯小说中出现了性描写就是淫秽小说。因为劳伦斯的小说中包含有很深的社会内容，他希望通过性描写来实现灵与肉的统一。从这一点来看，劳伦斯小说具有历史意义。其探索也是真诚的，他希望建立一个健康的社会。因此，他的小说还是属于严肃小说范畴。劳伦斯是现代小说的先驱，理所当然地在世界文坛上占有一个不容忽视的地位。

劳伦斯 1885 年 9 月 11 日生于英格兰诺丁汉矿区的工人家庭，父母关系不和，父亲酒醉后时常打骂妻儿。由于婚姻生活的不幸，母亲把全部的爱都给了儿子，这对幼年的劳伦斯产生了很大影响。他把这一经历写成了自传体成长性小说《儿子与情人》，于 1913 年出版。劳伦斯因此而声誉鹊起。许多评论

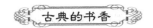
家用弗洛伊德的心理学来对小说主人公保罗进行心理分析，虽不能说不成功，但也总让人觉得有些牵强附会。因为被忽视的还有社会因素的存在。

使劳伦斯走得更远的是他三易其稿、私自在法国出版的《查太莱夫人的情人》。该书在英国被视为淫秽小说予以禁止，并打了一场英国文学史上最漫长最热闹的官司。直到 1960 年才获得解禁。具有讽刺意味的是，小说一开禁就成了雅俗共赏的小说。企鹅书店供不应求，一时英伦纸贵，创下了 20 世纪 60 年代与销售量最大的《圣经》不相上下的业绩。

《查太莱夫人的情人》以战后满目疮痍的环境为背景，呈现出一种令人悲伤的灰暗的令人窒息的景色。英国古老的贵族社会生活方式正在没落，象征着贵族社会阶级的克利福·查太莱爵士，在战场上身负重伤，下肢瘫痪，丧失了生殖功能。他掌管着矿区经营，在庄园里过着养尊处优的生活，靠写作打发无聊的时光。查太莱夫人康妮过着守活寡的生活，空虚、寂寞使她不顾自己贵妇身份，与猎场工人梅乐士燃起了爱的火焰和对生活的希望。她弃家出走，决心与梅乐士在乡间农庄开始一种新的生活。小说揭露了资本主义工业化的机械文明对人性的扼杀与摧残的结果，表现了劳伦斯希望通过灵与肉一致的性关系来求得新生的思想。

《查太莱夫人的情人》所描绘的社会关系没有《虹》复杂，但劳伦斯的思想却表达得最为充分，是劳伦斯小说中最值得研究的一部。当然，小说的性描写也最为大胆，性心理写得最为细腻，但并不给人以低俗的感觉。劳伦斯力图展示性的美感，把它当作人类生命力来讴歌与赞颂。他是想通过两性的美好关系，灵与肉的交融，来展示人类生命的激情，让人们记住人类文明的源头是从人类本源关系确立起来的，而这种关系却正在丧失。他希望通过人类自然关系的建立纠正文明社会被异化的人性。不管这种看法对与错，劳伦斯至少为我们指明了一种途径，其中不乏合理的内核。这正是劳伦斯获得越来越多掌声的原因。

现代哲学的奠基之作

——叔本华的《作为意志和表象的世界》

在西方哲学史上，所有哲学家都是乐观主义哲学家，而叔本华却是另类，是一个悲观主义哲学家。哲学看似高贵、庄严的城堡，常常使普通读者望而生畏，敬而远之。不少哲学家常常用晦涩难懂的语言来写他们的哲学著作，显得学究气十足，使得哲学更加扑朔迷离，神秘莫测，让人难以卒读。黑格尔就是最典型的一位，他整个的哲学体系被他僵死的结构所限制，缺乏价值体系要素。他过去曾是学院派崇拜的偶像，独占学术讲坛，成为众多学子正襟危坐、手捧圣书、苦心钻研的经典。叔本华则一反常态，以一种澄澈透明、流畅清新、文采斐然的语言写他的哲学著作。他第一个在哲学里表述了他非理性的哲学思想，开创了唯意志哲学的一代先河。这些超前意识和对传统哲学的颠覆，使他在有生之年倍受冷遇，而叔本华本人又极为自负。他曾经在柏林大学里与红得发紫的黑格尔在讲坛上一争高下，结果惨败。他的听众屈指可数，不得不灰溜溜地收场。直到 1853 年之后，为他喝彩的掌声才开始响起，但这一切对他来说却来得太迟。当他悄然离世之后，他的哲学才受到来自四面八方的拥戴。他在哲学上的声望才华盖过了黑格尔，人们尊奉他为一代哲学大师。他像一个凯旋的战士，在经历了一番艰苦的战争之后，终于盼到了胜利的一天。

阿瑟·叔本华，于 1788 年 2 月 22 日生于但泽（今波兰格但斯克）。当时正是法国大革命的前夜，革命的火焰很快就烧到了这个边境国家。波兰被瓜分了。叔本华一家迁到了汉堡，当时他才 5 岁，还是一个不谙世事的孩子。他的父亲是个大银行家,脾气暴躁。母亲漂亮,是个颇有才华的通俗小说家。叔本华的个性里有父母的遗传。暴躁的个性是父亲的遗传,才气则是母亲的馈赠。父母志趣不合,有各自的生活圈子。为了减少摩擦,父母常常以旅行来融合彼此的冲突。这样叔本华也有出游的机会,开阔眼界。

8岁那年,叔本华随父母到法国。父亲为了让儿子迅速掌握法文,将叔本华托付给商业上的朋友,自己则偕妻返回汉堡。叔本华在法国学习了两年,自称是他一生中最愉快、最值得回忆的美好时光。之后,他也回到了汉堡,按照父亲的意愿进入了一所商业学校读书,以便将来继承父业。由于叔本华父亲是商界名流,母亲与文艺界来往密切,他们家成了商人、文人进出的地方,使叔本华耳闻目睹了他们之间的谈吐,开始厌恶商业生活庸俗和市侩气息,心里萌生了做学问的种子。学校的老师也觉察到了这个孤僻、高傲的青年身上有一种哲学家的天赋。直到1805年父亲去世,在争得母亲同意后,叔本华决心弃商从文。他们家也由汉堡迁到了魏玛,母亲成了歌德的好朋友。但母子关系却在恶化,时常争吵得不可开交,终于母子分居。叔本华则在母亲会见客人时才能随客人一起去看望母亲。这影响了叔本华对女人的看法,他许多关于女人的论述是从母亲的只言片语与态度中得出的结论。也影响了叔本华对婚姻的看法,他对女人的极度失望与悲观,其中不能不说有他母亲影响的成分。

叔本华生活的时代是欧洲最动荡、火药味最浓的时代。拿破仑称帝后,标志着法国革命的幻灭。很快拿破仑与欧洲的神圣同盟展开激战。叔本华在战火纷飞的年代,并没有应征入伍。虽然他已经完成了大学学业,并学到了许多课外知识。而他躲到了乡下,开始静静地写他的博士论文《论充足理由的四重根据》。随后他将主要经历投入他的代表作的写作上。这就是《作为意志和表象的世界》,1818年底出版。此时他年仅30岁,但收获的却是极度的失望。在一年半的时间里,书籍只售出了140本,大部分都被报废了。心灰意冷的叔本华,只能独自一人品尝失败的滋味,这对极为自负的叔本华来说是痛苦而又难堪的时期。1831年8月,一场鼠疫在柏林蔓延,叔本华逃离了柏林,这一沉寂便是20个春秋,直到1851年,人们读到最后一部著作《附录与补充》时才恍然大悟——叔本华说出了他们心里话。叔本华为支离破碎、满目疮痍的欧洲带去了新的信仰的种子。很快叔本华在一些中产阶级内部的形象高大起来,一股叔本华热迅速地扩展。而此时的叔本华已是古稀老人,还未等他来及时慢慢品尝荣誉的喜悦,在1860年9月21日洗完他的冷水浴准备早餐时，这位哲人已倦靠在沙发上永远地睡着了。叔本华葬在了法兰克福。他的哲学开启了一个新时代,他成了现代哲学的先驱,并跻身于最伟大的哲学家行列。尼采在读了他的《作为意志和表象的世界》之后,受到强烈的震撼,他把叔本华的"生存意志"提升为"超人意志",成为现代最有影响的哲学家。弗洛伊德在他的精神感召下,创立了精神分析新的心理学派。叔本华几乎影响了他身后哲学、心理学的发展潮流,在后世的"存在主义哲学"中也广泛地回荡着他的声音。这

个曾经被埋没的哲学家,终于像金子一样开始闪闪发光。

《作为意志和表象的世界》分为四册,包括认识论、自然哲学、美学和伦理学,是叔本华思想发展的顶点。叔本华思想主要受柏拉图、康德和印度佛学的影响。叔本华认为"理性"不过是意志的派生物,意志具有决定性。整个世界不过是意志的表象的世界。

人的认识是从表象开始,最终认识的是"意志"。在叔本华看来宇宙的"意志"和人的"意志"是一回事。只要认识了人的"意志",也就认识了宇宙"意志",因为人是"小宇宙"。在人的身上有来自宇宙的"一切信息",所以哲学与其认识世界还不如认识"人自身",人即宇宙。那么"意志"是什么呢? 叔本华的意志就是"物自体"或说"自在之物"。在传统哲学家看来"物自体"是不能认识的,它是先验的存在,并不受必然性规律的支配,也没有时间与空间的概念。它是一种神秘的力量,具有追求与冲动。世界是表象的世界,但同时世界也是意志的世界。表象的世界是客体的世界,它是由物质和时空组成的。意志的世界才是主体的世界,它是由能量组成的,具有发散性与扩张性。前者受后者的支配。后者创造了前者。在后者看来,前者不过是镜花秋月,它本身并不具有"生命"的本质,而生命的本质是由主体赋予的。肉体本身并没有行动的力量,行动是由人的意志赋予的。决定人的行动的一方面是理智,而更重要的是人的另一方面"本能"。人的本能是由非理性决定的,理智不过

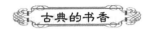

是对客体的"反思",是逻辑的力量,而本能则是"情感"的东西。

叔本华从康德的形而上学中收回,将主要论述的目标放在了认识人身上,创立了"人生哲学"。这就是叔本华在传统的理性哲学中发现了人,发现了人是被一种欲望所控制的,从而有了叔本华的悲观哲学。人的欲望具有"饥饿症",它是人的需要与动机。人的欲望愈大,痛苦愈深。人是一个不断满足自身需要的"生物",欲壑难填,所以总是感觉痛苦。只有在艺术的创造中才能暂时忘记痛苦,根本的解决办法,是进入佛教的境界,这就是"涅槃",也就是空、无的境界。生存意志构成了叔本华生命哲学的全部,这是叔本华哲学的最新颖的部分。从此,现代哲学的序幕被拉开。

深刻揭示资本运动规律的巨著

——马克思的《资本论》

《资本论》是卡尔·马克思花费 40 年的光阴，用毕生的心血写成的一部著作。它既是政治经济学的光辉巨著，也是马克思主义的百科全书。

卡尔·马克思 1818 年生于德国的特里尔镇，父亲是一名律师。他是家中 8 个子女中的次子。17 岁进波恩大学学习法律，不久转入柏林大学，后在耶拿大学获哲学博士学位。

毕业之后，马克思投身于新闻界，在科伦的《莱茵报》当编辑，由于批判时政为当局不容，被迫迁居巴黎。在这里遇到了和他观点一致的恩格斯，两人一见如故，结下深厚友谊，终生不渝。马克思在创立政治经济学时经济拮据，恩格斯经常慷慨解囊，帮助他们一家摆脱困境。《资本论》出版后，马克思写信恩格斯表示谢意："这件事之所以成为可能，我只有归功于你！"

马克思在巴黎没待多久，又被驱逐到布鲁塞尔。不久，发表了他的第一部重要著作《哲学贫困》。1848 年，他和恩格斯共同起草了《共产党宣言》，号召"全世界无产者联合起来"。预言资本主义必将灭亡，未来社会将走向社会主义，政府将全面管理经济，共产主义将会成为全球化的运动。

由于马克思所从事的政治活动，他再次遭到驱逐，最后在伦敦定居，度过他生命的最后 10 年。1883 年，这位无产阶级革命导师停止了最后的心跳。他为全世界正义事业做出了重要贡献，成为全世界无产者纪念的永恒雕像。

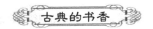

19 世纪中叶,欧洲虽然还存在封建土地所有制和手工业残余,但已确立了资本主义生产方式。与此同时,工厂出现了工会运动和社会主义思想的传播。马克思积极从事工人运动,并开始着手政治经济学的研究,经过广泛搜集资料和一番深思熟虑之后,开始写作《资本论》。

《资本论》以唯物史观的基本思想为指导,通过深刻分析资本主义生产方式,揭示了资本主义社会发展的规律,同时也使唯物史观得到了科学的验证和进一步的丰富发展。《资本论》运用唯物史观的观点和方法,将社会关系归结为生产关系,将生产关系归结于生产力的高度,从而证明了社会形态的发展是一个不以人的意志为转移的自然历史过程。

马克思认为高度发展的资本主义潜藏着深刻的危机,这就是不可避免地存在着的周期性经济危机。这种危机将造就出它的掘墓人无产阶级,一种新形态的社会从资本主义躯壳里诞生,这就是社会主义。他称之为"科学社会主义"。从此,社会主义运动在世界范围内广泛开展起来,作为一种更高级的理想鼓舞着人们为之奋斗。在近代工人运动史上,马克思的影响可谓空前绝后,他发出的雄狮般的声音令世界为之震惊。《资本论》成为"工人的圣经"。

《资本论》是对亚当·斯密和大卫·李嘉图政治经济学的又一次伟大总结,资料的丰富性和思想的深刻性使这部书在经济学史上占有突出的位置。其逻辑思维的严密性和充满辩证法的精神,为经济学研究提供了范例。

现在出版的《资本论》,是一部四卷本的大部头著作,1000 多页。第一卷为"资本的生产过程;第二卷为"资本的流通过程";第三卷为"资本生产总过程";第四卷为"剩余价值理论"。第一卷于马克思生前发表;第二、三卷马克思生前尚未完稿,由恩格斯根据马克思的笔记和手稿整理完成,分别于 1885、1894 年出版;第四卷由考茨基编辑,于 1905—1910 年出版。前三卷为理论部分,第四卷为历史批判部分。今天所说的《资本论》一般指的是前三卷。

对古希腊悲剧的探讨

——尼采的《悲剧的诞生》

给现代人的精神以强烈冲击与震撼的是尼采哲学。尼采哲学是建立在叔本华唯意志哲学基础之上的。叔本华眼里的"生存意志"成了尼采眼里的"超人意志"。尼采的超人哲学已不再悲观,而有主宰世界的英雄品格和浪漫主义的气息。尼采完全抛弃了传统哲学中的逻辑思辨方法,用一种深邃洞察力与想象力、直觉的思维方法,冲击传统公认的哲学体系、道德体系,提出"重估一切价值"的口号。惊世骇俗、卓尔不群、见解非凡、犀利独到、睿智无比的语言,成为他哲学的一大特色。现代人从尼采身上发现了他们所需要的精神品性和他们所需要的精神信仰,于是他的声名远播,思想流传到遥远的北美、南美、亚洲、大洋洲、非洲。尼采这位现代哲学的巨擘,成为一代人的追捧的对象,他的哲学成为现代人的精神启示录。尼采是诗人,他的哲学是诗化的哲学。没有经院哲学的繁琐推理,没有让人难以琢磨的名词术语,作者用娓娓动听的语言向读者讲述一个个满含哲理的故事。

尼采 1844 年 10 月生于普鲁士萨克森州一个乡村牧师家庭,他以自己有波兰贵族血统而感到自豪。5 岁那年,他父亲因坠车震伤,患脑软化症不幸去世,不久全家搬到了南堡。尼采对父亲记忆犹新,希望长大继承父业,当一名牧师。时常向小伙伴们朗读《圣经》里的某段章节。由于父亲的去世,他成了家中唯一的男子,受到全家的呵护和关爱。母亲是一个虔诚的清教徒,对他的影响也是存在的,尽管他在哲学里对基督教表示轻蔑和不屑。10 岁就读南堡文科中学,对文学、音乐表现出极大兴趣。14 岁进入普夫达中学,这所学校课程设置是古典的,训练非常严格,出了不少名人,但他对此并没有产生多少好感。除了理智方面有些进步外，音乐、诗歌是他心灵的重要寄托。1864年，尼采进入波恩大学，攻读神学和古典语言学。他对黑格尔的哲学毫无兴趣，实证科学和毕希纳的唯物主义论文也没有吸引他的地方。他是诗人，需要伟大的激情和非凡的事物。过分清晰明了的科学世界满足不了他的需要。他喜爱希腊诗人的诗，喜欢拜伦、巴赫和贝多芬。1865年，尼采到莱比锡大学学习古典语言学。这时他接触到了叔本华哲学，并以此作为他哲学思考的起点。4年后，他25岁时，经导师李谢尔思推荐，应聘为瑞士巴塞

尔大学古典语言学教授。此后的10年对尼采来说是愉快的。他结交了许多名流，整个巴塞尔城的上流社会的门都朝他敞开。他与音乐家瓦格纳结下友谊。1872年，他的第一部著作《悲剧的诞生》出版。这是一部美学著作，其中充满美妙的想象和浪漫色彩。1883年至1885年，他完成了自己最负盛名的《查拉图斯特拉如是说》。该书表达了尼采"同一性永恒轮回"的思想和"趋向权力的意志"。尼采对这部著作相当自负，认为"它是我给予人类的前所未有的最伟大的馈赠。这部著作发出的声音将响彻千年"。1889年，尼采进入他生命的最后10年。他先是住进了耶那大学的精神病院。1890年5月母亲把他接到南堡的家中照料。1897年4月母亲去世，尼采迁居到魏玛，照料他生活的责任由他妹妹担当了起来。1990年，尼采因长期不被人理解，孤独愤懑袭击着他，终于发狂，丧失理智，与世长辞，享年55岁。

以世俗的眼光来看，尼采是不幸的。他对社会的冷漠和傲慢使他失去了许多原来可以成为朋友的人，使他终其一生也未得到别人的理解，从而铸就了生活的悲剧。因此，尼采是个生活的失败者，使他的思想没有发展到应有的高度。虽然他才华横溢，豪气冲天，傲世独立，不屑于与俗人往来，但他并不能脱离世俗的社会而独存。这就是尼采巨大的心理矛盾。如果他对传统的理性不是抱着否定一切的态度，而是能加以取舍利用，将他那些散乱纷繁的

思想好好梳理,那么他也许会唱出更动人的歌声。尽管如此,尼采还是以敏锐的眼光,犀利的语言,充满感情的文采吸引着无数的读者,在全球引起广泛的回响。他奋发有为,肯定人间价值,追求生命旅程,在人类思想史上谱写了新的篇章。传统哲学因为有了尼采而面貌一新,许多名人都是他的信徒。

《悲剧的诞生》全书是对古希腊悲剧艺术的起源、本质、发展和衰落加以探讨。认为美的艺术具有两种精神,这就是日神阿波罗和酒神狄奥尼索斯。日神高居神山上,俯瞰宇宙人生,把它当成梦境与意象去欣赏。用理性去控制感情这是一种静美,如希腊的雕塑和史诗。酒神则通常表现为力的艺术,在狂歌醉舞中忘记了人世间的烦恼,从而感受到生命的狂欢和酣醉。

希腊的悲剧是动静的结合。一方面它像音乐,是动的,是苦闷发出的呼号;另一方面它像雕塑,是静的,是一种光辉的形象。真正的悲剧精神是用最大的痛苦去换取最高贵的人生,因为"崇高来自对恐惧的克服"。像这样的悲剧,纯凭直觉,与理智无关。而一旦苏格拉底的理智出现,希腊的悲剧就衰落了,让位给喜剧诗人阿里斯托芬。因此,尼采认为科学与道德阻碍了生活,艺术则发扬生活,肯定生活。

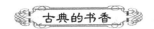

第一个塑造上流社会"多余人"形象

——普希金的《叶甫盖尼·奥涅金》

在距离拜伦出生后的 11 年，俄国一个与拜伦有着同样气质与才气的诗人也相继出生，他就是被誉为"俄罗斯诗歌太阳"的普希金。他用他那无比美妙的音符，奏响了俄国文学史上最伟大的诗篇，开创了俄罗斯民族文学的发展道路，热情讴歌了俄国的自然田野、大地、山河，描写了俄罗斯民族的形象，因而被视为民族文学的代表。他的文学创作活动，照亮了俄国文坛的天空，影响了一大批作家的出现，托尔斯泰、屠格涅夫、莱蒙托夫、高尔基等。如果说歌德开创了德国文学的新纪元，那么同样可以说普希金开创了俄国文学的新纪元。从这一点而论，普希金的文学地位比托尔斯泰要高。

普希金 1799 年 6 月 6 日生于莫斯科一个古老的贵族世家，父亲谢尔盖·利沃维奇·普希金是一个不爱经营的地主，曾当过禁卫军军官。衰落的田产收入非常有限，但他生活非常悠闲自在，耽于世俗的享乐生活。他爱好文学，拥有丰富的藏书，善用俄文与法文写诗，还与当时俄国著名作家卡拉姆津、德米特里耶夫和维亚泽姆斯基等人有交往。

普希金的母亲娜杰日达·奥西波夫娜，是"彼得大帝的黑奴"阿伯拉姆·汉尼拔的孙女。汉尼拔原是阿比西尼亚一位有权势亲王的儿子，被质于君士坦丁堡后，由俄国公使相中将他带回俄国，彼得大帝让他受了洗礼，并施以教育，留在了宫廷里。普希金就保留了他这位非洲先祖的很多特征。

普希金父母很少教育孩子们，交由法语家庭教师料理。普希金是一个聪慧、机敏、顽皮的孩子，但父母并不喜欢这个孩子，他很少从他们那里获得直接爱抚与同情。奶妈阿琳娜·罗季翁诺夫娜给了普希金很多关爱。他的童话诗，取材来自一些民间故事，其中就有奶妈的影响。普希金对她终身怀有眷恋之情。普希金对功课既不勤奋也不懒惰，尤其不喜爱数学。但他很早就酷爱书籍，时常钻入父亲的藏书室，读他能够拿到的每一本书，一待就是几个钟头。8 岁就开始写诗。与当时所有贵族家庭一样，法文是家常普通语言，普希金受家庭熏陶，法语比俄语更流利。

1811 年，普希金随伯父去彼得堡贵族子弟新办的皇村学校就读。1812 年的卫国战争，激发了普希金强烈的爱国热情。他后来所结交的"十二党人"的禁卫军军官恰达耶夫，曾对他产生很大的影响。学生时代的普希金，就从拉吉舍夫和法国启蒙思想家著作中接受熏陶。学生生活对于普希金来说是相当轻闲的，他有更多的时间独自消磨。

此时普希金的父母也迁居到了彼得堡，他就随父母一起住在卡林金桥附近的枫塘卡。通过亲戚的关系和交游，使普希金能够厕身于当时的上流社会。他像没头没脑的鹿到处乱窜，跳舞、恋爱、酗酒、游逛，在戏院里常为小事情决斗，由于朋友们的相劝，才没有让事态升级。在皇村中学他就结识了恰达耶夫，迁居彼得堡后，他与恰达耶夫在一起的机会增多，两人时常就各种问题交换看法。有时去拜访卡拉姆津，以他的博学智慧惊动在场的人。

令人惊奇的是，他的创作灵感丝毫也没有枯竭，作诗的速度很快，许多诗歌在他的手指间流淌了出来，仿佛有神在暗中相助。他用民间的口语，将民间的故事与传说，于 1820 年写成了清新流畅的故事诗《鲁斯兰与柳德米拉》，向贵族的传统文学发出了挑战，被看成俄国诗歌新的转折。老作家怀着狂喜的心情，注视着这个天才诗人的发展。茹科夫斯基这样写给维亚泽姆斯基："惊人的天才！是怎样的诗呀！他的天赋像魔鬼一样苦恼着我！"

然而此时的沙皇亚历山大一世的政策愈来愈反动。内政部头目阿拉克

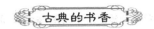

切耶夫伯爵却想把俄国变成一座兵营。国家因为战争更加贫困。那些曾经参加过对法战争的青年将领，深受法国资产阶级革命的影响，对专制政体愈来愈不满，希望在俄国从事改革，他们开始了秘密结社。

普希金敏感地接受了这一讯息。一首首充满激情、歌颂自由的诗歌在他手中诞生。《致恰达耶夫》《乡村》《自由颂》成了著名的政治抒情诗，迅速传遍了整个俄罗斯，引起政府恐慌。彼得堡的总督把普希金招到面前，又命警察去搜他的住宅。普希金镇静自若地对总督米洛拉多维奇伯爵说："伯爵！你这样做也是枉然的。那儿你找不到你需要的东西！还是拿纸笔给我吧，我在这里都给你写出来。"说完，普希金坐下，一字不差地将禁诗全部写了出来。沙皇甚为恼怒，决定将普希金充军到西伯利亚或囚禁到白海孤岛上的索洛维兹克修道院里。普希金的许多朋友听说后都为之惊愕，卡拉姆津、茹科夫斯基为他到处奔走，才把普希金改派到南俄的叶卡杰林诺斯拉夫（现名第聂伯罗彼得罗夫斯克）去，在南俄移民总督英佐夫将军手下服务。1820年5月6日，普希金离开了彼得堡。

普希金在叶卡杰林诺斯拉夫城市近郊一家犹太人的陋舍里正身患疟疾，幸运地遇到了熟人拉耶夫斯基将军一家。将军准备到高加索矿泉区去疗养，他的儿子近卫骑兵团大尉尼古拉是普希金在皇村中学就结识的好友。将军在得到英佐夫同意后，就带普希金一同去了高加索，在矿泉区度过了整个夏天。又应将军一家人的邀请，游览了克什米亚和古尔祖夫。此时英佐夫将军的司令部迁移到基什尼奥夫，普希金就向该地出发了。旅途中，行至巴赫奇萨拉伊时，他的疟疾又犯了，他还是抱病游览了可汗皇宫和有名的"泪泉"，9月21日抵达基什尼奥夫，并在此居住了3年。这时欧洲的革命运动和俄国的农民起义都有了新发展，他和十二月党人的"幸福会"成员有了更多的接触。创作了一批带有浪漫主义色彩的南方组诗《高加索的俘虏》《强盗兄弟》《巴赫奇萨拉伊的泪泉》。这些诗作明显地受到拜伦诗作的影响。《高加索的俘虏》和拜伦的《曼佛雷特》何其相似！《高加索的俘虏》主要描写一个厌倦了上流社会浮华与享受的贵族青年，一心想在高加索白雪皑皑的雪峰中寻找心灵的自由港湾，然而却做了车尔凯人的俘虏。当地姑娘向他献上纯真的爱情时，他却独自舔着自己未好的伤疤。姑娘还给他自由，他却纵身跳入了激流。这个形象虽不成功，但却成为他叙事诗新的开端的前奏，而我们在他的代表作《叶甫盖尼·奥涅金》中就能看到一个新的现实主义形象的再生。

1823年，普希金从基什尼奥夫调往敖德萨，开始创作代表他一生成就的重要诗体小说《叶甫盖尼·奥涅金》的头一、二章。由于受到总督沃朗佐夫的监视与诬陷,7月他又被放逐到父亲的领地米哈依洛夫斯科耶村,过了两年的囚徒生活。只有童年时代的老保姆陪伴在身边。在这里他完成了长诗《茨冈》《叶甫盖尼·奥涅金》三、四章、历史剧《鲍里斯·戈都诺夫》和诗体小说《努林伯爵》。

1825年12月,十二月党人起义失败,新上任的沙皇尼古拉一世为收买人心,将普希金召回莫斯科,表示要亲自审查普希金的作品。普希金对沙皇开始妥协,希望尼古拉一世效仿彼得大帝,进行社会改革,致力于国民教育。做一个"开明与宽容的君主"。但他与十二月党人仍有秘密接触。《致西伯利亚囚徒》《阿里昂》《预感》都创作于这个时期,还有反宗教的长诗《加甫里亚德》和歌颂彼得大帝武功的《波尔塔瓦》。12月结识了莫斯科第一美人冈察洛娃,次年的5月求婚未成就动身去了高加索。这正是俄土战争期间,他见到部队里的许多老同学,后来写成了《阿尔兹鲁姆游行记》和一些描写高加索的抒情诗。

1830年他回到莫斯科,加入诗人杰利维格主编的《文艺报》。同年5月与冈察洛娃订婚。9月,他去办理父亲在波尔金诺村领地的手续。由于伏尔加地区瘟疫流行,交通封锁,他不得不留在该村3个月,但这却是他创作的高峰期,许多作品在此完成。他完成了《叶甫盖尼·奥涅金》的最后两章。用优美的散文风格写成短篇小说《别尔金小说集》、4部小悲剧、1部童话诗和多首抒情诗。被后来的文学史誉为"波尔金诺的秋天"。

1831年2月,普希金与冈察洛娃结婚,并迁居彼得堡。他的夫人经常出入上流社会和舞会。普希金奉命编辑有关彼得大帝的史料。他在档案处研究文献时,被18世纪农民起义领袖普加乔夫的事迹所吸引,创作出小说《上尉的女儿》。普希金没有把普加乔夫写成一个杀人越货的强盗形象,而是一个机智勇敢、热爱自由的英雄。他宁死不屈,坚定乐观,慷慨大度,深受人民喜爱。

1834年,法国波旁王朝亡命者丹特士在俄国禁卫军供职,借跳舞之机,疯狂追求普希金的妻子冈察洛娃。1836年，普希金创办的《现代人》杂志收到对普希金进行污辱的匿名信。诗人为了维护自己的荣誉，准备与丹特士决斗。1837年2月8日，普希金在与丹特士决斗中饮弹受伤，10月与世长辞。他的去世震惊了俄罗斯，大约有50000人自发地集结为他送丧哀悼。普希金的继承人莱蒙托夫写下著名的《诗人之死》传遍了整个俄罗斯。沙皇害怕普希金葬礼引发事端，将他的棺柩夜里运送到距米哈伊洛夫斯克村不远的圣山修道院埋葬。普希金没有死，他永远活在他的人民中间。

《叶甫盖尼·奥涅金》，是普希金创作的一部诗体小说。这部小说用一种夹叙夹议的方式进行，虽然仍然看得出受拜伦影响的痕迹，但普希金已经开始摆脱这种影响。他开始直接以当时俄罗斯丰富的社会生活为描写对象，反映贵族知识分子在资产阶级革命前夜痛苦、彷徨、矛盾、探索的心理。小说从1823年4月写起，断续写了8年，直到1831年最后完成。这是一部俄罗斯19世纪二三十年代社会生活的一部编年史，描写了一代贵族青年由于缺乏变革社会的勇气，又看不到生活出路而消极、苦闷、厌世与玩世不恭，虽有进步思想，但却碌碌无为，对爱情由追逐嬉戏到彻底放弃，最后成为这个社会的多余人。普希金是第一个在自己的小说中塑造多余人的典型，这个人物以后又在屠格涅夫的小说《罗亭》、莱蒙托夫的《当代英雄》中的毕巧林身上得以重现。

《叶甫盖尼·奥涅金》主要描写贵族青年奥涅金，从小受到贵族化教育，过着养尊处优的生活。他擅长社交，对贵族礼仪应付裕如。跳舞、宴请、追女人，成了他生活主要内容。但很快他对这些感到了厌倦。为了继承叔父的遗产,他来到乡下,与曾经留学德国、深怀浪漫主义理想的青年连斯基成了好朋友。此时连斯基正与一位少女奥尔加谈恋爱。他把奥涅金带到奥尔加家中做客,这样奥涅金结识了奥尔加的姐姐达吉雅娜。达吉雅娜是一位美丽、单纯、善良、爱幻想的乡下姑娘,却深受卢梭新思想的影响。她鼓足勇气主动向奥涅金写了一封情书,但奥涅金拒绝了她。深爱奥涅金的达吉雅娜更加孤独、忧郁。连斯基把奥涅金拖到达吉雅娜的家庭舞会上,奥涅金很是气闷,接二连三地邀请奥尔加跳舞,引起连斯基的不满,并提出与奥涅金决斗。结果奥涅金射杀了连斯基,然后出走四处漫游。连斯基死后,奥尔加经常到他的坟头敬献花圈,悲泣万分。

不久奥尔加与一个骑兵结了婚并离开了家,连斯基的坟园也被遗忘了。唯有达吉雅娜还时常在树林里徘徊,内心的哀愁总是无法排遣。没过多久,达吉雅娜迁居莫斯科,在母亲的苦苦哀求下,嫁给了有公爵头衔的将军。后随夫到彼得堡,生活阔绰,地位显赫,很快成为上流社会瞩目的贵妇。但交际场中的跳舞、宴会、看戏引不起她的兴趣,她厌倦了贵族式生活而眷恋家乡的田野风光。奥涅金几年以后又回到了彼得堡,在一个舞会上与达吉雅娜不期而遇,这次奥涅金对达吉雅娜产生了炽热的爱情。他一连给她写了三

封信,达吉雅娜一封也没回。有一天他与达吉雅娜相遇,达吉雅娜连看他一眼也没有。奥涅金开始心灰意冷,把自己关在家里,从秋到冬,再没有与社交界有过接触。春天来了,一个晴朗的早晨,他推开达吉雅娜家的门,发现达吉雅娜正在读他写的信,泪水不停地流下。奥涅金悔恨万分,跪在达吉雅娜面前,请求她的原谅。但达吉雅娜告诉他,她虽然爱他,但已成为别人的妻子,必须对丈夫忠实。说完就走了。奥涅金愣在那里,如五雷轰顶。

诗体小说《叶甫盖尼·奥涅金》采用普希金发明的奥涅金体,由十四行诗写成,每节由俄国诗歌惯用的四音步抑扬格组成,每节内容相对完整,有严

格的韵律,幽婉深沉,语言精练、准确,徐缓有致,音乐韵味无穷。随着每节不同,感情色彩也逐步推移,读起来铿锵有力,叙事与抒情有机地结为了一体。

奥涅金是当时贵族青年的典型代表。他有思想、有魅力,深受资产阶级启蒙思想家卢梭和英国经济学家亚当·斯密的影响。积极探索俄国社会发展出路,但又脱离人民,无力担负社会改革的重任。因此,个人生活充满矛盾,缺乏明确的社会目标。有才华却空无一用,碌碌无为虚度大好年华,事业、爱情、友谊都付诸东

奥涅金给达吉雅娜写信

流。这就是作者塑造的奥涅金形象。此外作者还塑造了俄罗斯文学史上最光彩夺目的妇女形象达吉雅娜。据研究,达吉雅娜形象取自于诗人曾经爱过的女友凯恩。普希金的名诗《致凯恩》就是写给她的。普希金将这一形象理想化并赋予她许多美好的品质,像俄罗斯的风景一样纯净、优美,又带有知识妇女的新思想。但最终又回到了贵族社会为她安排的不幸结局中,表现了她对爱情的局限性。

《叶甫盖尼·奥涅金》是用俄罗斯鲜活、优美的口语写成,描写自然、生动,不愧为俄罗斯乃至世界文学史上的瑰宝。别林斯基称颂为"俄罗斯的百科全书"。高尔基称之为"一切开端的开端"。该书早在20世纪初就被介绍到国内。中国翻译的第一部俄国小说是普希金的《上尉的女儿》,译名为《俄国情史,斯密士玛利传,又名花心蝶梦录》(1903)。普希金的作品大都有中文译本,深受中国读者的喜爱。

气吞山河的战争史诗

——列夫·托尔斯泰的《战争与和平》

在世界文学里，列夫·托尔斯泰把小说艺术推向了一个登峰造极的高度，是后世许多杰出作家只能望其项背而无法超越的文坛巨人。然而这样一个举世无双的最伟大的俄国作家却与诺贝尔文学奖失之交臂，不能不令人扼腕叹息，同时也质疑诺贝尔文学奖的权威性。

列夫·托尔斯泰与陀思妥耶夫斯基都是俄国具有最深邃的灵魂，他们的思想复杂而矛盾，特别是托尔斯泰晚年的思想，更是混乱到了让人难以理喻的程度。这种思想的危机，可以从他晚期作品《复活》中得到印证。尽管如此，托尔斯泰与陀思妥耶夫斯基比较起来，心理意识正常得多。陀思妥耶夫斯基更像一个恶毒的天才，他在潜意识中写出他复杂而又矛盾的精神纠结，各种思想混乱无序地以一种病态方式呈现出来。读陀思妥耶夫斯基的作品，近乎一种折磨灵魂的智力游戏，必须做好下地狱的准备。大多数读者都会对他的《卡拉玛卓夫兄弟》难以接受，因为这是繁琐思辨哲学家才会感兴趣的话题。他们徒然地寻找一种近乎绝对的观点的答案，而这却是枉费心机，浪费才智。

与《战争与和平》比较起来，《安娜·卡列尼娜》具有更多的优点。全书通过安娜与渥伦斯基、列文与吉提的爱情生活描写的两条线索，展现了一幅俄国从城市到农村的生活画卷。托尔斯泰用他独具匠心的如椽巨笔将两条线索结构得天衣无缝，显示其高超的艺术技巧。而这种叙事技巧对后世文学创作产生了极其深远的影响。但是，这部小说将安娜以卧轨自杀方式来结束她对爱情绝望的描写，似乎显示了卡列宁的忠诚与负责，为俄国资本主义发展留下了一个悲剧性的结尾。而且这种自杀有没有必要，成为评论界争论的焦点。

《安娜·卡列尼娜》以卓越地描写俄国上流社会生活史而彪炳史册。《战争与和平》却是一部气势宏伟、波澜壮阔的英雄史诗。对俄国从 1805 年至十二月党人起义前夕的 20 年间历史进行了艺术再现，概括了俄国 19 世纪初 10 年中出现的重要事件，特别是浓墨重彩地描写了俄军抗击拿破仑大军入侵的战争画面。描写人物多达 559 人，其中融合了托尔斯泰对人生哲学的追寻，在世界文学史

安娜·卡列尼娜

上占有一席崇高的地位，托尔斯泰当之无愧地成为世界最伟大的文化名人之一。

列夫·托尔斯泰 1828 年 8 月生于土拉省雅斯纳雅·波良纳的一个伯爵家庭，他 3 岁丧母，9 岁丧父。后来他继承了伯爵的爵位，一生大部分时光都在自己出生领地的庄园里度过。《战争与和平》很大程度上是从他家族中构思出来的人物。如外祖父、舅父、姑母、姑父、祖父母、父母。这些关于家族的掌故都是从他的姑母那里听来的，其影响不容低估。

托尔斯泰曾就读额山大学东方语言系，后转入法律系，随后应征入伍，在高加索军队中服役，并开始自传体《童年》的写作。1854 年，他以炮兵大队长的身份参加克什米亚战役。这段经历，他写成了《塞瓦斯托波尔故事》。战争结束后，他来到彼得堡，成为文坛上最受欢迎的作家，并与屠格涅夫结下了深厚的友谊。后来，他两次出国考察。1863 年与一位漂亮姑娘结婚，生活富裕，妻子为他生育了 13 个孩子。晚年他的宗教思想发展到了极端，与家人矛盾增大，曾两次试图离家出走未成，终于在 1910 年不顾 80 多岁的高龄乘坐马车离家出走，客死在一个小车站里。

《战争与和平》是他结婚两年后才开始动笔创作的。原打算写一部关于十二月党人起义的题材，后来发现需要写好十二月党人，非先得写好十二月党人前一段历史，于是他打消了写十二月党人起义的念头，构思出了我们今天所看到的一部旷世巨著《战争与和平》，1812 年的俄法战争成为小说的中

心。小说一开场就从 1805 年彼得堡茶话会上贵族们谈论对拿破仑的作战写起，中间经历了俄奥联军在奥地利与拿破仑大军在奥斯特里茨会战。1812 年法军进军俄国，波罗金诺会战，莫斯科大火，法军全线溃退，最后到 1820 年十二月党人的运动酝酿为止。这里面，有上流社会的社交生活，有乡居的贵族生活，也有下层的农民生活，既包罗万象又描写生动。心理描写与叙事抒情展现出一幅幅生动场景。以包尔康斯基、别祖霍夫、罗斯托夫、库拉金四大家族为主线，成功地塑造了彼埃尔、安德烈、娜塔莎、爱伦等形象。

全书主要故事情节是这样的：

1805 年，俄军与法军在奥地利发生了战争。包尔康斯基家的青年公爵安德烈怀着建立战功的梦想上了前线，结果在奥斯特里茨战役中惨败。经历了生死考验的安德烈感觉到名利的虚无，历经艰难地回到故里，妻子却产下儿子后死去。

别祖霍夫伯爵的私生子彼埃尔留学归来，继承了伯爵家的全部财产，成了莫斯科头号富翁，社交界的新宠。库拉金公爵看中了彼埃尔的财产，千方百计地巴结，希望把自己的美貌女儿爱伦嫁给他。婚后彼埃尔发现爱伦与别人偷情，彼埃尔与情敌决斗中获胜，却陷入了自责的困境。不久彼埃尔参加了共济会，原谅了不轨的妻子。

1809 年春天，安德烈在罗斯托夫公爵家里见到了公爵女儿娜塔莎。他被

娜塔莎的美貌吸引住了，向她求婚，但安德烈父亲认为罗斯托夫家不够富有，娜塔莎太年轻，不同意他们的结合。最后双方约定一年后成婚。不久，安德烈重返军队。

寂寞中的娜塔莎等待了一年，经不住爱伦的撮合，不断地在她兄长花花公子阿纳托尔的诱惑下，使娜塔莎决定与阿纳托尔私奔。至此，宣告了她与安德烈婚姻的无效。此事对安德烈打击很大，但军务繁忙，冲淡了他心灵的痛苦。

1812 年，拿破仑撕毁停战协定，俄法两军在波尔金诺展开激战。安德

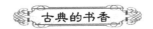

烈在战场上身负重伤。不巧却坐上了罗斯托夫家运送伤员的马车。娜塔莎在伤员中发现了垂首待毙的安德烈,她向他谢罪,并悉心照料他。安德烈在娜塔莎怀抱中平静地死去。

居住在莫斯科的彼埃尔,决心伺机刺杀拿破仑,却不幸为搭救被法国士兵污辱的俄国妇女而被俘。爱伦仍不改放荡本性,终因误服堕胎药身亡。

拿破仑夺到莫斯科一座空城,面对严寒的来临,士兵又遭到哥萨克人不断侵袭,大部分俄军战俘被解救。彼埃尔重获自由。俄军最终赢得了战争胜利。

彼埃尔回到了莫斯科,并与娜塔莎结婚,生活幸福美满,抚育了4个聪明可爱的孩子。娜塔莎把自己的一切献给了丈夫和孩子们,他们感觉彼此实现了生活的梦想。

娜塔莎的哥哥尼古拉娶了安德烈的妹妹玛丽娅,并收养了安德烈的儿子,幸福又降临到了每个人的身边。

《战争与和平》开创了多线索结构小说的先河。通过对四大家族的姻亲关系,反映了俄国19世纪早期辉煌壮丽的历史篇章与俄国社会内部所存在的矛盾。以全景式的描绘,多个场景的组合,塑造了俄国新一代的觉醒、成长,反映了俄国上流社会与乡村广阔社会生活图景。俄法战争成了全书中最动人心弦篇章,歌颂了俄罗斯人民面对强入侵所表现出的英勇顽强、奋力抗争的精神。

《战争与和平》以它特有的战争场面,各种生活场景,描画出一幅瑰丽的

画卷。作者以极其细腻笔触对人物从心理到外表进行了生动刻画,使整个人物形象如浮雕一般凸现出来,又让人感受到那么有血有肉,呼之欲出。战争像一首命运交响曲一样响彻俄国的每个角落,在人们心上引起强烈的共鸣,从而激发人们对生活的思考,对战争的思考。同时也预告了一个新时代的到来,尽管它是那样地朦胧,那样地不清晰,但它的来临却不可阻挡,俄国将迎接它的挑战……

　　美国女作家密西尔的《飘》很显然受到《战争与和平》的影响。没有托尔斯泰的《战争与和平》,密西尔写不出她的《飘》来。《战争与和平》无疑是世界文学宝库中高耸入云的纪念碑。对它的评价可以说是"前无古人,后无来者"。无论用什么伟大的字眼去赞美都不会觉得过分。连最挑剔的文体家福楼拜读后也兴奋不已,高声喊道"这是莎士比亚,这是莎士比亚!"迄今为止,《战争与和平》有近百种版本在世界流传,是世界上版次与印数最多的一部长篇小说,深受全世界读者的喜爱。

　　关于《战争与和平》译本的选择。笔者这里介绍的是刘辽逸的新译本。如果读者注重译文对原著作者神韵与气质的把握,老翻译家高植的旧译本《战争与和平》是一个不错的选择。由于译得早,有些地方难免与现在阅读习惯、语言表达上有差异,但高植译本明显体现出译者厚实的文化底蕴。新译本虽然显得更流畅,更符合现代人的阅读习惯,但多半还是参考了旧译本。从这一点看来无论如何都无法抹去旧译的开创之功。高植还将托尔斯泰的《安娜·卡列尼娜》译成了中文。有兴趣的读者可以找高植的旧译本对照来看,或者读读旧译本,一定会有更大收获。

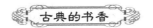

南北战争中的乱世佳人

——玛格丽泰·米切尔的《飘》

畅销小说不为正统文学所接受，却常常有轰动效应和惊人的销售业绩，不过只是昙花一现，昨天翠绿，今日枯黄，因为畅销原因不一。许多作品经不起时间的检验，很少有读者愿意付出第二次重读的热情。畅销小说时常以新奇、浪漫的情节制胜，迎合了某些读者的口味，但由于塑造的人物形象粗糙，缺乏深刻的内涵，渐渐就被人们所淡忘。

《飘》虽然也属于畅销小说，不断刷新出版记录，但它本质上是纯文学。其艺术魅力征服了无数读者，并被热烈讨论与研究。一个世纪过去了，它不仅没有被读者遗忘，而且被认为是文学史上堪称伟大的史诗般的作品。米切尔成了美国文学史上的一位重要作家。

玛格丽泰·米切尔 1900 年 11 月出生于美国佐治州亚特兰市一个中产阶级家庭，父亲是一位受人尊敬的历史学家，母亲是一位女权主义者。她的童年是在外祖母家里度过的。外祖母是有法国血统移民到美国的查尔斯顿的祖辈，父亲的祖先则是爱尔兰移民，这和《飘》所描写的郝思嘉出生的家庭是一致的。玛格丽泰从小就喜欢听南北战争的故事，26 岁就萌生要写一部南北战争小说的想法。

米切尔曾就读于马萨诸州的史密斯学院，因母亲病逝，需要她料理家务，不得不中途退学。1922 年她开始为《亚特兰大时服》写稿，并成为该报的一名记者。

亚特兰大市在美国南北战争时期却是战略要冲。1861 年 4 月，美国爆发了一场为废奴运动而引起的内战。战争由南方挑起,但结局却以北方胜利而告终。北方从此大踏步地将资本主义生产方式向南方推进。南方在战火硝烟散尽后的废墟上开始重建家园。《飘》正是以这场具有历史意义战争为背景而写成的一部不朽的世界名著。

18 岁的玛格丽泰已出落成娇美可爱的南方姑娘,开始了自己的社交生活,有了第一个情人——克利福德上尉。玛格丽泰为他身上的浪漫气质所迷惑,私订婚约,但不久克利福德开赴前线,从此音讯杳无。在一次舞会上她遇到了第二个情人厄普肖,他是佐治亚大学的橄榄球员,浑身散发着一种激情四射的男性魅力,玛格丽泰再次坠入情网,不顾家人反对,于 1922 年 9 月与厄普肖结婚,但婚姻仅维持了几个月就不欢而散。第三次和约翰·马什结婚,厮守终身。约翰·马什为人稳重,寡言少语,与她兴趣相投,爱好文学。是当地一名文学编辑,也是厄普肖的朋友。约翰·马什激发了玛格丽泰潜在的文学才华,为她从卡内基图书馆借阅了大量书籍。一次她开车不慎撞上树腿部受伤。养伤期间,马什鼓励她写小说打发时光,玛格丽泰从此开始了《飘》的写作。

小说的写作近乎信马由缰,米切尔想到哪就写到哪。在 10 年埋首书案工作中,左邻右舍都不知道她在写什么,包括她的朋友也是如此。碰巧一天,麦克米兰公司的编辑罗德·拉瑟姆来亚特兰大组稿。在临行的前一天,玛格丽泰才将自己厚达 1.5 米高的手稿交给他。同年 7 月份,麦克米兰公司决定出版这部小说,书名被定为《明天是新的一天》。

此后,米切尔花了半年时间来核对书中的历史事件和地名,将书名改为《随风而逝》,引用美国诗人欧内斯特·道生的诗"这呼啸的飓风,那飘逝的白云,随风而去"。意指古老的塔拉山庄已不复存在,在战争的烟云中消散了。小说发表后,出乎意料地获得了惊人的成功。曾创下日销售 5 万册、6 个月发行 100 万册的记录。

看似通俗的小说,却有着独特的艺术匠心与深刻主题:一个生活中的人,在变革来临之前,永不气馁,勇于开拓,不怕失败,敢于尝试,正确地面对困难与挑战的人生课题。郝思嘉的奋斗历程正说明了这一点,也是这部小说受欢迎的地方。全书以塔拉山庄因战乱夷为平地后重建为全书主要内容,以乱世佳人郝思嘉感情经历为主线,以郝思嘉与卫希礼、白瑞德三角恋为全书的发展高潮,描写了韩媚兰与卫希礼、郝思嘉与白瑞德两个家庭的命运变迁。古老的农业社会已经远去,新的近代资本主义正在发展之中。通过两种世界观在变革中的碰撞,着力描写了郝思嘉、白瑞德不甘在旧制度中沉沦,

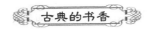

努力调整心态,适应时局的变化,由一个沦落的贵族成长为新一代资产者的暴发户。小说从战前、战中、战后三个时期进行了全景式的描绘,气势恢宏,场景壮观,故事生动,既有现实主义情节,又充满了奔放的浪漫情怀与爱情故事。

《飘》全书主要内容如下:

南北战争已迫在眉睫,塔拉山庄女主人公郝思嘉却丝毫不感兴趣,当听到卫希礼与韩媚兰订婚的消息,反倒吃了一惊。

郝思嘉暗恋着卫希礼,她希望把卫希礼从韩媚兰身边夺走,在卫、韩订婚宴上,郝思嘉刻意打扮了一番,成为婚宴上最亮丽的主角。她向卫希礼大胆表露心迹,却遭到卫希礼的婉言拒绝,负气之下,她嫁给了韩媚兰的哥哥韩查理,但韩查理不久在前线战死,她成了寡妇。

在一次慰问伤病员的舞会上,郝思嘉与白瑞德不期而遇。白瑞德经常穿越南北双方的封锁线为南军运送军粮,受到人们英雄般的尊敬。舞会上白瑞德向郝思嘉吐露心曲,但郝思嘉不能忘情于卫希礼。

战火越烧越旺,从前线抬下的伤员越来越多,韩媚兰、郝思嘉都投入紧张的救护伤员的繁忙工作。北军攻势凌厉,枪炮声清晰可闻,南方军节节败退,以破坏建筑、设置路障来阻挡北军的南下。

这时,韩媚兰临产,医生、护士抽不开身,思嘉毅然为她接生,产下一个男婴。为将媚兰与小孩护送回塔拉庄园,郝思嘉找到白瑞德,白瑞德用马车将他们护送出封锁线,然后告诉思嘉他要投军。临别之时,思嘉吻了瑞德。

回到家中,思嘉惊呆了,母亲病死,父亲疯了,家里黑奴四散逃走,只有忠心的嬷嬷还维持着这个家庭,庄园还矗立在地平线上,但已满目疮痍。郝思嘉发誓要重操家业,决不再挨冻受饿。

1865 年,南方统帅李将军投降,长达 4 年的南北战争宣告结束,卫希礼带着战争的创伤与妻儿团聚。战争使卫希礼失去了奥克斯庄园,他暂时只能与妻儿都住在思嘉家里。思嘉与希礼重逢,昔日的爱火重又燃起,她要卫希礼带她远走高飞,但希礼的平静目光让她失望。

战后,塔拉庄园被北军控制,思嘉她们过着艰辛的生活。为了交税,思嘉去求白瑞德,谁知瑞德被关在北军大牢里。万般无奈之下,思嘉决定嫁给发了战争财的妹妹的未婚夫法兰克。白瑞德出牢后,奚落思嘉与法兰克的婚姻,思嘉无地自容。

战争创伤急需医治,一切百废待兴。思嘉办起了木材加工厂,生意日渐兴隆。一次联军前来搜捕,幸有瑞德报信,卫希礼逃走,法兰克饮弹身亡,思嘉又成了寡妇。瑞德对思嘉的爱情并没有因战争减少,当思嘉为法兰克举行完葬礼,瑞德再次向她求婚,思嘉接受了。

婚后的思嘉过着富丽的生活,瑞德发现思嘉始终无法忘情于希礼,于是将爱给了他们共同的女儿美蓝,而美蓝却在一次骑马游戏中不慎摔死,白瑞德为此伤心至极,对生活灰心,为此,思嘉与他大吵了一场,加深了两人的裂痕。善良的媚兰不顾病弱的身体前来安慰瑞德夫妇,并要思嘉像对待自己丈夫那样对待希礼,照顾希礼,并告诉她瑞德很爱她,希望她也好好爱丈夫。媚兰去世后,希礼告诉思嘉他不能没有媚兰,这时思嘉才意识到自己始终爱着一个幻影。她去找瑞德,但家里空无一人,瑞德已走。她要回塔拉去,并祈祷明天是新的一天。

这部厚达 1000 多万字的小说,一直雄踞美国畅销书榜首,创下美国销售的奇迹。截至 1970 年代末,小说已被译成 27 种文字。全世界销售量也逾 2000 万册。它的作者玛格丽泰·米切尔成为扬名于世界的美国杰出作家,并荣获普利策奖,成为美国妇女心目中的偶像与女英雄。

自《飘》出版后,米切尔的平静生活被打破,各种应酬纷至沓来,让她应接不暇,1949 年 8 月,她因车祸丧生。《飘》成了传世之作载入史册。米切尔十年磨成一剑终于放射出夺目光芒,荣誉的桂冠与巨大的喜悦,还有那出版史上的畅销奇迹,都是作者生前始料未及的。好莱坞影片公司以 5 万美元(在当时已为天价)将它改编成电影,由大卫·塞尔兹尼克任导演,著名影星克拉克·盖博和费雯丽分别担纲白瑞德与郝思嘉一角,曾创下美国万人空巷的收视率,荣获奥斯卡多项大奖,成为美国电影有史以来最伟大的经典影片。《飘》的思想与艺术价值永远定格在了它的观众与读者心中。

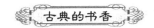

人类思想的探险之旅

——丹皮尔的《科学史及其哲学和宗教的关系》

我们很少想到，科学的大厦是奠基于我们心灵的观念的。当科学与哲学还没有完全分离的时候，它一直被作为哲学的一部分进行研究，是哲学为科学提供了理论与方法。而柏拉图的形而上学，经亚里士多德的完善，为科学研究建立了一套完整的体系。伴随文艺复兴运动的兴起，人文思想的觉醒，开始对经院哲学的繁琐推理提出批判，要求回到希腊文化中富有生机与活力中。英国的培根，对亚里士多德繁琐的的思辨体系进行了诘难，提出要用科学实验的方法开展科学的新研究，理所当然，培根成为了近代科学方法的鼻祖。从此，科学与哲学开始分道扬镳。这大大促进了实验科学的繁荣，使欧洲的科学发现与发明灿若锦绣。人类文化与文明从没有像这一时期获得空前的拓展。牛顿万有引力理论的建立，成为机械力学最辉煌的成果，使人们相信自然界是一个有机的统一体。而法国科学家却不分青红皂白将他的理论当成终极真理继承下来，忘记了牛顿本人所指出的，万有引力的终极原因并不得而知。他本人将它归结为上帝，即第一推动力。正如丹皮尔在本书所指出的："根据这个哲学，整个过去和未来，在理论上都是可以计算出来的，而人也就变成了一架机器。"

在探索真理上，科学与哲学是一致的。什么认识能够导致科学的结论，在哲学上反映的则是经验论与唯理论。经验派诉诸感官,唯理派诉诸思维。两派争论不休,不知打了多少笔墨官司。经验论把现象当成本体,唯理论把几何演绎与数学描述当成重要的手段。它们比较像古希腊哲学爱奥尼亚派和毕达哥拉斯派。而在近代,则是洛克与莱布尼茨。坦率地说,在建立科学理论模型上,在发现科学规律上,唯理论对科学的建树更多一些。但唯理论如要抛开感官现象,一味地建立纯数学理论,则会犯哲学上的独断论的错误。经验论如果不和唯理论结合,那么现象终究是现象,不会产生任何的理论成果,并容易跌进休谟的不可知的结论中。那么,科学也就不成为科学了。

在量子科学还没有建立起来的时候,科学一直沿着确定性的轨道发展。自爱因斯坦打破牛顿的绝对时间、空间观,建立起宏观和微观的相对论的理论模型,科学攀上了一个新高峰。但随着当代物理学的新发现,量子运动的测不准,又宣告了物理学的新危机。这意味着自然界并不是一个机械的而是随机的。这种现象在社会学中尤其司空见惯。我们的心灵是随机的,具有多种选择的可能性。因此具有自由意志,精神性很好地表现了这种现象。而这种现象并不能用传统的理论模型来规范。当我们回望科学的发展历程,每一个科学理论都是建立在假设的条件下,如牛顿万有引力就是在假设时间、空间不变的情况下建立的。科学上把这种假设称为猜想,而一旦这种猜想被我们的实验所证实,科学理论则建立了起来。因此,科学仍然具有神学的基础。但这并不意味我们要去否定科学,否定它的真理性。因为自然确实是有规律的自然,太阳、行星都在有规律地运转。而这规律就是自然自身本性的使然,它不仅为我们的感官所证实,也为我们的实践所证实。我们按照规律所创造物质财富和人类文明和奇观,是我们世世代代的福祉所在。

与宗教、哲学比较起来,科学出现得最晚,但对人类生活的影响最大。人类文明生活几乎都是围绕着科学发明与发现的核心在运转。但科学与宗教、哲学关系最为密切。基督教思想曾经影响着科学家的思维,哲学又给予科学在认识上以理论支撑。科学思想并不能取代宗教与哲学而独行天下,它是"流"而不是"源"。天文学曾经起源于占星术,化学曾经起源于炼金术。科学是依靠宗教、哲学发展起来的,这常常为现代人所忽略。他们将宗教视为迷信,将哲学视为玄谈,而忽视了其中有价值的东西。宗教能给予人类以心灵与信仰的价值,哲学能给科学以世界观与方法论,照亮科学的前进道路。科学更不用说,它给人类社会和生产带来巨大的物质财富和生活享受。丹皮尔在《科学史及其哲学和宗教的关系》绪言中写道:"要想观照生命,看到生命的整体,

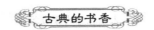

我们不但需要科学,而且需要伦理学、艺术和哲学。我们需要领悟一个神圣的奥秘,我们需要有同神灵一脉相通的感觉,而这就构成宗教的根本基础。"

纵观人类文明的发展,不过是人类思想的一次次探险。通过这个探险活动,深入揭示潜藏在自然现象背后的神秘面纱,使人类的认识自然一步步完善。宗教、哲学、科学,都可以看成人类有目的认识自然的过程,由神话一步步进入科学的殿堂,深入自然最核心的部分,从而把宗教、哲学和科学连成一个整体。

英国著名科学史家威廉·丹皮尔(1867—1952),长期从事于科学史研究,他将从古至今的科学活动及其成果、科学思想的发展旅程,以及它与宗教、哲学思想关系,进行了整体性的勾勒,全方位的展示。书中处处都可以见到作者的真知灼见和锐利的批判眼光。作者搜集资料翔实、丰富,对每一个时代的科学发展背景、特点以及与时代精神,都把握得相当到位。详略得当,逻辑清晰,叙述生动、清新自然,是一部难得一见的优秀的科学史著作。该书于 1929 年由剑桥大学出版社出版,经多次修订,截至 1958 年,已印行 21 版,足见此书影响力之大,可以说是科学史方面的扛鼎之作。掩卷而思,作者渊博的学识,智慧的见解,常常令人为之敬佩。他所给予我们的知识对于我们认识世界、建立新的世界观,将会让我们受益终身。我们理当为该书的问世,向作者脱帽致敬!